Klaus Hoffmann

Der Streit um die Taufe
Neues Licht auf eine alte Frage

*Ich widme dieses Buch
meinem lieben Freund und Bruder,
dem Bibellehrer Hans-Peter Grabe.*

Klaus Hoffmann

Der Streit um die Taufe

Neues Licht
auf eine alte Frage

Verlag Schulte & Gerth Asslar

© 1989 Verlag Schulte & Gerth, Asslar
Best.-Nr. 15 104
ISBN 3-87739-104-4
1. Auflage 1989
Umschlaggestaltung: Herybert Kassühlke
Satz: Typostudio Rücker & Schmidt
Druck und Verarbeitung: Ebner Ulm
Printed in Germany

Inhalt

1. Die Taufgesinnten der achtziger Jahre   9
2. Der Mann mit der spitzen Feder 21
3. War Luther ein Kompromißler? 41
4. Der unbekante Tauf-Reformator 73
5. Protestantische Ikonographie 101
6. „Verlaß dich nicht auf den Rohrstab!" 119
7. Die „Heilige Kuh" der Epigonen 159
8. Taufe als Heiligung des Lebens 197

Anmerkungen 239

An Stelle eines Vorwortes:

„Aber beides, die Wahrheit Gottes und das Werk der Kirche Jesu, zeigt uns zur gleichen Zeit eindringlich: die Wahrheit fordert liebevolle Konfrontation, aber Konfrontation. Es gilt zu bedenken, daß wir nicht über kleinere Unterschiede reden. Die Unterschiede treten in der evangelikalen Welt deutlich zutage, und jeder Versuch, sie zu überdecken, zeigt weder gegenüber der Wahrheit noch gegenüber der Liebe eine Aufrichtigkeit."

Francis A. Schaeffer

1.
Die Taufgesinnten der achtziger Jahre

Im Gegensatz zur innerkirchlichen Taufdiskussion der sechziger Jahre, die – ausgelöst durch Karl Barths Taufbuch, Kirchliche Dogmatik IV/4[1] – mehr eine akademische unter Pfarrern war, ist das gegenwärtige Taufgespräch ein Gespräch unter Laien, und zwar unter dem gläubigen Kirchenvolk, unter den Treuen, die sich bewußt noch zur Kirche halten und in ihr aktiv sind.

Zugleich findet eine Abstimmung mit den Füßen statt, die aus den kirchlichen Statistiken zu erkennen ist. So sind in den 15 Jahren von 1970 – 1985 zwei Millionen Menschen aus der Evangelischen Kirche in Deutschland ausgetreten. Im Jahr 1985 waren es allein 104 500, das sind 385 Personen pro Kalendertag. Die meisten davon sind junge Leute im Alter von 22 bis 30 Jahren.[2] Es steht nicht gut um die evangelische Volkskirche mit ihrer Kindertaufe, denn alle diese Ausgetretenen waren schließlich als Kinder getauft worden. Später wurden sie auch konfirmiert. Dazu kommt noch der Taufschwund, das heißt, ein weiterer Verlust neuer bzw. nachrückender Mitglieder, weil nicht mehr alle Kinder zur Taufe gebracht werden. Der Prozentsatz der Evangelischen an der Gesamtbevölkerung in der Bundesrepublik Deutschland ist damit von 50,5 auf 41,1 Prozent zurückgegangen.

Im Blick auf die Taufe sieht es in der Evangelischen Landeskirche zum Beispiel so aus: Noch 1985 befürworteten in

Westfalen 88 Prozent der Evangelischen nach wie vor die Kindertaufe, durch die sie „die Kirchengliedschaft an die nächste Generation weitergeben" wollten.[3] Zur selben Zeit hörte man bereits in den größeren Städten Hessens und in Berlin, daß 25 bis 30 Prozent der evangelischen Bevölkerung ihre Kinder nicht mehr taufen ließen. Die westfälische Positiv-Meldung kann schon deshalb nicht beruhigen, weil derselbe Bericht der „Hauptvorlage der Evangelischen Kirche von Westfalen" zugeben muß, daß es jetzt nicht nur an den Rändern, sondern mehr noch in der sogenannten Kerngemeinde bröckelt. Nur noch 9 bis 14 Prozent der Kirchenmitglieder sind „mit der Kirche sehr verbunden". Damit bestätigen sich andere Erhebungen, die interessanterweise aufzeigen, daß es gerade die Randsiedler der Kirche sind, die die Kindertaufe als ein zum Lebenszyklus gehörendes Familienfest oder als eine soziale Integration und als Schutz gegen eine soziale Deklassierung wünschen.[4] Schließlich will man ja doch nicht zu den Heiden gezählt werden. Darum tut man, was die Mehrheit immer noch tut.

Frühere Befragungen kamen zu einem ähnlichen Ergebnis. In einer Untersuchung aus dem Jahr 1974 sprachen sich in der Bundesrepublik Deutschland 82 Prozent für und 17 Prozent gegen die Kindertaufe aus. Immerhin waren es bei Personen mit höherer Schulbildung bereits 30 Prozent und bei Befragten, die sich in Ausbildung befanden, sogar 40 Prozent, die gegen die Kindertaufe votierten.[5] Hier zeigt sich zweierlei. Zum einen: die jüngere und besser gebildete Generation setzt sich kritischer mit der Taufe auseinander. Zum anderen: in zehn Jahren hat sich kaum etwas grundlegend verändert. Die Mehrheit unseres Volkes, sofern es noch nicht aus der Kirche ausgetreten ist, wünscht den Dienst eines Pfarrers am Anfang eines neuen Lebens – unabhängig vom meist nicht vorhandenen persönlichen Glauben, vom eigenen Gottesdienstbesuch oder von anderen kirchlichen Aktivitäten. Die Kindertaufe ist fester Initiationsritus unserer Gesellschaft geblieben, ungeachtet der Tatsache, ob man ihren vollen biblischen Hintergrund kennt oder nicht. Sie wird als notwendige Segnung und Hineinnahme in den religiösen Bereich des Lebens empfunden.

Der württembergische Landesbischof Theo Sorg nennt vier Gründe dafür, daß Menschen, die zum größten Teil unkirchlich sind, an der Sitte der Säuglingstaufe festhalten. Erstens: Die Gewöhnung an die Taufsitte. Es ist so üblich. Zweitens: Die Macht der Mehrheit. Man will nicht aus der Reihe tanzen. Drittens: Der Ausweis traditioneller Kirchlichkeit. Man ist im landläufigen Sinne Christ und will sich nicht von der Kirche trennen, auch wenn man sie nur noch zu Amtshandlungen benutzt. Viertens: Das magische Verständnis der Taufe. Taufe als eine Art Rückversicherung gegen unbekannte feindliche Mächte.[6]

Störenfriede in diesem traditionellen Gang bürgerlicher Ordnung sind nur ein paar ganz Fromme, die es genau wissen wollen und sich auf Grund ihres eigenen Bibelstudiums mit den psychologisierenden und heilsverheißenden Taufreden der Pfarrer nicht mehr zufriedengeben. Sie sind zum Teil von christlichen Strömungen beeinflußt, die den Menschen zur persönlichen Lebensübergabe an Jesus Christus rufen und in der evangelikalen und pietistischen Tradition von Bekehrung und Wiedergeburt stehen. Das persönliche Erlebnis einer Lebenserneuerung im Glauben und das damit einsetzende Gebetsleben und tägliche Bibelstudium – gestärkt durch Hauskreise, Gesprächs- und Gebetsgruppen innerkirchlicher und auch außerkirchlicher Art – führt diese Menschen früher oder später zur Tauffrage.

Die Dunkelziffer derer, die sich heimlich haben taufen lassen, ist unbekannt. Es ist erstaunlich, wie oft man auf Bibelfreizeiten, Konferenzen und Seminaren Menschen begegnen kann, die von ihrer nochmaligen Taufe erzählen. Manche nur mit vorgehaltener Hand, weil sie als kirchliche Mitarbeiter oder Angestellte Repressalien fürchten. Viele haben erfolglose Diskussionen mit ihren Pfarrern hinter sich. Andere sind aus der Kirche ausgetreten und haben sich freien Gemeinden oder evangelischen Freikirchen angeschlossen, die die Erwachsenentaufe oder Glaubenstaufe praktizieren.

Belehrungen und Informationen über eine biblische Begründung der Kindertaufe findet man darum seit Jahren immer wieder in fast allen kirchlichen und volksmissionarischen Zeitschriften und Mitarbeiterblättern. Die Verantwortlichen in der Kirche wissen durchaus um dieses Problem[7] und reagieren darauf mit seelsorgerlich belehrenden Taufinformationen zugunsten der Kindertaufpraxis. Aber erst der immer stärker werdende Druck der sich an der biblischen Taufpraxis orientierenden Gruppen der uneinheitlichen Charismatischen Bewegung brachte den entschiedenen Einsatz einiger evangelischer Kirchenleitungen auf den Plan, vor der sogenannten Wiedertaufe zu warnen und diese in eindeutiger Weise unter Berufung auf die evangelische Glaubenslehre zu verurteilen. Das, obwohl die innerkirchliche „Geistliche Gemeinde-Erneuerung in der Evangelischen Kirche" seit Jahren versichert, daß sie an der Kindertaufpraxis festhalte und lehrmäßig loyal zur Volkskirche stehe.

1982 wurde zum erstenmal eine sogenannte Theologische Kammer im Auftrag einer Kirchenleitung tätig, nachdem ein durch die Charismatische Bewegung beeinflußter Pfarrer sich im Herbst 1981 „ein zweites Mal" taufen ließ. Ihm genügte die verbale Tauferneuerungspraxis innerkirchlicher charismatischer Gruppen nicht. Die Folge war, daß er aus dem Dienst der Kirche entlassen wurde. Zugleich wurde er der eigentliche Anlaß dafür, daß die „Theologische Kammer der Evangelischen Kirche von Kurhessen-Waldeck" nach zweijähriger Arbeit in einer 63seitigen Broschüre ein umfangreiches „Votum" „zum Verständnis und zur Praxis der Taufe" herausgab.[8]

Zwei Jahre später, im Februar 1986, verfaßte der bayerische Landesbischof Johannes Hanselmann einen elfseitigen „Brief an die Gemeinden". Er nahm darin zu der die Kirche bedrängenden und provozierenden Anfragen der Charismatischen Bewegung Stellung. Dabei ging er auch auf das Taufproblem ein, gibt es doch allein in München zwei größere charismatische Zentren, die die Glaubenstaufe (Hanselmann: „Wiedertaufe") praktizieren, dazu im Land neben weiteren freien neupfingstlerischen Gruppen auch eine Reihe traditioneller, missionarischer Pfingstgemeinden, die nach Hanselmann „durch ihren Auszug aus den bestehenden Kirchen, durch die Lehre eines Stufenchristentums, die Praktizierung der Wiedertaufe, die Überbetonung einzelner Geistesgaben und einen oft zu beobachtenden geistlichen Hochmut ihrer Mitglieder" deutlich machen, „daß sie keine Gemeinschaft mit unserer Kirche haben möchten."[9] Da, wie er sagt, die Übergänge von der „die eigene Kirche und das konfessionelle Erbe" bejahenden und die „Wiedertaufe" ablehnenden „Geistlichen Gemeinde-Erneuerung in der Evangelischen Kirche in Deutschland" zu den vielen anderen Gruppen fließend ist, hatte er Grund, ausführlich zur Taufe Stellung zu nehmen. So schreibt er unter anderem:

„Die Taufe sei uns immer neu ‚das Bad der Wiedergeburt und Erneuerung im Heiligen Geist' (Titus 3,5). Weil sie Gottes Wort an uns ist, wartet er auf unsere Antwort. (Eine wie auch immer begründete und geartete ‚Wieder-Taufe' spricht Gottes einmaligem Angebot Hohn! Wer als Getaufter sich zu einer nochmaligen sogenannten Gläubigentaufe überreden läßt, stellt sich selbst außerhalb der Gemeinschaft der lutherischen Kirche.) Unsere Berufung in der Taufe durch Gott ist unwiederholbar, aber unsere Berufung auf die Taufe darf Gestalt annehmen in einer im Gottesdienst zu feiernden Taufvergewisserung und im Taufgedächtnis (besonders in der Feier der Osternacht) – gerade auch nach der Konfirmation."[10]

Eine weitere Veröffentlichung, die in dieselbe Richtung zielt, finden wir in dem 1987 erschienenen Buch des württembergischen Landesbischofs Theo Sorg: „Christus vertrauen – Gemeinde erneuern." In einem eigenen Kapitel beschäftigt er sich mit dem Thema: „Kindertaufe und Gemeindeaufbau. Die volkskirchliche Taufpraxis als Herausforderung an die Gemeinde." Auch Sorg setzt sich mit dem Problem der sogenannten Wiedertaufe auseinander. Er gibt zu:

„Es mehren sich die Fälle, daß Glieder unserer Kirche sich einer zweiten Taufe unterziehen. Diese Praxis reicht hinein bis in die Mitarbeiterkreise der Kirche. Man tut das, zumindest zu einem erheblichen Teil, nicht aus sektenhaften Anwandlungen, um sich von der Gemeinde zu trennen oder sich elitär über andere Gemeindeglieder zu erheben, sondern aus einem Bedürfnis nach einem gewißmachenden Zeichen für seinen Glauben. Es wird deshalb bewußt nicht von „Wiedertaufe", sondern von einer „Glaubenstaufe" gesprochen, da ja die Taufe, die im Säuglingsalter vollzogen wurde, keine Bedeutung für den Glauben habe und deshalb als nicht wirklich geschehen gelten könne."[11]

An anderer Stelle sagt er noch einmal: „Unter jungen Menschen, die zum Glauben an Jesus Christus gefunden haben, besteht heute zunehmend die Neigung, sich noch einmal taufen zu lassen."[12] Das ist auch für ihn Anlaß genug, sich der Tauffrage zu stellen und den Versuch zu unternehmen, die „Bedeutung" der Taufe „von kleinen Kindern" zu „begründen, ... wenn wir trotz der genannten Entwicklungen an der Kindertaufe festhalten."[13]

Auf Einladung der „Lutherischen Konferenz in Hessen und Nassau" sprach ich im Blick auf die oben geschilderte Situation bereits im Herbst 1980 in Darmstadt über das Thema „Sakrament und geistliche Erneuerung". Nachdem ich die Bedeutung der Sakramente in der evangelischen Kirche dargelegt und über Beichte und Absolution sowie über das Heilige Abendmahl gesprochen hatte, widmete ich einen letzten Teil dem Thema, das mir besonders angetragen worden war: der Taufe. Hier kam ich schon damals zu anderen Ergebnissen als Hanselmann und Sorg oder anderen lutherische Theologen.

Ich erinnere mich noch gut, daß es zu einer erregten Diskussion kam und sich die Versammlung sofort in zwei gleich große Lager spaltete. Ich mußte mir gefallen lassen, später von einer erregten Kantorin angespuckt zu werden, weil ich ihr angeblich ihre so sehr geschätzte Kindertaufe wegnehmen und madig machen wollte. Damals war ich noch selbst Vorstandsmitglied in dieser hessen-nassauischen Vereinigung und bis dahin überzeugter Lutheraner und Kindertäufer. Doch durch dieselbe Herausforderung, von der Theo Sorg spricht, war ich in meinen Studien und Entdeckungen zu anderen Ergebnissen gekommen. Sie sollten für mich zum Ausgangspunkt weiterer Untersuchungen werden und mich eines Tages ins Lager der evangelischen Taufgesinnten treiben (wobei zu erwähnen ist, daß ich bis heute aus guten Gründen kein Mitglied einer etablierten großtaufenden evangelischen Freikirche geworden bin). Meine damaligen Äußerungen waren nur erste Reflexionen und Fragen. Sie bilden aber bis heute die Basis meiner weiteren Untersuchungen und sollen deshalb hier erneut als Einleitung zu diesem Thema veröffentlicht werden.

Thesen zum Verhältnis von Taufe und geistlicher Erneuerung in der Evangelischen Kirche

1. Das Thema „Heiliger Geist und Sakrament" im Blick auf die Taufe ist ein heißes Eisen, weil

▷ Johannes der Täufer selbst Jesus Christus als den ankündigt, „der mit Heiligem Geist tauft" (Matthäus 3,11; Markus 1,8; Lukas 3,16; Johannes 1,33 – von allen vier Evangelien bezeugt);

▷ mit dem Auftreten Jesu als Messias die Wassertaufe als

eschatologische Buß- und Reinigungstaufe in Frage gestellt ist und eigentlich auf ihre Auflösung wartet;
▷ andererseits jedoch in der urchristlichen Gemeinde die Christusbindung als Taufe auf den Namen Jesu nach wie vor unter dem Ritus einer Wassertaufe vollzogen wird. Das aber heißt: die Wassertaufe wird auch nach Pfingsten unter neuem Vorzeichen beibehalten.

Dieses neue Vorzeichen wird daran sichtbar, daß auf den Namen Jesu bzw. in den Namen Jesu hinein getauft wird. Die volle Gemeinschaft mit Jesus zeigt sich dabei im Taufen auf das Konto des Todes Jesu im Sinne des Mitsterbens und Mitauferstehens mit Jesus (Römer 6; Kolosser 2) sowie als Zeichen der neuen Kreatur und der Aufnahme in den Leib Christi, das ist seine Gemeinde.

2. Besonders im Blick auf das sogenannte charismatische Geschehen der Gegenwart erhebt sich die alte Frage nach dem Ort des Taufgeschehens. Das heißt, wo die Taufe zu stehen hat: ob vor oder nach dem Glauben. Denn die Abläufe dieses Geschehens in unseren evangelischen und katholischen Volkskirchen sind meistens mit Erlebnissen oder geistlichen Grunderfahrungen der Erneuerung verbunden, die entweder mit dem pfingstlerisch geprägten Wort „Geistestaufe" oder mit dem im Bereich der deutschen konservativen Kirchen geprägten Wort „Geisteserneuerung" bezeichnet werden, wobei die Frage nach dem Verhältnis von Wassertaufe und Geistestaufe erneut aufbricht und auf ihre biblische Antwort wartet.

▷ In der Diskussion um die Geistestaufe erhebt sich ferner die Frage, ob mit „Geisterneuerung" nur eine Neu-Belebung vorhandener Gaben oder Zustände gemeint ist, vgl. 2. Timotheus 1,6, oder aber ein besonderer Akt, bei dem, verbunden mit sichtbaren Zeichen, die „Kraft aus der Höhe" (Lukas 24,49; Apostelgeschichte 1,8) in einem bisher noch nicht erlebten Ausmaß erfahren wird.

3. In aller Vorsicht möchte ich zu diesem Problem, das im Blick auf die Geistestaufe bzw. sogenannte Geistestauferfahrung die großtaufenden Baptisten genauso betrifft wie die Kinder taufenden Lutheraner[14], sagen:

▷ Bekehrung, Wiedergeburt, Wassertaufe und Geistesempfang bilden im Neuen Testament eine Einheit und gehören zur Grunderfahrung des Christen. Dabei ist zu beachten, daß sie zeitlich nicht unbedingt zusammenfallen; es muß nicht alles im selben Augenblick geschehen. Dabei sind Bekehrung, Rechtfertigung und Wiedergeburt nur verschiedene Seiten desselben Ereignisses. Als „Taufe mit dem Heiligen Geist" wird der Empfang des Heiligen Geistes bezeichnet, wobei Formen sich wiederholender Geisteserfüllung mit stärkeren oder schwächeren Auswirkungen zur weiteren christlichen Erfahrung gehören (Epheser 5,18).

▷ Bei der Kindertaufe muß die nicht bewußt erlebte und erst recht nicht gewollte eigene Taufe nachträglich in den Gesamtbereich dieser christlichen Grunderfahrung integriert werden. Da dies aber nur auf der Ebene des Intellekts, wenn auch mit dem Willen des Glaubens, geschehen kann, stellen sich angesichts der seelsorgerlichen Nöte und Schwierigkeiten biblisch gläubiger Christen die Fragen, ob
a) eine biblische Taufe (nochmalige Taufe auf Grund des Glaubens, durch Untertauchen vollzogen – von der Kirche Wiedertaufe genannt), die oft gewünscht wird, möglich ist und sein darf;
b) die Kindertaufe, die ja diese ganzen Probleme verursacht, nicht abgeschafft werden sollte.

▷ Aneignung durch den Intellekt heißt, sich über den Verstand etwas zu vergegenwärtigen bzw. bewußt zu machen, was man nicht bewußt erlebt oder erfahren hat und über das man nur durch das Dokument eines Taufscheines – falls dieser überhaupt noch vorhanden ist – weiß.

4. Dazu ist folgendes festzustellen:

▷ „Die Kindertaufe läßt sich historisch nicht im Neuen Testament verankern, sie muß theologisch konkludiert werden."[15]
▷ Dinkler, den ich hier zitiert habe, kommt auf Grund seiner exegetischen Studien im Neuen Testament zu dem Ergebnis, die „theologische Sequenz des Urchristentums" sei folgende: „Die Taufe besiegelt das immer vorausgegangene Geschenk des Glaubens an Christus".[16]

5. Das aber heißt:

▷ Das Bekenntnis von CA XIII[17], die Sakramente seien Zeichen und Zeugnis des göttlichen Willens dem Menschen gegenüber, um seinen Glauben zu erwecken und zu stärken – eine Aussage, die in der evangelischen Christenheit bis heute umstritten ist – muß erneut auf seine Gültigkeit hinterfragt werden.
▷ Damit müssen zugleich alle dogmatischen Aussagen zugunsten der Kindertaufe, besonders CA IX[18] hinterfragt werden. Denn wenn die Heilige Schrift *norma normans*[19] ist, damit der normative Charakter der Heiligen Schrift im Sinne des lutherischen *sola scriptura*[20] Grundlage für jede dogmatische Aussage sein muß, erhebt sich folgende Frage: Woher nimmt die evangelische Dogmatik[21] das Recht, eine kirchliche Praxis zu stützen, die nicht biblisch ist und nachweisbar erst seit dem 3. Jahrhundert nach und nach Eingang in die Kirche fand[22]?
Die Frage nach der Schrift und/oder Tradition hat hier ihren Ort. Sind wir eine Kirche der Tradition oder der Schrift? Geschieht hier nicht eine Dogmenbildung von der Art, wie wir sie als reformatorische Christen der katholischen Kirche vorwerfen?
▷ Wenn im Neuen Testament der Glaube der Taufe eindeu-

tig vorgeordnet ist, ja, ihr geradezu vorausgesetzt ist – im Gegensatz zur kirchlichen Tradition, wie sie in CA IX und weiteren dogmatischen Aussagen ihren Niederschlag findet, zum Beispiel in Luthers „Großem Katechismus", in dem die Taufe als Gottes einseitiges Gnadengeschenk, das keinen Glauben voraussetzt, dargestellt wird –, dann erhebt sich eine weitere Frage: Ist die Taufe eines Säuglings, der diese Taufe nicht begehren konnte, eine echte christliche Taufe im Sinne des Neuen Testamentes? Ist sie überhaupt gültig?

▷ Zugleich ist danach zu fragen, ob die erneute Taufe eines Menschen, der zwar als Kind im traditionellen kirchlichen Sinn getauft worden war, nun aber gläubig geworden, wiedergeboren und mit dem Heiligen Geist erfüllt wurde, wirklich eine Wiedertaufe ist oder ob es sich hier nicht vielmehr um die wahre biblische Taufe am richtigen Ort handelt.

6. Ich belasse es bei diesen Fragestellungen, die zugleich eine Infragestellung gegenwärtiger und früherer Taufpraxis in den Volkskirchen und kindertaufenden Freikirchen sind. Diesen Fragen kann und darf sich auf die Dauer weder die römisch-katholische, noch die evangelische Kirche – sei sie lutherisch, reformiert oder methodistisch – entziehen.[23]

Ich bin mir bewußt, daß alle anstehenden Fragen bereits in früheren Jahrzehnten und Jahrhunderten gestellt und auch beantwortet wurden. Dort aber, wo sie zugunsten der Kindertaufe beantwortet wurden, geschah es immer nur mit Hilfe dogmatischer Rechtfertigung, wobei die biblische Wahrheit auf der Strecke blieb.

Soweit der damals wie heute gültige Text.

In den folgenden Kapiteln soll an einigen Beispielen gezeigt werden, wie sich dieser Prozeß der Wahrheitssuche und Wahrheitsfindung in der Kirchen- und Theologiegeschichte abgespielt hat. Es soll zugleich Einblick gegeben werden in die Diskrepanz zwischen Lehre und Leben, Wort und Tradition, Erkenntnis und Tat – in jene Diskrepanz, die den geschichtlichen Weg der etablierten Kirchen und ihrer Taufpraxis bis heute bestimmt. Denn die Säuglingstaufe gehört zur kirchlichen Tradition und wird – allen theologischen Prophezeiungen, die Volkskirche stehe in einer „Übergangssituation von der Zugehörigkeits- zur Entscheidungskirche"[24], zum Trotz – vermutlich noch bis zur Wiederkunft Jesu Christi als Regelfall kirchlicher Praxis bestehen bleiben. Doch weil sie nirgendwo in der Bibel angeordnet ist, steht sie weiterhin unter dem Urteil der Worte aus Markus 7,8-13: „Denn ihr verlaßt das Gebot Gottes und haltet die Überlieferung der Menschen ... Trefflich versteht ihr es, ein Gebot Gottes abzulehnen, um eure Überlieferungen zu halten ... und macht durch eure Überlieferung das Wort Gottes ungültig."

Schließlich soll der Versuch einer biblisch begründetenTauflehre vorgestellt werden, die die Kindertaufe als das benennt, was sie ist: als Kindersegnung, nicht aber als Taufe.

2.
Der Mann mit der spitzen Feder

An Martin Luther kommt kein evangelischer Christ vorbei, der es wagt, in die Taufdiskussion einzusteigen. Trotzdem beginnen wir in diesem Buch nicht mit Luther. Der Grund dafür: Jeder zitiert Martin Luther. Sowohl die Befürworter als auch die Gegner der Kindertaufe kennen „ihren" Luther. Man schlägt sich gegenseitig Lutherzitate um den Kopf, um dem jeweils Andersdenkenden zu beweisen, daß man den Reformator auf seiner Seite habe. Zwar ist nicht immer alles Originalton Luther. Aber wer kann das noch nachweisen bei einem derart umfangreichen Werk[1], das nur ganz wenige Professoren und Sachkenner vollständig gelesen haben! Mit einseitig ausgewählten, ihrem Kontext entzogenen oder gar vom Rest des Satzes abgetrennten Lutherworten zur Tauffrage aber läßt sich eine ganze Menge Gegensätzliches anfangen. Das gilt natürlich auch für andere Fragen oder Probleme. Auf diese Weise können gewaltige Gedankengebäude und Antigebäude errichtet werden. Dann ist Luther zum Beispiel entweder typisch evangelisch oder typisch katholisch.[2] Dies kann zwar für ein ökumenisches Gespräch recht interessant sein, und es kann Brücken bauen. Ob es aber auf die Dauer hilfreich und fruchtbar ist, sei dahingestellt.

Ein anderes Beispiel: Da gibt es einen Luther, der auf dem Weg zur reinen Gemeinde derer ist, die „mit Ernst Christ sein wollen". So im 3. Teil seiner Rede zur „Deutschen Messe" (1526). Ein anderer Luther jedoch vertritt vehement die gemischte Kirche des ganzen Volkes, den sogenannten *corpus Christi permixtum*[3]. Ein Kirchenvolk, über das er dann doch nicht froh wurde, weshalb er am Ende seines Lebens resigniert meinte, wenn er noch einmal anzufangen hätte, würde er den „großen Haufen" lieber dem Papst lassen.

Oder: des einen Luther gebärdet sich als Sakramentalist, des anderen Luther als Antisakramentalist. – Der Auswahl sind offensichtlich wenig Grenzen gesetzt. Und das unabhängig von der Tatsache, daß es natürlich nur den einen Luther gibt, und der redet in der Kernfrage – der Rechtfertigungslehre – eindeutig und klar, trotz schwankender Meinung und trotz der Entwicklung, die jedem Menschen zugestanden werden muß.

Dennoch – es bleibt die Frage bestehen, ob es lohnend ist, sich in der Tauffrage auf Martin Luther einzulassen und sich mit ihm auseinanderzusetzen. Denn wer alles, was Luther zur Taufe gesagt hat, miteinander vergleicht, muß feststellen, daß dieser große Gottesmann, den Gott zu einer Reformation gebraucht hat, in den wichtigsten Dingen einer notwendigen Restauration der Kirche versagt hat: in der Gemeindefrage und – damit verbunden – der Tauffrage nämlich ist er weit vor dem Ziel stehengeblieben, so daß man auf Grund heutiger Erkenntnis von einer „unvollendeten Reformation" sprechen muß.[4] Und dieser Tatsache kann man nicht damit begegnen, daß man aus Konrad Ferdinand Meyers Gedichtepos „Huttens letzte Tage" entschuldigend die Worte zitiert: „Ich bin kein ausgeklügelt Buch, ich bin ein Mensch mit seinem Widerspruch."[5]

Ein weiteres Problem bei Luther besteht darin, daß man sich fragen muß, wie weit dieser Widerspruch und diese Verstöße gegen besseres Wissen Methode sind und darum zweckorientiert eingesetzt werden, wobei das „honest to God"[6] Luthers in keiner Weise in Frage gestellt werden soll.

Ein Beispiel für diese Widersprüchlichkeit bietet die oft

zitierte Predigt Luthers über Matthäus 8,1-13 zum 3. Sonntag nach Epiphanias. Sie wurde zuerst im März 1524 wegen der drängenden Tauffrage in einer Art Sonderdruck vorab veröffentlicht, dann 1525 zusammen mit den anderen Predigten der sogenannten Winterpostille herausgegeben. Diese Predigt hat einen besonderen zweiten Teil, mit dem Luther in die damalige Taufdiskussion eingreift. Leider wurde dieser wichtige Beitrag Luthers zur Tauffrage in den späteren, volkstümlichen und gekürzten Ganzpostillen von Dietrich und Röhrers weggelassen, so daß er dem allgemeinen Kirchenvolk, das besonders im 19. und auch noch zu Anfang des 20. Jahrhunderts gerne Luthers Hauspostille als Andachtsbuch las, nicht mehr zugänglich war. Ich werde im 3. Kapitel einiges aus dieser Postille zitieren. Sie ist eine wahre Fundgrube und ein Zitatenschatz – für Kindertauffreunde und Kindertaufgegner. Hier kann sich jeder seinen Luther auswählen, wie er ihn haben möchte.

An dieser Stelle genügt es, die Problematik in den Aussagen Luthers kurz zu benennen: Durch alle Gegensätze und Widersprüche zieht sich bei ihm der rote Faden der Bibelgebundenheit – ohne Glauben keine Taufe. Dadurch aber gerät Luther in die Schwierigkeit, den Glauben der Säuglinge nachweisen zu müssen, wobei nur neue Gegensätze und fragwürdige Argumente entstehen. Und die können kaum mit dem modernen Stichwort eines dialektischen Denkens oder gar einer Zweitakt-Dialektik kaschiert werden.[7]

Einer der Väter dieser dialektischen Denkmethode, die – im Gegensatz zu dem Dreierschritt bei Hegel, der zu einer Synthese führt – die Gegensätze schroff stehenläßt, ist auch für den theologischen Bereich Sören Kierkegaard. Gerade weil er nicht bereit war, Kompromisse zu schließen, hat er im Blick auf die Kindertaufpraxis der Kirche die Verlogenheit einer volkskirchlichen Tradition aufgedeckt und, im Gegensatz zu Luther, in absoluter Eindeutigkeit, ohne Hin und Her, Wenn und Aber, Sowohl-als-Auch die Geradlinigkeit des Evangeliums zu seiner Sache gemacht.

Es lohnt darum, ein Taufbuch mit Kierkegaard zu beginnen, will man überhaupt außer der „Bibel allein" (*sola scriptura*) Menschen zitieren. Schließlich kann man ihnen allen dieses oder jenes nachsagen, bei ihnen Schwächen aufdecken und damit ihre richtigen oder falschen Worte relativieren und in Frage stellen – seien es die Brüder Waldenser oder Hussiten, seien es Luther, Melanchthon, Karlstadt, Müntzer, Bucer, Zwingli oder Calvin, seien es Grebel, Hubmaier, Schwenckfeld, Sebastian Franck oder Meno Simons, oder seien es die modernen klassischen Theologen wie zum Beispiel Kierkegaard oder auch Karl Barth.

Auf diese Weise werden wir uns allerdings der persönlichen Betroffenheit nicht entziehen können; schließlich stehen wir nicht über jenen, die vor uns um die Wahrheit gerungen haben. Und selbst wenn wir bei ihnen den Splitter im Auge entdecken, müssen wir stets des eigenen Balkens eingedenk sein.

Wenn vor diesem Hintergrund gerade Kierkegaard als Kronzeuge gegen die Kindertaufpraxis ausgewählt wurde, dann deshalb, weil er mit seinem Existenzdenken den Menschen nicht erklären, sondern ihn in seinem nicht abgeschlossenen Existieren analysieren will – im Gegensatz zum abstrahierenden Denken fast aller philosophischen Systeme, von denen die Dogmen bildende oder Dogmen erklärende systematische Theologie lebt.

Dadurch gerät Kierkegaard beim Vergleich neutestamentlicher Aussagen, besonders der Evangelien, mit Lehre und Praxis der Kirche in eine tiefgründige, wenn auch mitunter ein wenig zynische Kritik, die sehr hilfreich sein kann für Menschen, die „mit Ernst Christ sein wollen"[8]. Es wundert darum nicht, daß viele, die nach der wahren Taufe fragen, sich stark von Kierkegaards Aussagen stimulieren lassen.

Zugleich wird Kierkegaard damit zum Zeugen einer Sache, die – jahrhundertelang einerseits durch „orthodoxe" Theologie und andererseits durch staatliche und kirchliche

Verfolgungsmaßnahmen unterdrückt – bis zum heutigen Tag unter dem Urteil der Gotteslästerung, Werkgerechtigkeit und Schwärmerei steht und deshalb lange Zeit ein Winkeldasein führen mußte. Und dies, obwohl gerade die Taufe zur Mitte des Evangeliums und zur Gemeindebildung des Leibes Christi gehört. Ich spreche von der wahren biblischen Taufe, die vom „linken Flügel der Reformation", von den sogenannten „Wiedertäufern", vertreten wurde. Auch heute noch kann sie bei denen, die durch die falsche Kindertaufe geschädigt sind, nur als erneute Taufe vollzogen werden. Jene, die das tun, wollen sich nicht dem katholischen Sakramentalismus und Kirchenrecht oder der evangelischen Objektivitätslehre von der einmaligen Taufe unterwerfen, nachdem sie die volle biblische Wahrheit erkannt haben und damit zugleich erkennen mußten, daß die Kindertaufe eben keine Taufe im Sinne der Bibel war.

Nun ist es wichtig zu wissen, daß Kierkegaard durchaus das spannungsgeladene Verhältnis zwischen dem einzelnen und der Gesellschaft sieht. Er sieht darum auch, wie sehr der einzelne von gesellschaftlichen Zwängen bestimmt wird, ja, wie er in seiner ganzen christlichen Religionsausübung als Normalbürger alles andere als frei ist; es sei denn, er erfährt eine neue Möglichkeit seiner selbst in einer existenziellen Freisetzung. Durch die würde er sich zwar einerseits auf ursprünglich biblisches, für ihn jedoch zum Neuland gewordenes Territorium begeben, andererseits aber den bergenden Raum einer gesellschaftlichen Zugehörigkeit im Rahmen religiöser Normen und Traditionen verlieren.

Wer diesen Schritt wagt, wird nämlich gezwungen, seine Existenz ganz neu zu erfahren. Zugleich muß er, um überleben zu können, mit Gleichgesinnten eine neue religiöse und soziale Gruppe bilden, in der er wieder zu Hause ist. Denn er bleibt, um mit Kierkegaard zu reden, immer ein „Individuum" in einer „Gesellschaft", trotz allem, was sich in der

Privatsphäre seiner Seele auf Grund seines religiösen Gehorsams gegen Gott und Gottes Wort abspielt.

Zum Glück verliert man dadurch nicht mehr wie im Mittelalter Kopf und Kragen, aber eben doch den Nachweis, in dieser Sache zur anerkannten Mehrheit des Volkes zu gehören. Dies schließt eine neue Erfahrung ein, um die Kierkegaard sehr wohl wußte, die aber zu seiner Zeit noch nicht so leicht zu wagen war wie heute, in einer Zeit pluralistischer Denkstrukturen.[9] Um so mehr ist das, was Kierkegaard tat, mutig zu nennen. In einem gewissen Sinn ist es sogar schon ein Vorgriff auf eine neue Zeit, auf jeden Fall der sichtbare Bruch mit dem Alten zugunsten des Ursprünglichen, auch im Sinne einer weiterführenden Kritik.

Ohne nun näher auf Kierkegaards Gottesbegriff und das Verhältnis des Menschen zu diesem „Absoluten" einzugehen, möchte ich zum Thema „Taufe" ganz einfach seine Stimme erklingen lassen. Es ist die Stimme des Mannes, der keine Rücksicht mehr nimmt und, seiner Sache sicher, den Sturm auf die Bastion Kirche und ihre Fiktion vom Christentum wagt. Dabei setzt er seine spitze Feder – wie ein Arzt das Skalpell – an einen narkotisierten Körper, der sich zu wehren nicht in der Lage ist und dennoch überlebt – wie das bei gesellschaftlich stabilisierenden Traditionsinstitutionen üblich ist. Kierkegaard jedoch starb schon bald nach dieser vehementen Kritik. Mit Recht sagt man, er sei ohne „Nachfolger" geblieben, es sei denn, man rechnet die „Fortsetzer" unseres Jahrhunderts dazu, die im Existentialismus oder in der Existenztheologie sich mitunter auf ihn berufen, aber „keine gleichartige Richtung ausmachen."[10]

Zu dem eigentlichen Anliegen des Christentums, nämlich „wahre Christen" zu haben, das doch gerade durch die Kindertaufe verraten wurde, sagt er:

„Und das ist leicht gemacht, läßt sich machen wie nichts: wir halten uns an die Kinder, jedes Kind bekommt einen Tropfen Wasser auf den Kopf – dann ist es ein Christ; ob eine Menge von ihnen den Tropfen gar nicht einmal abkriegt, das gilt gleich viel, wenn sie es sich nur einbilden und sich damit wiederum einbilden, daß sie Christen seien: so haben wir in ganz kurzer Zeit mehr Christen, als es zur Heringszeit Heringe gibt, Christen millionenfach, und dann sind wir, auch durch die Macht des Geldes, die größte Macht, welche die Welt je gesehen hat. Das mit der Ewigkeit ist und bleibt die sinnreichste aller Erfindungen, wenn sie nur in die richtigen praktischen Hände kommt; denn der Stifter hat, unpraktisch, nicht recht erkannt, was Christentum eigentlich ist."[11]

Dieses Christenmachen durch die Taufe an Unmündigen nennt er „christliche Falschmünzerei" und einen „Kriminalfall", ja ein Verbrechen, das in dieser Zeit leider nicht mehr bestraft werde. Ein zarter Hinweis auf die Ewigkeit, in der ein letztes Urteil darüber noch gefällt werden muß: „Der Staat bestraft Verbrechen; aber die eigentlichen Verbrechen, mit denen verglichen die Verbrechen, welche der Staat bestraft, kaum mehr Verbrechen genannt werden können, die werden nicht bestraft – in dieser Zeit."[12]

„Wie Christus über das amtliche Christentum urteilt" – so der Titel einer Kierkegaardschen Flugschrift vom 16. Juni 1855 – wissen wir allerdings nicht. Es sei denn, wir nehmen uns in der Schrift die sieben Sendschreiben der Offenbarung oder Worte Jesu aus den Evangelien vor, zum Beispiel Worte gegen die Pharisäer und Schriftgelehrten oder aus den Gleichnisreden und legen sie als Maßstab an unsere bestehenden Kirchen. Wie Kierkegaard jedoch als ernster und kritisch nachdenkender Christ über die Taufpraxis seiner lutherischen Kirche urteilt, können wir aus folgendem Text erkennen, der die bezeichnende Überschrift hat: „Was man so einen Christen nennt." Man sollte diesen Text immer vor dem Hintergrund seines Anliegens sehen, zwischen dem „Christentum des Neuen Testamentes" und dem „Christentum der Christenheit" zu unterscheiden. Dabei sieht Kierkegaard sich selbst als einen, der um Mitternacht einen

Schrei ausstößt, denn: „Dies muß gesagt werden, so sei es gesagt."[13]

„Was man so einen Christen nennt
Erstes Bild

Da ist ein junger Mann – laß ihn uns dergestalt denken, die Wirklichkeit gibt ja reichlich Beispiele – da ist ein junger Mann, sogar mit mehr als gewöhnlichen Gaben und Kenntnissen, er steht im öffentlichen Leben, ist Politiker, und spielt als solcher eine Rolle.

Was die Religion betrifft, so ist seine Religion: er hat überhaupt keine. An Gott zu denken, fällt ihm niemals ein; zur Kirche zu gehen, ebensowenig, und er hat bestimmt keinen religiösen Beweggrund, weshalb er es sein läßt; und zu Hause in Gottes Wort zu lesen, das hieße, so würde er fast fürchten, sich lächerlich machen. Als es sich einmal so fügt, daß die Umstände ihm Anlaß geben, sich in einem etwas gefährlichen Fall über die Religion zu äußern, wählt er den Ausweg, zu sagen was die Wahrheit ist: Ich habe überhaupt keine Meinung über die Religion, dergleichen hat mich nie beschäftigt.

Derselbe junge Mann, der kein Verlangen nach Religion empfindet, fühlt hingegen ein Verlangen, – Vater zu werden. Er verheiratet sich; nun hat er ein Kind; er ist – Kindesvater: und was geschieht?

Ja, unser junger Mann ist, wie man sagt, in der Patsche mit diesem Kind, er ist genötigt, in Eigenschaft als – Kindesvater eine Religion zu haben. Und es zeigt sich, daß er die evangelisch-lutherische Religion hat.

Wie erbärmlich, auf solche Weise Religion zu haben. Als Mann hat man keine Religion; wo Gefahr damit verbunden sein könnte, nur eine Meinung über die Religion zu haben, da hat man keine Religion: aber in Eigenschaft als – Kindesvater hat man (man lache nicht!) die christliche Religion, die gerade den ledigen Stand empfiehlt.

So wird denn nach dem Pfarrer geschickt; die Hebamme rückt mit dem Kinde an; eine junge Dame hält kokett das Mützchen; einige junge Männer, die auch keine Religion haben, tun dem Kindesvater den Gefallen, als Paten die evangelische-christliche Religion zu haben und die Bürgschaft für die christliche Erziehung des Kindes zu übernehmen; ein Pfarrer in Seide spritzt mit Anmut dreimal Wasser über das süße Kleine, trocknet sich zierlich mit einem Handtuch ab – –

Und das wagt man Gott zu bieten unter dem Namen: Christliche Taufe. Die Taufe; mit dieser heiligen Handlung wurde der Heiland der Welt zum Werk seines Lebens geweiht, und nach ihm die Jünger, Männer, die längst zu Alter und Jahren gekommen waren, und welche nun, gestorben für dies Leben (deswegen tauchten sie dreimal unter, welches bedeutete, daß sie zur Gemeinschaft des Todes Christi getauft seien), gelobten, als Geopferte leben zu wollen in dieser Welt der Lüge und Bosheit.

Aber die Pfarrer, diese heiligen Männer, verstehen ihr Handwerk recht gut, und gleichfalls verstehen sie: wenn es so wäre, wie das Christentum unbedingt fordern muß, ebenso jeder vernünftige Mensch: daß einer sich erst dann entscheiden dürfe, welche Religion er haben wolle, wenn er zu Alter und Jahren gekommen ist – die Pfarrer verstehen sehr gut, daß dann aus ihrem Gewerbe nichts Ordentliches werden könnte. Und deshalb dringen diese heiligen Wahrheitszeugen in die Wochenstuben ein und machen sich den zarten Augenblick zunutze, da die Mutter schwach ist nach überstandenem Leiden, und der Vater – in der Patsche sitzt. Und so wagt man unter dem Namen einer christlichen Taufe Gott eine Handlung zu bieten wie die beschriebene, in welche doch ein kleines bißchen Wahrheit hineingebracht werden könnte, wenn die junge Dame, anstatt gefühlvoll das Mützchen über dem Kinde zu halten, satirisch eine Nachtmütze über den Kindesvater hielte. Denn auf solche Weise Religion zu haben, ist, geistig, eine komische Erbärmlichkeit. Man hat keine Religion; aber auf Grund der Umstände: weil zuerst die Mutter in andere Umstände kam und dann, als Folge davon, wieder der Vater in Umstände geriet, hat man auf Grund der Umstände mit diesem kleinen süßen Balg, auf Grund dessen hat man: die evangelisch-lutherische Religion."[14]

Zu diesem Text sei erklärend hinzugefügt, daß die Haustaufe damals weitgehend üblich war, jetzt aber von den evangelischen Kirchen abgelehnt wird, und zwar zugunsten der in der Kirche stattfindenden Taufe, die meistens sogar im Gottesdienst geschieht.

Nun kann man in der Taufdiskussion unserer Tage hören: „Ach, hätten wir heute mehr Kierkegaards!" Ich frage zurück: „Und wenn wir sie hätten, würde sich in der Kirche etwas ändern?" Wohl kaum! Die gegenwärtige Taufdiskussion innerhalb der Kirche, die in ihrer Einseitigkeit mehr einer ständigen Rechtfertigung der Kindertaufe unter Anpassung an die jeweilige Situation gleicht, vollzieht sich nach demselben Raster wie eh und je. Das bezeugen die bereits im vorausgegangenen Kapitel erwähnten Äußerungen der Bischöfe und einer kirchlichen Taufkommission, auf die ich in den nächsten Kapiteln immer wieder zurückkommen werde. Die Quintessenz dieser Äußerungen ist – bei allem Wissen um eine notwendige kirchliche Erneuerung und bei allen Bemühungen, bei den getauften Gliedern Glauben wecken zu wollen – doch letzten Endes die: Es läßt sich in dieser Kirche durchaus noch gut als Pfarrer leben. Das um so mehr, als man jetzt von universitätstheologischer Seite noch den Titel „Spiritual" zugelegt bekommen hat. Ich zitiere hierzu wiederum den Landesbischof Theo Sorg, der zu diesem Titel von Professor Manfred Seitz inspiriert wurde.

„Als ‚Spiritual' wird herkömmlich der Seelsorger einer Mönchsgemeinschaft bezeichnet. Die Spirituale trugen Sorge für das geistliche Leben in den Klöstern. Es ist die

Aufgabe der Pfarrer und ihrer Mitarbeiter im Bereich der Volkskirche, der Gemeinde bewährte und neue Formen geistlichen Lebens vorzustellen und sie mit ihnen vertraut zu machen. Die Gemeinde soll in heute lebbare und tragfähige Ordnungen (Andacht, Bibellese, Gebet, Einkehr usw.) eingeführt und eingeübt werden."[15]

Nun ist gegen geistliches Leben, in welchen Formen auch immer, nichts einzuwenden, wenn es echt ist. Wie es jedoch an Millionen getaufter, geistlich uninteressierter und abseitsstehender evangelischer Kirchenmitglieder herangetragen werden soll, auf welche Weise diese dazu willig gemacht werden können – ganz zu schweigen von ihrer „Einübung ins Christentum", um dieses berühmte Wort zu gebrauchen –, ist mir trotz 35jähriger Pfarramtspraxis unverständlich. Dabei möchte ich betonen, daß ich Vorschläge dieser Art, die ja zum größten Teil gar nicht neu sind und seit vielen Pfarrergenerationen in dieser oder jener Form umgesetzt werden, ausprobiert und fleißig angewendet habe. Erfolg: 0 bis 1,5 Prozent, abgesehen von der kleinen 4- bis 7prozentigen Kerngemeinde, die ja, geduldigen Schafen gleich, sowieso alles mitmacht und anscheinend nicht totzukriegen ist. Mein Eifer hat in all diesen Jahren trotz ständiger Enttäuschungen und Mißerfolge nie nachgelassen, und mein Selbstwertgefühl als Pfarrer war ebenfalls nie gebrochen, bis ich eines Tages erkennen mußte, daß die Grundlage der Gemeinde, die Taufe, nicht stimmt und daß darum jeder folgerichtige Aufbau in diesem System nicht funktionieren kann. Aber wie gesagt, es läßt sich auch heute noch als Pfarrer leben. Wohlgemerkt, das alles auf der Basis der Kinder taufenden Nachwuchskirche des Volksganzen. Man muß nur großzügig sein und vieles übersehen und keinen absoluten Zielen nachjagen wollen.

Um so befreiender die Kritik Kierkegaards, die dieses Pfarrersein nicht gerade zimperlich angreift. In seinem Aufsatz „Die Wahrheit über die Bedeutung des ‚Geistlichen' für die Gesellschaft" nennt er, horribile dictu[16], die Pfarrer die „Meineidigen", weil sie den Menschen helfen, „unter dem Schein, das Christentum zu haben, – heidnisch leben" zu können.[17]

Nun kann man solches dem Pietisten Theo Sorg kaum unterstellen, sagt er doch zum Beispiel: „Gewiß sind wir nach unserer Taufe, die wir als Säuglinge empfangen haben, noch keine Glaubenden."[18] Das ist grundsätzlich richtig, auch stellt er damit die Säuglingstaufe bereits in Frage, denn in der Bibel geht der Glaube der Taufe voraus. Doch gerät er damit in Gegensatz zu Luther, der diese biblische Abfolge akzeptiert und daran festhält, daß die Kinder bereits einen eigenen Glauben hätten, weil sie sonst nicht getauft werden dürfen. Aber das ist eben Sorgs pietistische Taufgnadentheologie, die sich zwar für eine Beibehaltung der Kindertaufe vorteilhaft ausnimmt, aber im Grunde genommen gegen eine konsequente lutherische Theologie steht.

An anderer Stelle sagt er: „Eine Kirche, die an der Säuglingstaufe festhält, übernimmt damit die Verpflichtung zu glaubenweckender Verkündigung".[19] Und schließlich, im Blick auf das Taufgespräch und ein vorläufiges Versagen der Taufe: „Wenn bei einem Elternpaar kein Interesse an Fragen des Glaubens sichtbar wird, kein Bezug zur Kirche vorhanden ist, auch keine Bereitschaft besteht, die Aufgaben zu übernehmen, die sich aus der Taufe ergeben, dürfen wir nicht die Hand dazu reichen, ein illusionäres Christentum zu stabilisieren."[20] So gut das auch klingt und gemeint ist: die Realität sieht anders aus. So erzählte mir vor einigen Jahren ein soziologisch und psychologisch orientierter Pfarrer, der durch die Seminarausbildung funktionaler Kirchentheorie gegangen war, er frage die Eltern, wie sie die Taufe verstünden. Das würde er dann jeweils akzeptieren und damit den Eltern durch den Initiationsritus „Taufe" über die Schwelle einer Krisensituation des Lebens helfen. Ich verzichte auf weitere moderne Beispiele, die ich reichlich zur Verfügung habe, und komme zurück zu unserem Kronzeugen Kierkegaard.

Er sagt: „So ist denn, was man unter dem Namen des Christentums lebt, christlich, nichts als Lüge." Zu dieser Lüge gehören nach Kierkegaard auch die „schönen, herrlichen Familienfeste, zum Beispiel Kindertaufe und Konfirmation." „Das Ganze ist ein Komödienspiel."[21] Kein Wunder, denn „die Pfarrer haben auch nicht gerade Lust, selber Christen zu werden", „denn das Christwerden im Sinne des Neuen Testamentes ist darauf berechnet, den Einzelnen aus dem Zusammenhang zu lösen, an dem er in unmittelbarer Leidenschaft hängt, und der in unmittelbarer Leidenschaft ihm anhängt".[22] Hundert Jahre später fragt deshalb der Heidelberger Philosoph Karl Jaspers in seinem Buch „Der philosophische Glaube angesichts der Offenbarung": „Ist es heute nach dem Angriff Kierkegaards auf die Kirche noch möglich, in Redlichkeit Pfarrer zu werden?"[23]

Wie wir bereits gesehen haben: man kann, oder man kann auch nicht. Die Entscheidung liegt letzten Endes beim einzelnen und seiner jeweiligen Einstellung, bei seiner Interpretation der Bibel und der Kirche. Jaspers, der mit Hilfe Kierkegaards jedoch dem sogenannten protestantischen Prinzip nachgeht, läßt nicht locker und fragt weiter: „Sollte Kierkegaard eine mögliche Wahrhcit getroffen haben? Dann aber nur für den, der auch die Konsequenzen verwirklicht."[24] Diese Konsequenzen hat Jaspers im Auge, wenn er auf die Frage nach dem Pfarrersein schließlich zu folgender Antwort kommt: „Wenn man die Auffassung des neutestamentlichen Christentums und die Nachfolge Christi, so wie Kierkegaard sie meint, für wahr hält – und daß sie im Neuen Testament einen großen Raum einnimmt, ist nicht zu bezweifeln –, so ist das Pfarrerwerden in der Kirche und in dem in der Kirche verkündeten Christentum nicht möglich."[25] Eine solche Antwort ist deshalb um so erstaunlicher, als Jaspers mit Kierkegaard die Kirche als eine „weltliche Organisation" sieht, „in der der Umgang der Glaubenden miteinander unter Mitwirkung des Pfarrers stattfindet."[26] Dabei erwartet er von einem Pfarrer nicht wenig.

Er geht von einem hohen Berufsideal aus, das einen „im Interesse der Gemeinschaft höchst wünschenswerten Willen" beinhaltet, von dem weitgehend die eigene Glaubwürdigkeit abhängt und der sowohl die eigenen als auch die durch Umstände gesetzten Grenzen einsieht. „Es ist schwer, das ständig Unzureichende sich eingestehen zu müssen." Das um so mehr, als „das protestantische Prinzip der Befreiung im biblischen Glauben ... sich nicht verwirklicht" hat. „Vielmehr ist es durch die Erzeugung vieler neuer ‚Katholizismen' (in Kirchenansprüchen, Lehren, Liturgien, Titeln) verschleiert." Und das alles schließlich auf dem Hintergrund, daß die „theologischen Fakultäten" zwar „Kenntnisse" vermitteln, „aber keinen Glauben erzeugen". Dazu kommt: „Was durch Organisation der Kirchen und durch dogmatisches und historisches Wissen entsteht, ist nicht diese Wirklichkeit." Welche Wirklichkeit? Eben die der „biblischen Religion" oder des „biblischen Glaubens".[27]

Darum geht es Jaspers wie Kierkegaard. Und ich zweifle keinen Augenblick daran, daß es auch Bischof Theo Sorg um dasselbe geht. Und doch, zu welch anderen Ergebnissen kommt er! Gerade das, was Sorg als stabilisierende geistliche Maßnahmen vorschlägt, wird von Jaspers als Verschleierung und Katholizismus abgetan.

Zwar geht Jaspers, der die Kritik Kierkegaards an der protestantischen Kirche auf einer neuen Ebene weiterführt, nicht auf die Taufproblematik ein. Doch läßt sie sich ohne Schwierigkeiten unter den zitierten Stichwörtern der neuen Katholizismen im Protestantismus unterbringen. Diese nur am Rande erwähnten Stichwörter heißen: Lehre, Liturgie, Titel und Kirchenanspruch.

Leider hat Kierkegaard mit seiner präzisen Tauf- und Kirchenkritik nie Vorschläge zur Reform der Kirche gemacht. Seine einzige Forderung hieß: Redlichkeit.

Es wird darum unsere Aufgabe sein, in Redlichkeit nach einer Reform der Taufe auf Grund biblischer Aussagen zu suchen, und zwar unter Absehen von menschlichen Satzungen, heißen sie Tradition, Dogmatik oder Konfession. Es kann sein, daß wir dabei zu Außenseitern werden, obwohl wir mitten im Zentrum der Gemeinde Jesu stehen. Doch ist es besser, dem Kierkegaardschen „Entweder – Oder" zu folgen als den alles verschleiernden und den Kompromiß suchenden Synthesen, die allzu leicht von biblischen Ordnungen und Gegebenheiten abweichen. Mit solchen Synthesen wird man zwar eine die Gesellschaft stabilisierende Religionspolitik vorantreiben können. Da es aber um die Gemeinde Jesu als den wahren Leib Christi und damit um das unmittelbare Gegenüber des einzelnen zu seinem Gott geht, hört jede fehlleitende und amtsfunktionale Autorität des *homo faber religiosus*[28] auf. Hier gibt es keine „Vermittlung der Gnaden"[29] mehr, höchstens eine brüderliche Begleitung durch die Gemeinschaft der Glaubenden. Und auch die kann bestenfalls bis zur Pforte führen. Den Schritt durch die „enge Pforte"[30] aber muß jeder allein gehen.

Damit sind wir ganz nah an das Ereignis Taufe herangekommen. Römer 6,3.4 sagt uns, daß wir durch die Taufe in den Tod Christi begraben werden, um mit Christus zur „Neuheit des Lebens" (Vers 4, vgl. Kolosser 2,12) aufzuerstehen. Weil hier nun der „alte Adam" beerdigt wird, muß jede Form von sakramentaler Säuglingstaufe – wie wir noch sehen werden – ihre Berechtigung verlieren.[31] Der „alte Adam" nämlich muß erst gestorben sein, denn nur ein Leichnam kann beerdigt werden. Zwar meinte Luther, daß der alte Mensch nicht in den geistlichen Tod zu kriegen ist. „Das Biest kann schwimmen" – sagt man oft. In diesem Sinne schreibt Luther im „Kleinen Katechismus", daß er weiterhin und täglich erneut ersäuft werden muß.[32] Doch nach der Bibel wird kein Lebender ersäuft. Was für eine seltsame Tauflehre wird uns hier angeboten; sie steht im Gegensatz zu Römer 6,1-11! Dort ermahnt Paulus die Getauften: „So auch ihr, haltet euch der Sünde für tot, Gott aber lebend in Christus Jesus" (Vers 11).

Doch bevor wir uns näher mit Luther beschäftigen, noch einmal zurück zu Kierkegaard. Es ist deutlich, daß seine Kritik an der Säuglingstaufe kaum exegetisch, also durch die Auslegung der betreffenden Bibelstellen, begründet ist. Sie stützt sich vielmehr, unter der Fragestellung nach dem wahren Christsein, auf beobachtete und durchreflektierte Erfahrungen, geht also empirisch vor. In einer Zeit, wo soziologische Studien hoch eingeschätzt werden, mag man auch einen philosophischen Erfahrungsbeweis, der uns in die Enge existentieller Entscheidung treibt, durchaus akzeptieren. Das kann und darf uns jedoch auf keinen Fall genügen. Das Mißfallen dessen, was Kirche tut, erlaubt weder einen voreiligen Ausstieg noch die Bildung einer neuen Konfession. Wenn notwendige Kritik an den Handlungen und am Selbstverständnis der Kirche geäußert wird, dann – bei allen wichtigen Erfahrungswerten und gesellschaftlichen Beobachtungen –letztendlich allein vom Wort Gottes her. Dieses Wort aber haben wir im biblischen Text vor uns, und von ihm aus ist die Frage zu stellen, ob die Säuglingstaufe biblisch ist oder nicht.

Kierkegaard setzt bereits voraus, daß die Kindertaufe unbiblisch, ja, gar keine echte Taufe ist. Sie ist für ihn eine fromme Verführung der Volksmassen, die auf diese Weise, wie er meint, ihre Religion erhalten. Kierkegaard bezweifelt, ob dieses „zum Christen Gemachtwerden", das im Rahmen eines religiös-gesellschaftlichen Gesamtkonzeptes geschieht, zum Frieden mit Gott führen kann. Die Stellung und Aufgabe des Pfarrers beschreibt er als eine „höchst angesehene Tätigkeit", in der mit der Kindertaufe „ein Gewerbe" betrieben wird, „das die Menschen daran hindert, ins Himmelreich einzugehen".[33] Seine Behauptung begründet er mit einem Bibelwort. Er schreibt: „Weh euch! sagt Christus zu den Gesetzeskundigen (den Schriftgelehrten), ‚denn ihr habt den Schlüssel der Erkenntnis weggenommen; ihr kommt nicht hinein (nämlich ins Himmelreich, vgl. Matth. 23,13) und wehret denen, die hineinwollen' (Lukas 11,52)."[34]

Der Prozeß des Christwerdens widerspricht laut Kierkegaard radikal dem bequemen Hineingenommenwerden in den Schafstall Jesu Christi durch die Säuglingstaufe. „Das Christwerden im Sinne des Neuen Testamentes ist eine solche Grund-Veränderung, daß man, rein menschlich gesprochen sagen müßte, es sei der schwerste Kummer für eine Familie, wenn eines ihrer Mitglieder Christ werde. Denn in solch einem Christen wird das Gottesverhältnis so übermächtig, daß er nicht ‚gleichsam' verloren ist, nein er ist in einem weit entschiedenerem Sinne als durch den Tod für alles verloren, was die Familie heißt."[35]

Es zeigt sich: Kierkegaard weiß etwas von der Absonderung und Heiligung des Lebens durch die Taufe, in der das Christsein und damit die Absonderung von der Welt sichtbar bestätigt wird. Damit steht er ganz auf dem Boden der Taufgesinnten der Reformation. Deren Tauf- und Gemeindeauffassung wurde zum erstenmal in den „Schleitheimer Artikeln" von 1527 formuliert.

Was diese Menschen über Jahrhunderte hinweg mit Kierkegaard verbindet, ist ihr Wille nach der Wiederherstellung der urchristlichen Gemeinde, der bei Kierkegaard auf die Suche nach dem urchristlichen Glauben trifft. Sie benutzten dabei das uns sehr seltsam anmutende, politisch beladene und aus den Bauernkriegen stammende Wort „Bann". Diesen „Bann" schränkten sie jedoch auf den kirchlichen Bereich ein. „Sie mieden jeden, der nicht bereit war, den Spuren Christi zu folgen, und sonderten sich von den Kindern der Finsternis ab. Nach innen gewandt, diente der Bann dazu, die Gemeinden rein zu halten ... Schließlich grenzten sich die Täufer gegen die ‚falschen Brüder' ab. Falsche Brüder waren wohl Täufer, die sich nicht um die konkreten Konsequenzen ihres Glaubens sorgten und ‚die Freiheit des Geistes und Christi' zum Anlaß nahmen, die Reformbedürftigkeit der Kirche auf sich beruhen zu lassen."[36]

Natürlich soll Kierkegaard, der lutherische Kritiker der Kindertaufe, nicht im nachhinein zum Taufgesinnten gemacht werden. Auch weiß ich nicht, wie weit er sich mit der wahren Geschichte der Täufer und ihren theologischen Äußerungen beschäftigt hat. Aber ich erkenne die Geistesverwandtschaft zwischen einigen ihrer Aussagen und einigen seiner Aussagen. Dadurch bestätigt sich, daß gewisse biblische Wahrheiten – und um solche handelt es sich – nicht untergehen oder auf Dauer unterdrückt werden können. In jedem Jahrhundert erhebt sich mindestens eine hörbare Stimme und läßt eine nicht erledigte Sache nicht zur Ruhe kommen.

Nicht, daß Luther nichts von Absonderung gewußt hätte! Doch die Taufabsonderung, die wir in Luthers „Taufbüchlein" von 1526 im Gebet des Pfarrers finden, ist exegetisch falsch. Dort heißt es: „... und er aus der ungläubigen Zahl abgesondert in der heiligen Arche der Christenheit trocken und sicher behalten, allezeit brünstig im Geiste, fröhlich in Hoffnung deinem Namen diene ..."[37]

Exegetisch falsch ist sie deshalb, weil nicht die Kirche, sondern die Taufe der Antitypos, das Gegenbild, zur rettenden Arche ist (1. Petrus 3,20.21). Mit anderen Worten: Was die Menschen damals vor einer im Wasser versinkenden Welt rettete, war die Arche. Was die Menschen heute aus dem verderblichen Weltsystem rettet, ist die Taufe. Es geht also bei der Taufe, wie auch aus Markus 16,16 ersichtlich, nicht um Sündenvergebung und ewiges Leben, sondern um Errettung aus dem Herrschaftssystem einer sündigen Welt, in das der Mensch bisher einbezogen wurde. Durch das Verlassen dieses Systems tritt er in den Herrschaftsbereich Christi und die neue Ordnung des Reiches Gottes ein. „So wie Gott uns Rechtfertigung schenkt, weil es Verdammnis gibt; wie er ewiges Leben schenkt, weil es den Tod gibt"; bringt er uns durch die Taufe, zu der wir im Glauben hinzutreten, Errettung, weil es diese verlorene und verdorbene Welt gibt. In der Taufe ist mir die alte Welt untergegangen.[38]

Ich gehöre nun zu Jesus Christus und in sein Reich. Davon wußte Tertullian (um 200 n.Chr.) noch etwas, wenn er von der Taufe als einem Fahneneid sprach und sie damit einem Herrschaftswechsel verglich.

Zudem wird in diesem Gebet aus Luthers „Taufbüchlein" das gewichtige Wort „absondern" sakramentalistisch verschleiert, obwohl die Taufe nach 1. Petrus 3,21 gerade nicht sakramental verstanden werden darf. Die Taufe ist ja nach Petrus eben gerade „nicht ein Ablegen der Unreinheit des Fleisches" (Vers 21). Das nämlich geschieht bereits, wenn ein Mensch Buße tut und zum Glauben kommt und damit wiedergeboren wird. Also ist die Auswirkung der Taufe nicht darin zu suchen. Daß dies alles übrigens nicht von Säuglingen gesagt werden kann, ist selbstverständlich.

Ebenso unverständlich ist eine andere Form der Absonderung in Luthers Taufliturgie. Der Pfarrer fragt den wenige Tage alten Säugling: „Entsagst du dem Teufeln? Und allen seinen Werken? Und allem seinem Wesen?", und der Taufpate antwortet darauf stellvertretend dreimal mit Ja. Luther leitet diesen Vorgang mit den Worten ein: „Danach lasse der Priester das Kind durch seine Paten dem Teufel absagen."³⁹ Auch hier ist jeder Kommentar überflüssig. Wenn Luther diese guten und alten Absageformeln einem Säugling vorlegt, ist das geradezu eine Pervertierung dessen, was die Schrift unter Absonderung versteht. Die biblische Bedeutung wird hier zum Opfer sakramentaler Absonderungsvorstellungen, die der Wirklichkeit des Lebens in keiner Weise standhalten.

Die Frage nach der wahren christlichen Existenz kann spätestens seit Kierkegaard nicht mehr aus der Welt geschafft werden. Er selbst hat sie mit der Tauffrage verbunden, weil er in der Säuglingstaufe den größten Sündenfall der Kirche sieht. Hier entsteht das Millionenheer der zu Christen gemachten Nichtchristen oder Heiden. Es ist einfach unmöglich, einen Menschen für einen Glauben und die damit verbundene Existenz der Absonderung zu vereinnahmen, auch dann, wenn versucht wird, es mit einer sogenannten objektiven Tauftheologie sakramental zu begründen. Der Mensch selbst muß sich dafür entscheiden. Über das Problem, was objektives Heilsgeschehen in Verbindung mit der Taufe heißt, soll an einem anderen Ort in diesem Buch gesprochen werden.

3.
War Luther
ein Kompromißler?

Martin Luther ist ohne Zweifel eine der umstrittensten Figuren der Geschichte. Ein Blick auf die Luther-Literatur wird das bestätigen.[1] Dennoch ist und bleibt er gerade auch bei der modernen soziologischen Auffassung von „Religion im Erbe" ein Teil unseres deutschen Schicksals. Auch wenn wir letztlich nicht ihm, sondern allein Gott verpflichtet sind, so steht er uns doch gegenüber als der Mann, der unsere evangelischen Landeskirchen in Deutschland und darüber hinaus viele weitere protestantische Kirchen in der ganzen Welt, auch wenn sie sich nicht „lutherisch" nennen, geprägt hat. „Evangelisch" hieß übrigens im 16., 17. und 18. Jahrhundert immer soviel wie „lutherisch".

Wie sehr man sich auch heute noch auf Luther stützt und dabei mitunter das Wort der Bibel links liegen läßt, wurde vor einiger Zeit wieder deutlich, als ein Pfarrer einer evangelischen Landeskirche vor seine Kirchenleitung zitiert wurde. Das geschah wegen seiner Weigerung, weiterhin Kinder zu taufen, und wegen seiner bereits erfolgten Glaubenstaufe – kirchenamtlich „Wiedertaufe" genannt. Obwohl er einer sehr liberalen unierten Kirche angehörte, in der dogmatische Auseinandersetzungen nicht allzusehr im Vordergrund stehen und in vielem eine überaus große Freiheit herrscht, wurde er sofort mit Martin Luther konfrontiert. Ein Oberkirchenrat las ihm die wichtigsten Taufpassagen des „Großen Katechismus" vor und fragte ihn, ob er noch dazu stehen könne. Dann wurde aus der „Confessio Augustana"[2] der Artikel IX – „Über die Taufe" – zitiert und ebenfalls die Zustimmung des Pfarrers erfragt, die er auf Grund seiner neuen biblischen Erkenntnis versagen mußte.

Daraufhin setzte eine fast zweistündige Diskussion über die Tauftheologie Luthers ein, in der man wechselseitig Lutheräußerungen zugunsten der Kindertaufe und Lutheräußerungen gegen die Kindertaufe zitierte. Das aber heißt, man spielte Luther gegen Luther aus. Für Rückfragen an biblische Texte blieb dann kaum noch Zeit. – Ich berichte über diesen Vorgang deshalb, weil er sehr deutlich zeigt, wie sehr wir als evangelische Christen Luther verhaftet, Luther verbunden, Luther-geprägt, Luther-beeinflußt, ja sogar Luther-gläubig sind.

Hier offenbart sich die sektiererische Seite der protestantischen Konfessionskirchen, die natürlich gerne verschwiegen oder ignoriert wird.[3] Es ist das alte Problem aus 1. Korinther 1,10-17 und 1. Korinther 11,19, das nun mit dem Namen Luther verbunden ist. Dabei hat doch Luther auf dem *sola scriptura*[4] beharrt und gesungen: „Das Wort sie sollen lassen stahn." Nun aber streitet man sich in der Tauffrage darum, ob er, der wortgewaltige Reformator, das biblische Wort wirklich hat stehenlassen oder ob er es verrückt hat. Denn der Widerspruch zwischen Luthers Tauflehre und der ebenfalls „allein aus dem Wort der Heiligen Schrift" entnommenen und allein auf diesem Wort fußenden Konsequenz der Taufgesinnten der Reformationszeit und ihrer, wie sie betont sagten, „biblischen Glaubenstaufe" ist gewaltig.

Auch heute noch kann diese Unterschiedlichkeit nicht überbrückt, synthesiert oder harmonisiert werden – auch nicht mit einem „Limapapier" des Weltkirchenrates der nichtrömischen Ökumene. Sowohl konsequente Lutheraner als auch Baptisten sagen darum mit Recht, daß der Taufteil in der „Konvergenzerklärung der Kommission für Glauben und Kirchenverfassung des Ökumenischen Rates der Kirchen" von 1982 zum Thema: „Taufe, Eucharistie und Amt", nach dem Tagungsort kurz „Limapapier" genannt –, ein nicht akzeptabler Kompromiß sei. Sakramental orientierte Taufvorstellungen, in denen die Kinder und Säuglinge eingeschlossen sind, ja vornehmlich oder ausschließlich zu Taufwürdigen erklärt werden, und die biblische Lehre von der Glaubenstaufe an Erwachsenen, die sich zu Gott bekehrt haben, lassen sich eben nicht auf diese Weise vereinen, noch nicht einmal als gleichberechtigt nebeneinanderstellen.

Nun wirft man Luther schon seit den Tagen der Reformation vor, ein Abweichler von den ursprünglichen Anliegen seiner eigenen Reformation und damit zugleich ein Kompromißler gewesen zu sein. Man versteht nicht, wie er besonders in der Anfangszeit der Reformation klare, biblisch begründete Taufaussagen machen und dann doch an der Praxis der Kindertaufe festhalten konnte. Auch versteht man nicht, daß er manche seiner früheren Aussagen durch spätere, entgegengesetzte Aussagen in Frage gestellt, ja geradezu aufgehoben und nichtig gemacht hat.

Diesem Problem wollen wir auf den nächsten Seiten ein wenig nachgehen. Wir wollen sehen, was hier geschehen ist. Das ist für uns, die wir ihm auf Grund biblischer Erkenntnisse widersprechen müssen, deshalb so wichtig, weil er, besonders zwischen 1526 und 1530, durch seine Aussagen die Kindertaufe zur Regelpraxis in der jungen evangelischen Kirche werden ließ und sie fortan vehement gegenüber allen Andersdenkenden verteidigen mußte. Dies geschah vor allem in den beiden Katechismen und im Taufbüchlein sowie in seiner ungestümen Verurteilung der sogenannten Wiedertäufer, deren Schriften er zum größten Teil noch nicht einmal kannte.[5]

Von daher zeigt sich auch die Beurteilung der Reformation unter einem neuen Aspekt. Die Taufgesinnten nämlich wurden in ihrer Schriftauslegung über das, „was evangelische Prediger der Schrift entnahmen", hinausgeführt und konnten deshalb beanspruchen, „die Heilige Schrift besser zu verstehen und zur Anwendung zu bringen als die Reformatoren"[6]. Auch im Blick auf die Unterdrückung und Verfolgung der Täufer sowie auf die einseitigen Negativurteile einer polemisierenden Kirchengeschichtsschreibung muß also erkannt werden, „daß die Reformation nicht mit Luther identisch ist."[7]

Unabhängig von den verschiedenen Ergebnissen, zu denen die verschiedenen Führer der Reformation gekommen sind – und hier meine ich nicht nur Luther und Zwingli, sondern auch, um nur einige zu nennen, Melanchthon, Bucer, Karlstadt, Müntzer und Schwenckfeld und auf rein täuferischer Seite vor allem Hubmaier, Denck, Hut, Marpeck und Menno Simons –, ging es doch ihnen allen wie auch uns heute in erster Linie um das Schriftprinzip und damit um die reine Lehre, sofern eine solche überhaupt möglich ist.

Dieses von allen anerkannte Schriftprinzip aber heißt *sola scriptura*: „allein die Schrift". Damit ist gesagt, daß die Bibel als *norma normans*[8], das heißt als maßgebende Norm für eine kirchliche Lehre zu gelten hat und daß umgekehrt jede kirchliche Lehre und Praxis am Wort der Heiligen Schrift zu prüfen ist. Unter diesem Grundstz muß auch die kirchliche Taufpraxis, sei es die der Kindertaufe oder die der Erwachsenentaufe, geprüft werden. Dabei kann man zu erstaunlichen Entdeckungen kommen, wie zum Beispiel Karl Barth, der den Mut hatte, die Kindertaufe „einen alten kirchlichen Irrtum"[9] zu nennen, und im Blick auf die „Unsitte der Kindertaufe" die gegenwärtige Kirche fragt, wie sie „mündige Kirche sein oder wieder werden" kann, „solange sie verstockt und gegen alles bessere Wissen und Gewissen fortfährt, mit dem Taufwasser so respektlos verschwenderisch umzugehen, wie es nun seit Jahrtausenden geschehen ist"[10].

Nun hat Martin Luther dieses Schriftprinzip leider nicht immer konsequent durchgehalten. Das gilt nicht nur für die Tauffrage. Aber hier wird dieses Abweichen besonders deutlich, sonst hätte er wohl kaum sein Placet[11] zu Melanchthons Confessio Augustana[12] geben können, die 1530 auf dem Reichstag zu Augsburg als das Bekenntnis der Evangelischen verlesen wurde, oder doch zumindest nicht zum Taufartikel, der allerdings zu dieser Zeit schon ganz in seinem Sinne war. Auch hätte er nicht den endgültigen Rückzug zugunsten der Kindertaufe im „Großen Katechismus" (Deutsch Katechismus 1529)[13] machen dürfen, nachdem er doch zuvor noch erklärt hatte, daß ohne eigenen Glauben niemand getauft werden dürfe. Das Taufen von Säuglingen auf den oder in den „Glauben der Kirche", der durch die angeblich glaubenden Eltern und Paten repräsentiert würde, sei – so hatte er einst erklärt – „Gift und Irrtum", vor denen man sich hüten müsse. Was da geschehe, sei „eine andere, fremde, unchristliche Taufe", sei „Alfanzen, Gaukelwerk und Gotteslästerung".

Doch gehen wir nach der Reihenfolge vor. Hier zunächst einige Texte, die eine gewisse Entwicklung in Luthers Taufverständnis zeigen. Die Jahreszahlen sind jeweils vor die Zitate gesetzt.

1515: „Niemand erlangt Gnade, weil er absolviert oder getauft wird oder das Abendmahl empfängt – sondern weil er glaubt ..." (Scholie zu Römer 5,1 in der Römerbrief-Vorlesung).

1518: „Der Glaube nämlich ist notwendig. Nichts ist der in der Welt, der nicht einen Riegel vorschiebt, sondern nur der, der glaubt, weil nur der Glaube rechtfertigt. – Es genügt, daß die Sakramente wirksame Zeichen der Gnade sind, wenn du glaubst, nicht darüber hinaus."[14]

1520: „Es kann nicht wahr sein, daß die Sakramente [abgesehen vom Glauben des Säuglings] seien kräftige Zeichen der Gnade. Das wird alles geredet dem Glauben zum Nachteil."[15]

„Niemand rechtfertigt die Taufe noch nützt sie irgendjemand, sondern der Glaube an das Wort der Verheißung, zu dem die Taufe hinzugefügt wird."[16]

1522: Am 13. Januar 1522 schrieb Martin Luther von der Wartburg an Philipp Melanchthon, wenn es mit diesem Säuglingsglauben nichts auf sich habe, sei die Säuglingstaufe einfach (simpliciter) zu verwerfen. So berichtet Reinhart Weber auf seiner Spurensuche nach der Wahrheit.[17]

Einen ähnlichen und zugleich ergänzenden Bericht finden wir bei Siegfried Zimmer in seinem Referat „Luther und die Kindertaufe", das er 1986 in Darmstadt hielt. Auf Seite 5 ist dort zu lesen: „Auf Melanchthons Frage nach dem Säuglingsglauben wiederholt Luther in seinem Antwortbrief vom 13. Januar 1522 die Aussage aus ‚De captivitate': den Säuglingen wird mit Hilfe der fides aliena ein eigener Glaube eingegossen."

Der fremde Glaube – *fides aliena* – ist der Glaube der anderen, zum Beispiel der Eltern, der Paten oder der gesamten bei der Taufe anwesenden christlichen Gemeinde. Er wird, sagt unser Text, eingegossen – vermutlich durch den Taufakt selbst, hinter dem der Glaubensakt derjenigen steht, die das Kind zur Taufe bringen –, so daß beim Säugling ein eigener Glaube entsteht. Das ist eine nicht haltbare sakralmagische Auffassung Luthers, die aus der katholischen sakramentalistischen Lehre von der eingegossenen Gnade, der *gratia infusa,* nun: *parvulus fides infusa*[18] kommt.

Es ist tragisch, daß im Tauf-Votum der Theologischen Kammer der Evangelischen Kirche von Kurhessen-Waldeck eine Tauferklärung gegeben wird, die dieser Auffassung sehr ähnlich ist. Dort heißt es in Absatz 3: „Die Kindertaufe geschieht und kann nur geschehen in der Gemeinschaft der Glaubenden. Sie ist ein im Glauben der Eltern, der Paten, der Gemeinde gewagtes Handeln, das dieses Kind Gott anvertraut wissen möchte ... Die Kindertaufe geschieht also vom Glauben der Gemeinde her, von ihrem eigenen Getauftsein her, in einem Akt des Gehorsams und Vertrauens, den sie von daher vollzieht." Und in Absatz 5: „Die Kindertaufe ist insofern, getragen von dem Glauben der Gemeinde, der vor dem Einzelnen da ist, jedoch begründet in der gnädigen Zuwendung Gottes zu diesem Menschen in Jesus Christus, ein für den Glauben dieses Menschen grundlegendes Geschehen."[19]

Das ist eine moderne Form von Glaubens-Sophisterei[20], die uns zeigt, wie auch heutige evangelische Theologen immer noch nicht frei sind von dem Gedanken des „fremden Glaubens", der *fides aliena*. Zwar heißt es nicht mehr, daß er eingegossen werde, aber er gilt eben doch als das bestimmende und tragende Vehikel der ganzen Kindertaufpraxis, und ohne ihn ist eine Kindertaufe offensichtlich nicht möglich und vollziehbar.

Was soll das heißen: „Die Kindertaufe ist getragen von dem Glauben der Gemeinde, der vor dem Einzelnen da ist"? Und: „Die Kindertaufe geschieht ... vom Glauben der Gemeinde her"? Das sind meines Erachtens unverantwortliche, weil unbiblische und verschleiernde Worte. Da sind auch Einschränkungen wie „ein im Glauben der Eltern, der Paten, der Gemeinde gewagtes Handeln, die dieses Kind Gott anvertraut wissen möchte" sinnlos. Man kann ein Kind auch ohne Taufmißbrauch durch ein schlichtes Gebet Gott anbefehlen, und wo das den Schwachen im Glauben noch nicht genügt, durch eine unter Handauflegung gesprochene Segenszusage. Denn die in Absatz 5 des Tauf-Votums erwähnte Zuwendung Gottes zu uns Menschen in Jesus Christus gilt auch für ein nichtgetauftes Kind. Sie wird, wenn es von dieser Zuwendung später mit Hilfe des Heiligen Geistes verstehend und bejahend erfährt, zur Grundlage des nun entstehenden Glaubens, der immer noch aus der Predigt bzw. der Verkündigung kommt (Römer 10,17), und wird anschließend zur biblischen Taufe führen.

Kommen wir zurück zu Luthers Brief an Melanchthon vom 13. Januar 1522. Wie wir gesehen haben, vertritt

Luther die katholische Lehre vom „fremden Glauben". Weiter schreibt er in diesem Brief: „Die Zeugnisse und Exempel der ganzen Schrift stehen auf der Seite des fremden Glaubens, das heißt, auf Seiten des eigenen Glaubens, der für den anderen den Glauben erlangt und alles, was er will."[21] Luther beruft sich hier auf Matthäus 21,22: „Alles, was ihr bittet im Gebet, so ihr glaubet, so werdet ihr es empfangen" und Matthäus 18,19: „Wo zwei unter euch eins werden auf Erden, worum sie bitten wollen, so soll es ihnen widerfahren von meinem Vater im Himmel." Er sagt dazu: „Es muß also unerschütterlich feststehen [es geht also nicht, wie bei der Kirche von Kurhessen-Waldeck, nur um ein ‚gewagtes Handeln'], daß es unmöglich sei, daß das nicht geschehen sollte, was gebeten wird, und wovon man glaubt, daß es geschehe, sonst wird die ganze Lehre des Glaubens wankend werden..." Und: „Nun bleibt nur noch übrig, ob die Kirche glaube, daß den kleinen Kindern der Glaube eingegossen werde."[22]

Luther, der somit zur Begründung der Kindertaufe an der Vorstellung vom „fremden Glauben" festhält, kommt Melanchthon gegenüber zu dem Schluß: „Es ist durchaus nichts übrig als der fremde Glaube." Gemeint ist: Wir haben zur Begründung der Kindertaufe gegenüber den Zwikkauer Propheten, die die Kindertaufe ablehnen, nichts anderes in der Hand als nur dieses Argument.

Hier haben wir einen Luther vor uns, den die meisten von uns vermutlich gar nicht kennen. Könnte das ein Grund dafür sein, daß Professor Kurt Aland in seiner vielgelesenen Lutherausgabe gerade diesen Teil des Briefes, und das heißt die ganze Taufdiskussion, nicht in seine „Auswahl-Veröffentlichung" aufnimmt?[23] Ich frage weiter: War ihm das, was Luther schreibt, zu peinlich, oder wollte er es nicht in die breite Öffentlichkeit bringen? Aber es geht noch weiter. Luther, der einen Beweis für die Kindertaufe braucht, ist sich seiner Sache nicht ganz sicher. Darum fährt er fort: „Falls wir nicht imstande sind, dies festzustellen, bleibt nichts zu disputieren übrig, sondern ist die Taufe der sehr kleinen Kinder einfach zu verwerfen [bzw. zu verdammen]."[24] Was kann möglicherweise nicht festgestellt oder bewiesen werden? Der den Säuglingen eingegossene Glauben, mit dem Luther hauptsächlich argumentiert. Oder: Daß die Kinder glauben können auf Grund eines fremden Glaubens, der sie zur Taufe gebracht hat und diesen Glauben für sie erbittet und fest erwartet, daß er ihnen zur Taufe oder in der Taufe gegeben werde. Oder schließlich, wie Weber sagt, jede Art von „Babyglauben"[25]!

Zimmer kommentiert folgerichtig zu dieser Briefstelle: „Falls man also nicht davon ausgehen kann, daß die fides aliena [der fremde Glaube] dem Säugling zu einem eigenen Glauben verhilft, muß die Kirche die Kindertaufe aufgeben. Und zwar soll sie die Kindertaufe dann nicht nur klammheimlich einstellen, sondern ausdrücklich verwerfen [damnare]. Diese illusionslose und schroffe Formulierung läßt sich nicht anders erklären, als daß Luther zwischen Säuglingstaufe und Rechtfertigung sola fide [allein aus Glauben] einen fundamentalen unaufgebbaren Widerspruch sieht, falls die Säuglinge beim Taufakt keinen eigenen Glauben haben."[26]

Hier wird bereits die ganze Tragik Luthers deutlich. Luther weiß von der Bibel her: ohne Glaube keine Taufe. Er muß sich darum ständig fragen, ob die Säuglinge Glauben haben oder nicht. Haben sie keinen, oder ist dieser Glaube nicht nachweisbar, muß die Kindertaufe abgeschafft werden. Das will Luther jedoch nicht, also muß er den Glauben der Kinder beweisen.

Es lohnt nicht, diesen oft sehr kuriosen und illusionären Beispielen, Beweisen und Schlüssen Luthers nachzugehen. Wir wissen nur zu gut, daß es nach der Bibel um einen Glauben geht, der aus dem Hören des Wortes Gottes kommt. Säuglinge und Kleinkinder können aber das Wort des Heils noch nicht vernehmen. Sie sind erst recht nicht in der Lage, es anzunehmen und darauf die Antwort des Glaubens zu geben, die durch Buße und Umkehr von der Sünde zur Taufe, und das heißt zur Übereignung des Lebens an Jesus Christus, führt. Alle biblisch-neutestamentlichen Aussagen, die von der Taufe und von der Rechtfertigung des Sünders durch den Glauben sprechen, lassen der Kindertaufpraxis keinen Raum. Deshalb ist sie, nach Luthers eigenen Worten, abzuschaffen. Auch wenn es uns noch so schwer fällt, von einer liebgewordenen Tradition und Illusion Abschied zu nehmen: Es ist bereits an dieser Stelle festzuhalten, daß die Kindertaufe keine rechte Taufe, keine Taufe im biblischen Sinn ist. Sie ist Religion und darum menschliches Machwerk.[27]

Aber hören wir weiter Luther, der sich einerseits an klare biblische Erkenntnisse hielt, andererseits aber die Säuglingstauftradition um der Einheit mit der katholischen Kirche und auch um der gesellschaftlichen Stabilisierung des unruhig gewordenen Volkes willen nicht aufzugeben bereit war. Später muß er deswegen noch ganz andere Glaubenssetzungen (z.B. CA IX und XIII) bestätigen. Zunächst ist es noch nicht soweit. Er ringt noch um das rechte Verständnis der Taufe und gibt mitunter erstaunlich klare biblische Erkenntnisse wieder.

So betont er nach Darstellung Zimmers in der Predigt vom 7. September 1522 über Markus 7,31-37, „daß die fides aliena (der fremde Glaube) auf keinen Fall ein Ersatz für den eigenen Glauben der Säuglinge ist. Die Kinder werden nicht, wie die Katholische Kirche lehrt, auf den Glauben der Kirche oder der Paten getauft. Die fides aliena kann niemand retten oder rechtfertigen."[28] Wörtlich sagt Luther: „Also auch wenn man tauft, so sehen wir das an der Kinder Glauben. Die Kindlein stehen da bloß und nackend an Leib und Seele, haben keinen Glauben, kein Werk. Da tritt her die christliche Kirche und bittet, Gott wolle ihm den Glauben eingießen: nicht, daß unser Glaube dem Kind helfen soll; sondern daß es einen eigenen Glauben gewinne ... So es den Glauben aber nicht erlangt, so hilft es unser

Glaube nichts. ... Also summa summarum, steht alles fest auf einem eigenen Glauben."[29] Bleibt die Frage, wie kommt der Säugling zum eigenen Glauben?

Eine andere Predigt über denselben Text aus der „Hauspredigt" von 1533 zeigt noch deutlicher, daß der Glaube der Taufe vorauszugehen hat, dieser Glaube aber durch das gehörte Wort entsteht. „Ein Christ aber, der hört es und glaubt es und bekennt es danach: diese zwei Stücke machen einen Christen vollständig ... so müsse es durch das äußerliche Wort, das heißt das Predigtamt, und durch äußere Zeichen geschehen. Denn das Wort müssen wir zuerst hören und danach Taufe ... Denn Gott will sich ohne das Wort in deinem Herzen nicht offenbaren."[30] Von einem fremden Glauben ist hier nicht mehr die Rede.

1525: Einen gewissen Höhepunkt in Luthers Taufaussagen finden wir in der sogenannten Fastenpostille. Hier sehen wir erneut den ringenden und im Widerspruch stehenden Luther, der sich trotz biblischer Erkenntnis nicht von den traditionellen Taufvorstellungen, die er andererseits auch wieder bekämpft, lösen kann. So sagt er zwar gegen die Praxis der Böhmischen Brüder und Waldenser, daß sie davon träumen, daß die Säuglinge „ohne Glauben, allein aus Macht und Kraft der Taufe Gnade empfangen." Durch eine solche Einstellung würde der „christliche Glaube gar meisterlich ausgerottet, zunichte und unnötig gemacht." Seine Warnung: „Vor diesem Gift und Irrtum hüte dich." Auch spricht er im Blick auf dieses Problem die biblische Erkenntnis aus, daß eine Taufe ohne Glauben „eine andere, fremde, unchristliche Taufe" sei.[31] Wir sollten diesen letzten Satz genau hören, denn hier geht es um die Taufe, wie sie in der evangelischen und der katholischen Kirche und in einigen Freikirchen heute noch vollzogen wird.

Trotzdem kann Luther in derselben Postille in einer Predigt über Matthäus 8,1-13 zum Evangelium des 3. Sonntages nach Epiphanias ganz anders sprechen, und zwar im

Sinne eines katholischen sakral-magischen Denkens. „Der Priester oder Täufer mit ihnen handelt an Christi statt, so segnet er sie [die Säuglinge] und gibt ihnen den Glauben und das Himmelreich."[32]

Hier also soll der Glaube der Säuglinge durch priesterliches Handeln bewirkt werden, ähnlich wie der eingegossene Glaube, über den Luther bereits 1522 geschrieben hat. Noch geht er nicht so weit wie in der Hauspostille von 1544, wo er die sakralmagische Wirksamkeit bereits ins Taufwasser hineindenkt und es „ein köstliches Zuckerwasser, Aromatikum und Apotheke" nennt, „da Gott sich selbst eingemengt hat ... So muß dies das rechte Aquavit sein."[33] Luther, der Schwärmer? Auf jeden Fall gerät er hier in eine mystische Verirrung, die uns an Irenäus (geb. ca. 150 n.Chr.) erinnert und an den Einfluß, den das aus den Mysterienreligionen kommende sakramentale Denken auf die frühkatholische Kirche nahm. Von Irenäus werden Taufe und Abendmahl wohl zum erstenmal Arzneimittel für die Unsterblichkeit genannt.[34]

Walther Koehler schreibt in seiner „Dogmengeschichte als Geschichte des christlichen Selbstbewußtseins. Von den Anfängen bis zur Reformation": „Wenn die Taufe als Bekenntnisakt den Glauben voraussetzt, so beschäftigt Augustin die Frage: Wie ist es mit den Kindern? Er löst sie sakramental: parvulos credere in Christum per corda et ora gestantium. [Deutsche Übersetzung: Die kleinen Kinder glauben an Christus durch die Herzen und Münder der sie Herzutragenden.] Das heißt, das Bekenntnis der die Kinder zum Taufbad Tragenden gilt als das Bekenntnis der Kinder kraft sakramentaler Übertragung – so später auch Luther. Aber wie Luther legt auch Augustin auf diesen Glauben der Paten kein Gewicht; im letzten Grunde ersetzt die Taufe den Kindern magisch den Glauben."[35]

Was der Dogmengeschichtler Koehler in nüchterner Weise aufzeigt, wird von Pfarrer Reinhart Weber in einem Taufbrief an junge Eltern in engagierter Form gegeißelt. Er geht aus von Tertullians Sakraments- und Taufbegriff – „Taufe als Fahneneid" – am Anfang des 3. Jahrhunderts und sagt: „Doch sehr bald wurde der Sinngehalt des Wortes Sakrament beim Aufkommen der christlichen Babywasserweihen im Sinne der heidnischen Sakramentalien gewandelt: Die Sakral-Magie, die mystische weiße Magie, begann sich in der Kirche auszubreiten. ... Der Sakramentalismus tritt die Herrschaft an. ... Das Sakrament ist es, das wirkt! Erlösung geschieht nun durch den Sakramentsvollzug. ... Vierhundert Jahre hat diese Verführung ... benötigt, um sich in West und Ost durchzusetzen, – als Ersatz für Glaubens-Entscheidung." Er fährt weiter unten fort: „Erst im 16. Jahrhundert setzt im Verfolg der Reformation auch eine größere taufreformatorische Bewegung ein, von den Kirchen, auch den ‚Lutheranern', blutig verfolgt mit Folter und Scheiterhaufen. Es ist die tiefe Tragik der Reformation: Luther hat den teuflischen Taufbetrug nicht durchschaut und am sakramentalen Denken festgehalten." Schließlich wirft er, weil in der Kindertaufe der Name Gottes „unnützlich geführt" wird, Luther indirekt, und zwar mit dessen eigener Beweisführung, Gotteslästerung vor.[36]

Abgesehen von diesen Verirrungen, Sackgassen und Sünden Luthers, die natürlich die Sünden der ganzen alten Kirche – und nicht nur der – sind, ist es für uns im Rahmen dieses Kapitels interessant, zu sehen, daß Luther auch 1525 anscheinend noch offen war für eine Abschaffung der Kindertaufe, gedrängt durch sein Gewissen, das ihn ständig nach der Heiligen Schrift fragen ließ. Dies ist deshalb wichtig, weil bereits seit 1524 die konsequenten Nachfolger der Reformation in der Gestalt der schweizerischen und oberdeutschen Taufgesinnten an die Türen Wittenbergs klopften. Das war nun eine ganz andere Gruppe, als sie die bisherigen taufkritisch orientierten Gesprächspartner Luthers, nämlich Andreas Karlstadt und Thomas Müntzer, bildeten. Diese schweizerischen und oberdeutschen Christen erwarteten von Luther zunächst Hilfe und Beistand und wandten sich erst später enttäuscht von ihm ab. Durch sie wurde er nach dem kurzen Intermezzo mit den sogenannten Zwikkauer Propheten (1523) erneut auf die Notwendigkeit einer Entscheidung in der Tauffrage gestoßen.[37]

So schreibt Luther zur Frage des Glaubens der Kinder biblisch konsequent in der bereits erwähnten „Fastenpostille" von 1525: „Wo wir nun nicht können beweisen, daß die jungen Kinder [nach damaligem Brauch im allgemeinen sechs Tage alte Säuglinge] Glauben und eigenen Glauben haben, so ist es mein treuer Rat und Urteil, daß man stracks abstehe, je eher desto besser, und taufe nimmermehr ein Kind, damit wir nicht die hochgelobte Majestät Gottes mit solchen Alfanzen und Gaukelwerk, dahinter nichts ist, spotten und lästern."[38]

Mit dieser Aussage hätte die „Reformation der Taufe" beginnen und damit die Reformation des ausgehenden Mittelalters zur vollständigen und wahren Reformation werden können. Freilich hätte das die Trennung von der römisch-katholischen Kirche und ihrem sakramentalen Denken zur Folge gehabt. Eine Trennung, die durch politisches und kriegerisches Geschehen einige Jahre später zwar institutionell zustande kam, theologisch jedoch nie ganz vollzogen wurde – die Taufe als ökumenisch stärkstes Bindeglied ist dafür der beste Beweis. Zu dieser theologischen Abhängigkeit gehört auch das evangelische Bekenntnis der Augsburgischen Konfession von 1530. Es war im Grunde genommen ein letzter Versuch, vor Kaiser und Reich zu beweisen, wie sehr man eigentlich katholisch sei. Anders gesagt: daß die Evangelischen die besseren, eben die reformierten Katholiken sind.

Nun hat Luther zwar in der Tauffrage immer wieder Richtiges erkannt, dann aber doch, aus welchen Gründen auch immer, nicht die Konsequenzen daraus gezogen, die damals viele erwarteten. Er konnte und wollte sich anscheinend nicht von der traditionellen Praxis der Kindertaufe lösen. Darum mußte er nach dem Prinzip handeln: Was nicht sein darf, darf nicht sein. Wie im Trotz folgert er in der „Fastenpostille": „Darum [weil die geübte traditionelle Säuglingstaufe eben keine Gotteslästerung sein darf] kommen wir zu dem Schluß [wörtlich: ‚sagen wyr hie also zu und schliessen']: daß die Kinder in der Taufe selbst glauben und einen Glauben haben."[38]

Wie ganz anders klingen die naiven Worte der Taufgesinnten des Zürcher Grebelkreises in einem der frühesten Täuferzeugnisse, die wir haben. Sie wenden sich 1524 ratsuchend an Thomas Müntzer und schreiben: „Zwingli hat auch uns Nichttheologen die Bibel in die Hand gegeben und uns aufgefordert, uns in sie zu vertiefen; und wir sind seinem Ruf gefolgt; aber wir haben beim Lesen des Neuen Testamentes in einer bestimmten Hinsicht eine andere Lehre entdeckt, als sie uns Zwingli verkündigte."[39]

Diesen „Laienchristen" geht es nicht um Scholastik, augustinischen Spiritualismus und reformatorisches Wortverständnis in Sachen Sakrament oder Nicht-Sakrament, sondern es geht ihnen allein um das reformatorische *sola scriptura* – „allein die Schrift". Ihr wird geglaubt. Ihr ist man gehorsam. Und so läßt man sich taufen, biblisch taufen, auf Grund des Glaubens, in einem gehorsamen Schritt der Jesusnachfolge. Denn auch darin folgt man Jesus nach, der bei Johannes dem Täufer am Jordan ebenfalls ins Wasser gestiegen ist, obwohl er der einzige war, der nicht der Buße bedurfte.

Man achtete in diesen zum Teil humanistisch sehr gebildeten bürgerlichen Kreisen sehr genau auf das, was Luther sagte, und vermerkte zunächst mit Freuden Übereinstimmung darin, „also daß das Wasser den Glauben nicht befestige und mehre, wie die Gelehrten zu Wittenberg sagen, und wie er sehr fest tröste und die letzte Zuflucht im Totenbett sei."[40] In aller Festigkeit kamen sie dabei zu dem Schluß, „daß die Kindertaufe ein unsinniger, gotteslästerlicher Greuel ist, wider die ganze Schrift."[41]

Dieses „wider" ohne e erklingt erst im 20. Jahrhundert

erneut. Und zwar durch den weiter vorne schon genannten lutherischen Pfarrer und Theologen Reinhart Weber, der ein Leben lang Kinder getauft und zugleich ein Leben lang in der theologischen Taufauseinandersetzung mit und gegen Martin Luther und auch mit und gegen die sogenannten Wiedertäufer stand. Er veröffentlichte im Luther-Gedächtnisjahr 1983 ein „Rotbuch" unter dem Titel „Reformation der Taufe". Darin schreibt er: „Der Säuglingstaufbrauch ist Abusus: Mißbrauch der Heiligen Schrift. Der Auftrag der Augustana an die Kirche heute lautet: Re-Formation der Taufe, zurück zur evangelisch-urchristlichen Taufe."[42] Unter anderem zitiert er in seinem Buch aus einem unveröffentlichten Brief von Professor Manfred Mezger: Wer die Kindertaufpraxis, die „unermeßlichen Schaden gestiftet" hat, erhalten will, um den status quo[43] der Kirche zu erhalten („Volkskirchen-Argument"), „der soll das sagen. Er soll sich aber nicht auf das Neue Testament berufen."[44]

Im Blick auf die Theologien, die die Kindertaufe verteidigen und für biblisch erklären wollen, redet Weber von „akademischen Gnadenlehren, für die man von der Bibel her nicht argumentieren kann und die durch ständiges Wiederholen an Wahrheitsgehalt nicht gewinnen."[45] Ja, er nennt sie sogar „fromm erdichtete Gnadenlehren", die „die Herrlichkeit des eingeborenen Sohnes entleeren und verdunkeln" und die Wahrheit alltäglich „auf den Altären der Volkskirche" opfern.[46] Schließlich kommt er zu der Auffassung, daß die „Säuglingstaufe", die sich „durch Abirrung und Ungehorsam weg von der biblisch-apostolischen Taufe" zu einer Taufe mit „gegenreformatorischem Charakter" entwickelt habe, die „eigentliche Widertaufe" sei.[47] Hier taucht das Wort „wider" (= „gegen") im Zusammenhang mit der Taufe auf – die Praxis kirchlicher Kindertaufe provozierend.

Wurde also den Taufgesinnten der reformatorischen Zeit die Wiedertaufe mit e, die Wiederholung der Taufe vorgeworfen, so den lutherischen Theologen heute die Widertaufe ohne e, eine Gegentaufe – das heißt eine Taufhandlung, die sich gegen die biblische Taufe und ihren Ort in der Christwerdung des Menschen stellt. Und dazwischen immer wieder Martin Luther, der den Täufern damals und jenen Lutheranern, die heute eine taufreformatorische Gesinnung haben, mit der biblischen Rechtfertigungslehre die Argumente zwar in die Hand legt, selbst aber andere Schlußfolgerungen zog; der damit der alten römisch-katholischen Tauflehre im Grundprinzip treu geblieben ist und so nicht nur dem deutschen Volk eine weitergehende Reformation verwehrte. Ist es nicht an der Zeit, Luthers steckengebliebene Reformation an dieser Stelle weiterzuführen und somit aus der Volkskirche die „Kirche, die sein Volk ist"[48], zu machen?

Zurück zu Luther, zu jenem Luther, der nun nach 1525 mit Philipp Melanchthon übereinstimmte und mit der römischen Kirche und den evangelischen Reichsständen auf dem zweiten Reichstag zu Speyer 1529 das Mandat Kaiser Karls V. gegen die Täufer akzeptierte. Man hat gesagt, dieses Mandat hätte auf dem Reichstag, der oft die Geburtsstunde des Protestantismus genannt wurde, zugleich die „Sterbestunde des Täufertums eingeläutet"[49]. Bei diesem Mandat, das durch den Reichstag zu Speyer zum Reichsgesetz erhoben wurde, ging es um die Verfolgung all jener Christen, die sich auf Grund ihres Glaubens noch einmal taufen ließen oder auf Grund ihrer Bibelkenntnis und ihres erwachten reformatorischen Gewissens sich weigerten, ihre Kinder zur Taufe zu bringen. Sie wurden verfolgt und bestraft, ins Gefängnis geworfen, ihrer Kinder beraubt und getötet. Das Martyrium der Täufer ist wohl der schwärzeste Fleck auf dem Kleid der Reformation. Hier wurde das Toleranzstreben des Humanismus[50] mit Füßen getreten, und hier fand – sowohl durch Protestanten wie durch Katholiken – eine grausame Christenverfolgung statt, die lediglich in einigen Reichsstädten und vor allem in Hessen durch Landgraf Philipp gebremst wurde. In seinem Land fanden keine Hinrichtungen von taufgesinnten Christen statt. Er stellte sogar fest, daß die sogenannten Schwärmer mehr Ernst in der Jesusnachfolge aufwiesen als die Lutheraner.

1527: In einem Schreiben „Von der Wiedertaufe an zwei Pfarrherren" sagt Luther noch: „Man soll einen jeden glauben lassen, was er will."[51] Vier Jahre später (1531): „Die Täufer sind mit dem Tode zu bestrafen."

1529: Im „Großen Katechismus" setzt Luther einen Schlußpunkt im Streit um die Taufe. Zugunsten der Kindertaufe argumentiert er dabei unter anderem:
„Daß die Kindertaufe Christus gefalle, beweist sich genugsam aus seinem eigenen Werk, nämlich daß Gott derer viele heilig machet und den heiligen Geist gegeben hat, die so getauft sind, und daß heutigen Tages noch viele sind, an denen man sowohl der Lehre und des Lebens halber spüret, daß sie den heiligen Geist haben. Das ist uns von Gottes Gnaden auch gegeben, da wir ja die Schrift auslegen und Christus erkennen können, welches ohne den heiligen Geist nicht geschehen kann. Wo aber Gott die Kindertaufe nicht annähme, würde er derer keinem den heiligen Geist noch ein Stück davon geben; in Summa, es müßte so lange Zeit her bis auf diesen Tag kein Mensch auf Erden Christ sein."[52]
Er zählt dann zur Erhärtung dieser These die Namen einiger großer Gottesmänner auf, die als Kinder getauft wurden und in der Kirche – auch bei evangelischen Gläubigen – als Heilige gelten, zum Beispiel Johannes Hus.

Dieses Argument – auch „Geschichtsbeweis" genannt – wird noch heute angeführt, besonders auch in pietistischen und evangelikalen Kreisen. Dabei müßten gerade diese Christen, die sich „bibeltreu" nennen, in der Lage sein, das Argument Luthers von der Bibel her zu entkräften, denn ihre Lehre von Bekehrung und Wiedergeburt stellt die Kindertaufe stark in Frage.

Abgesehen davon kann man mit einem solchen Argument überaus viele Irrtümer gutheißen, die sich im Laufe der Geschichte durchgesetzt und erhalten haben, zum Beispiel die Marienverehrung der Katholiken. So heißt es in gewissen Kreisen, die Marienverehrung sei – auch wenn sie biblisch nicht zu begründen ist – deswegen von Gott gewollt und bestätigt, weil sie sich bis zum heutigen Tag erhalten habe und weil viele Menschen durch sie gesegnet worden seien, ja, an Wallfahrstorten, die der Maria geweiht sind, sogar Heilungen stattfinden würden.

Wie schwer tun sich unsere Brüder damit, Luthers Geschichts-Argument mit der Bibel in Einklang zu bringen! Dazu ein Text aus dem württembergischen Pietismus:

„Wie kommt es nun, daß es Gottesknechte gibt und gab wie Elias Schrenk, einen Moody und einen Finney, die im Segen gearbeitet haben und sich nicht noch einmal taufen ließen? Auch ein Stanger blieb bei der Kindertaufe und war ein gesegneter Mann. Sie sind dabei geblieben, weil sie keine andere Erkenntnis hatten. Der Heilige Geist hat sie in diesem Stück nicht weitergeführt. Daran sieht man, daß die Menschen verschieden geführt werden. Dagegen hat ein Stockmayer sich taufen lassen, auch Evangelist Zimmermann und Jakob Vetter, der Gründer der Zeltmission. Also Gott arbeitet nicht nach einer Schablone."[53]

Doch fahren wir mit dem fort, was Luther im „Großen Katechismus" sagt: „Danach sagen wir weiter, daß uns nicht am meisten daran liegt, ob der da getauft wird, glaube oder nicht glaube; denn deshalb wird die Taufe nicht unrecht, sondern an Gottes Wort und Gebot liegt alles."[54]

Diese sogenannte objektive Tauflehre, in der sich der Katholik Luther zeigt, wird von all denen dankbar begrüßt, die gegen die biblischen Zeugnisse an der Tradition der Kindertaufe festhalten wollen. Der große Streit um objektive oder subjektive Tauflehre ist noch lange nicht ausgetragen. Aber wenn hier jemand mit reformatorischer Theologie Luther aus dem Sattel gehoben hat, dann Karl Barth in seiner Kirchlichen Dogmatik, Band 4, Vierter Teil. Uns interessieren allerdings zunächst Luthers weitere Worte, die sich jetzt gefährlich zuspitzen: „Das ist: wenn das Wort bei dem Wasser ist, so ist die Taufe recht, obschon der Glaube nicht dazu kommt; denn mein Glaube machet nicht die Taufe, sondern empfängt die Taufe."[55] Das ist meines Erachtens bereits Sakralmagie. Die vergleichende Religionsgeschichte findet Geschehen dieser Art, bei denen ein ganz bestimmtes, richtig gesprochenes Wort zu einer bestimmten zu vollziehenden Handlung tritt und beides dem gläubig Empfangenden gilt, bei allen schamanistischen Riten und ihren heidnischen Zauberpriestern vor.

Wie anders klingen da noch Luthers Aussagen im „Kleinen Katechismus"! Viele Christen, die für die Glaubenstaufe eintreten, könnten sie wohl ebenfalls unterschreiben, obwohl auch hier bereits sakramentales Denken vorliegt. „Wie kann Wasser solch große Dinge tun? Wasser tut's freilich nicht, sondern das Wort, so mit und bei dem Wasser ist, und der Glaube, so solchem Wort Gottes im Wasser vertraut."[56]

Im „Großen Katechismus" geht Luther jedoch einen Schritt weiter: „Nun wird die Taufe davon nicht unrecht, ob sie gleich nicht recht empfangen oder gebraucht wird, weil sie (wie gesagt) nicht an unseren Glauben, sondern an das Wort Gottes gebunden ist."[57]

An diesem Punkt bleibt er stehen. Er sagt schließlich: „Wie kämen wir dazu, daß Gottes Wort und Ordnung darum unrecht sein und nichts gelten sollte, weil wirs unrecht brauchen? Dazu sage ich: hast Du nicht geglaubt, so glaube jetzt noch und sprich so: Die Taufe ist wohl recht gewesen, ich aber habe sie leider nicht recht empfangen."[58]

Nun hat Luther offensichtlich endgültig auf den doch nicht einwandfrei nachweisbaren Glauben der kleinen Kinder verzichtet und beruft sich, abgesehen vom Geschichtsbeweis, allein noch auf den Taufbefehl Jesu und auf das Wort Gottes, das in der Kindertaufe über dem Wasser gesprochen wird. Das ist für ihn Gottes Ordnung. Dabei macht er das unschuldige Kind, das ja ohne seinen Willen zur Taufe gebracht wurde, dafür verantwortlich, die Taufe nicht im rechten Glauben empfangen zu haben und verurteilt den an seiner Taufe zweifelnden Menschen zur Buße: „Hast du nicht damals als Säugling geglaubt – so glaube jetzt – die Taufe war jedenfalls in Ordnung – du bist nicht in Ordnung, weil du ihr nicht zustimmst – darum tu Buße und sage: ich habe leider die Taufe damals nicht richtig empfangen." Dabei übersieht Luther ganz, daß die Kindertaufe eben gerade nicht der Ordnung Gottes entspricht, wie wir sie in der Bibel vorfinden.

Ich bin mir im Blick auf die freie Textinterpretation des entscheidenden Satzes bewußt, daß man in dieser modernen Ausdrucksweise nicht mit Luther umgehen kann. Aber nur so wird uns Heutigen deutlich, welches die gerade auch von Theologen akzeptierten Folgen aus Luthers Tauftheologie sind. Viele haben dazu ja gesagt. Andere haben von Luther Abschied genommen und sich im Gehorsam gegen Gottes Wort für die biblische Taufe entschieden. Die meisten Evangelischen aber wissen von all diesen Dingen nichts, haben auch nie die Worte Luthers aus dem Großen Katechismus kennengelernt oder bedacht. Für sie ist die Taufe irgendein Segen, ein frommer Ritus am Anfang des Lebens, eine Art Weihe, die dazugehört. Daß sie Glauben fordert, wie nach den obigen Worten Luther seine evangelische Kirche lehrt, haben sie höchstens von ferne vernommen und längst wieder vergessen. Daß ihre Kindertaufe gar falsch sein könnte – wer sagt es ihnen? Können sie überhaupt verstehen, daß nicht die vorausgegangene Taufe den Glauben fordert – wenn sie ihn schon nicht bewirkt – sondern daß die Taufe den Glauben voraussetzt und darum „ohne eigenen Glauben niemand zu taufen ist"? Das hat Luther, wenn auch vier Jahre vorher, ebenfalls gesagt. Was soll nun gelten?

Wir sehen, nur Luther zitieren und seinen Entwicklungsweg beschreiben, genügt nicht. Der widerspruchsvolle Luther[59] fordert uns heraus. Er zwingt uns, ihn am biblischen Text zu messen, und der ist leider gegen ihn, wie wir gleich noch deutlicher sehen werden. Eins muß man Luther jedoch auch im „Großen Katechismus" zugute halten. Er hat tatsächlich bis zuletzt daran geglaubt und festgehalten, daß Säuglinge glauben können oder daß ihnen auf irgendeine geheimnisvolle Weise in der Taufe dieser Glaube geschenkt bzw. eingegossen werde. Darum sagt er auch im weiteren: „Ebenso tun wir nun auch mit der Kindertaufe: das Kind tragen wir herzu in der Meinung und Hoffnung, daß es glaube, und bitten, daß ihm Gott den Glauben gebe; aber darauf taufen wirs nicht, sondern allein darauf, daß Gott es befohlen hat."[60]

1530: Auf dieses „Gebot" Jesu, besonders nach Matthäus 28,19, beruft sich auch die „Augsburgische Konfession" (Confessio Augustana, abgekürzt: CA), ein Werk Melanchthons, oder sagen wir genauer, hauptsächlich Melanchthons, dessen Endfassung Luther, der damals aus Sicherheitsgründen auf der Veste Coburg bleiben mußte, erst nach deren Verlesung in Augsburg zu Gesicht bekam.[61] Es sollte später zur grundlegenden Glaubenslehre und zum Bekenntnis der Evangelischen werden. Nachdem Luther es noch einmal durchgelesen hatte, teilte er Melanchthon mit, daß die Confessio ihm „sehr gefalle".

Damit sind wir in unserer Taufuntersuchung zum Jahr 1530 gekommen. Auch in der CA zeigt sich, wie sehr im Blick auf die Taufaussagen der Wunsch Vater des Gedankens war – nämlich der Wunsch, aus der Bibel alles herauszulesen, was für die Kindertaufe sprechen könnte, und damit in Verbindung mit der Grundlehre der katholischen Kirche zu bleiben. Deutlich wird das an einer Verfälschung des Bibeltextes in der von Melanchthon verfaßten Apologie[62]. Es geht um das Jüngermachen durch die Taufe anstelle des biblischen Jüngermachens durch die zum Glauben führende Predigt, der die Taufe folgt.

Schauen wir uns zunächst einmal den Wortlaut des Textes aus Matthäus 28,19 und 20 an. In unserer heutigen Lutherbibel heißt es: „Darum gehet hin und machet zu Jüngern alle Völker: Taufet sie auf den Namen des Vaters und des Sohnes und des heiligen Geistes und lehret sie halten alles, was ich euch befohlen habe."[63] Das ist eine recht gute Übersetzung, auch wenn hier im Gegensatz zur Lutherbibel von 1914 nicht so deutlich zum Ausdruck kommt, daß Menschen durch Verkündigung und Lehre als Jünger gewonnen werden. Alter Luthertext: „Darum gehet hin und lehret alle Völker und taufet sie ..."

Viererlei wird hier deutlich. Erstens: Die Heilsverkündigung gilt für alle Menschen, Völker und Nationen. Zweitens: Die Belehrung, die zum Jüngermachen gehört, bzw. das Jüngermachen selbst geht dem Taufen voraus. Erst der Glaube, der das verkündigte Wort Gottes hört und annimmt, dann die Taufe. Drittens: Kleinkinder und Säuglinge können noch nicht belehrt und zu Jüngern gemacht werden. Darum können sie auch nicht getauft werden. Ein Kindertaufgebot – wie Martin Luther meint – ist also der Taufbefehl Jesu nicht. Aus diesen Worten geht viertens hervor, daß jeder getaufte Christ weiter in der Lehre unterwiesen werden muß. Wir sehen das auch im Blick auf Apostelgeschichte 2,42. Dort wird von der ersten Christengemeinde berichtet: „Sie blieben aber beständig in der Apostel Lehre und im Brotbrechen und im Gebet und in der Gemeinschaft." Im letzten Teil des Taufbefehls ist also die Rede von der Gemeinschaft der Gemeinde, die unter dem Wort Gottes bleibt und auch nach der Taufe die belehrende, helfende, tröstende und aufbauende Verkündigung braucht.

Die Worte aus Matthäus 28,19 sind zudem immer im Kontext[64] mit Markus 16,15.16 zu lesen. Dort heißt es: „Gehet hin in alle Welt und predigt das Evangelium der ganzen

Schöpfung. Wer da glaubt und getauft wird, der wird errettet werden; wer aber nicht glaubt, der wird verdammt werden." Wörtlich aus dem griechischen Text übersetzt lautet Vers 16: „Der gläubig Gewordene und Getaufte wird gerettet werden ..." Das griechische Wort *ho pisteusas* – „der gläubig Gewordene" entspricht dem Sinn nach dem Ausdruck *mateteusate,* der in Matthäus 28,19 gebraucht wird und soviel bedeutet wie „zu Lernenden, zu Schülern oder zu Jüngern" machen. Dazu kommt in Matthäus 28,19 ein wichtiger Wechsel im Geschlecht bei dem Ausdruck „taufet sie", wörtlich „diese taufend". Wer wird getauft? Die Völker oder die zu Jüngern Gemachten aus den Völkern? Das griechische Wort für „Volk" im Sinne von Nation ist ein Neutrum. Da sich das Personalpronomen dem jeweiligen Geschlecht und dem Kasus des Bezugswortes anpaßt, müßte, wenn die Völker getauft werden sollten, das Personalpronomen im Akkusativ Plural *Neutrum* stehen und somit *auta* (sie) heißen. Es findet sich aber im griechischen Text *autus,* das heißt, das Personalpronomen steht im Akkusativ Plural *Masculinum*. Männlichen Geschlechts aber sind sprachlich gesehen nicht die Masse der alle Menschen umfassenden Völker, sondern eben die Jünger. (Das hat natürlich nichts mit einer Diskriminierung der Frau zu tun. Hier geht es lediglich um eine sprachliche Form, die auf die *Individuen* hinweist, die dem Ruf in die Jüngerschaft zu folgen bereit sind.) So verlockend die deutschen Übersetzungen mitunter sind: Trotz des universalen Evangeliums, das allen Nationen gilt und zu predigen ist, sagt dieser Text nichts von einer sakralen Kindertaufe, durch die ein ganzes Volk christianisiert werden soll. Es wird Zeit, daß wir das ehrlich erkennen und Abstand nehmen von dem noch durch beide Konfessionen verwalteten Erbe einer ehemaligen, nun gespaltenen konstantinischen Reichskirche mit religiös homogener[65] Gesellschaft.

Ich bitte alle nichttheologischen oder in der griechischen Sprache nicht bewanderten Leser sehr herzlich, es mir nachzusehen, daß ich Ihnen diese Sprach- und Sachexegese zugemutet habe. Doch für den Nachweis, der nun zu erbringen ist, mußte sie erarbeitet werden. Jetzt soll nämlich aufgezeigt werden, wie in der CA mit einer falschen Übersetzung und Deutung des Bibeltextes ein Beleg für eine angeblich von Jesus gewollte Kindertaufe gegeben wird. Dabei ist festzuhalten, daß der Missions- und Taufbefehl Jesu in Matthäus 28 und Markus 16 die biblische Ordnung in folgender Reihenfolge aufzeigt:

1. Die Verkündigung weckt Glauben.
2. Die Glaubenden werden getauft.
3. Die Glaubenden erhalten weiterführende und vertiefende Lehre zur Heiligung ihres Lebens (vgl. Apostelgeschichte 2,37-42).

Nach dieser Vorarbeit kommen wir zur „Augsburgischen Konfession" und der sie erklärenden „Apologie".

Der Artikel IX der CA trägt die Überschrift „Von der Taufe". Dort heißt es:

„Von der Taufe wird gelehrt, daß sie nötig sei zum Heil, weil durch die Taufe die Gnade Gottes angeboten wird, weshalb auch die Kinder zu taufen sind, bzw. getauft werden müssen, welche durch die Taufe Gott angeboten und in die Gnade Gottes aufgenommen werden."

Im lateinischen Original: ... *pueri sunt baptizandi, qui per baptismum oblati Deo recipiuntur in gratiam Dei.* Es schließt sich ein Nachsatz an, in dem die Wiedertäufer verdammt werden *(Damnant Anabaptistas),* die die Taufe der Kinder mißbilligen *(qui improbant baptismum puerorum)* und fest behaupten, daß die Kindlein auch ohne Taufe selig werden *(et affirmant sine baptismo pueros salvos fieri).*

Mit diesem Nachsatz wird zugleich eine Auffassung verdammt, die in urchristlicher und nachapostolischer Zeit vertreten wurde. Gemeint ist, daß unmündigen Kindern das Attribut[66] der „Unschuld" (lat. *innocentia*) zugestanden wurde, das auch als „Rechtschaffenheit" im Sinne von „Sündlosigkeit" verstanden werden kann. Zahlreiche Inschriften auf Kindergräbern aus jener Zeit zeugen davon.[67] Dabei war man in der christlichen Gemeinde nüchtern genug, zu wissen oder auch festzulegen, wann diese Unschuld beim heranwachsenden Kind nicht mehr besteht. Als dann die Lehre von der Erbsünde um sich griff, verdrängte sie dieses Wissen. Die endgültige dogmatische Festlegung der Erbsündenlehre geschah erst durch Augustinus am Ende des 4. und zu Anfang des 5. Jahrhunderts.

Während nun die Confessio Augustana kurze Sätze in knappen Artikeln wiedergibt, enthält die „Apologia Confessionis Augustanae" ausführliche Erklärungen und Beweisführungen. Einiges davon soll hier begutachtet werden. Ich folge dabei im wesentlichen der alten deutschen Übersetzung durch Justus Jonas und gehe auf den lateinischen Text nur dort ein, wo es nötig wird.

Zunächst stellt Melanchthon fest, daß die Taufe „zur Seligkeit vonnöten sei", ferner, „daß die Taufe der jungen Kinder nicht vergeblich sei". Damit grenzt er sich von den sogenannten Wiedertäufern ab, also von jenen reformatorischen Christen, die – gemäß der Bibel – an der Glaubenstaufe festhalten. Er nennt sie, wie es damals üblich war, „gottlose, aufrührerische Rotten", „mörderische Bösewicht", gegen die man Stellung beziehen muß, damit nicht ihre Lehre in die Kirche eindringt. Er fügt hinzu: „so wie viel andere Irrtumb der Wiedertäufer dämpfen und verdammen, so haben wir doch sonderlich wider sie erstritten und erhalten, daß die Kindertauf nicht unnütz sei."

Wie dieses Erstreiten aussehen konnte, gibt folgender Bericht wieder: „... daß man auf einmal mehr als zwanzig Männer, Witwen, schwangere Frauen und Jungfrauen elendiglich in finstere Türme warf, daß sie fortan ihr Leben lang weder Sonne noch Mond sehen und ihr Ende mit Wasser und Brot beschließen sollten, und zu sterben, zu verstinken und zu verfaulen, Tote und Lebendige zusammen, bis keiner von ihnen übrig sei ..."[68]

Natürlich hatte sich das Mandat des Kaisers, das 1529 in

Speyer zum Reichsgesetz erhoben worden war, schon kräftig ausgewirkt. Die meisten Hinrichtungen gehen auf die Jahre 1528 und 1529 zurück. „Claus-Peter Clasen hat errechnet, daß außerhalb der Schweiz im Reich mit Bestimmtheit 715 und mit Wahrscheinlichkeit 130 weitere Täufer hingerichtet wurden, mehr als 400 in den Habsburgischen Erblanden und nur 61 in den Reichsstädten."[69] Andere Quellen sprechen davon, daß in dieser kurzen Zeit allein in Tirol und Görz, also einem Teil Österreichs, etwa 1 000 Personen verbrannt, enthauptet oder ertränkt wurden.[70] Solche hohen Zahlen können nicht verwundern, wenn man bedenkt, wie groß die Gemeinden der Taufgesinnten in der damaligen Zeit waren. So kamen trotz der Unterdrückung noch im Jahr 1560 unter der Predigt von Hans Mändl ungefähr 1 000 Personen in Tirol heimlich im Wald zusammen, um Gottesdienst zu feiern, nachdem Mändl zuvor 400 Personen getauft hatte.[71] Oder, um ein deutsches Beispiel aus der Zeit von 1527-1530 anzubieten: Die Gemeinde der Taufgesinnten in Augsburg hatte im Jahr 1527 ungefähr 1 100 Mitglieder und existierte neben den römisch-katholischen, lutherischen und reformierten Gemeindegruppen. Ähnlich große Täufergruppen bestanden in Straßburg, Worms und anderen großen deutschen Städten. In der Rheinpfalz wurden allein im Jahr 1529 350 Personen hingerichtet.[72] Man beachte, daß es sich hier ausschließlich um die Menschen handelt, die durch Verbrennen, Hängen, Ersäufen oder andere Methoden offiziell hingerichtet wurden. Weitere Tausende starben in den Gefängnissen, wie zum Beispiel der etwas seltsame Täuferführer Melchior Hoffmann in Straßburg, dem man nie einen Prozeß gemacht hat. Andere flüchteten in tolerante Fürstentümer oder Grafschaften, wie zum Beispiel nach Böhmen, und verloren dabei meistens ihr Hab und Gut.

Kehren wir nach diesem geschichtlichen Abstecher, der die Auswirkungen solcher für uns heute ungeheuerlich klingenden reformatorischen Aussagen deutlich machen sollte, zurück zu Melanchthon und seinen Taufäußerungen in der Apologie. Er weist im folgenden mit Recht darauf hin, daß die „göttlichen Verheißungen der Gnade des heiligen Geistes nicht allein die Alten, sondern auch die Kinder belangen". Da er aber im sakramentalen Denken befangen ist, kann er nicht erkennen, daß auch ungetaufte Menschen durch das Hören des Heilswortes und unter der Wirkung des Heiligen Geistes zum Glauben kommen können. So meint er, daß die herrlichen Gnaden Gottes nur denen zukommen können, die zur offiziellen Kirche gehören, also den Getauften. Diese Einschränkung gilt um so mehr, als man sich in der CA auf cinen einseitigen Kirchenbegriff festgelegt hat. Man erklärt, daß nur dort Kirche sei, wo das Wort Gottes rein gepredigt und die Sakramente recht verwaltet werden. Gerade das aber geschieht nach Ansicht der Kinder taufenden Lutheraner bei den Taufgesinnten nicht, obwohl diese umgekehrt dieselbe Meinung über die abgeirrten Reformatoren hegen. Die nun versuchen, durch einen biblischen Beleg die eigene Position zu stärken. Auf diese Weise kommt man zu dem Taufbefehl Jesu in Matthäus 28,19. Folgen wir dazu nun den Ausführungen Melanchthons:

„Nu gehen die Verheißungen diejenigen nicht an, so außerhalb der Kirche Christi sein, da weder Evangelium noch Sakrament ist. Denn das Reich Christi ist nirgend, denn wo das Wort Gottes und die Sakramente sind. Darumb ist es auch christlich und not die Kinder zu täufen, damit sie des Evangelii, der Verheißung des Heils und der Gnaden teilhaftig werden, wie Christus befiehlet: Gehet hin, täufet alle Heiden. Wie ihnen nu wird Gnade, Heil in Christo, also wird ihnen angeboten [lat. *offertur* – ist die Taufe eine Offerte, also nur ein Angebot? So frage ich mich immer wieder an dieser Stelle] die Taufe, beide Mannen und Weiben, Knaben und jungen Kindern. So folget gewiß daraus, daß man die jungen Kinder täufen mag ..."

Was nun folgt, ist uns durch Luthers Argumentation im

Großen Katechismus schon bekannt und braucht nicht wiederholt zu werden. Doch uns interessiert, wie Melanchthon in der Apologie mit dem biblischen Wort als Begründung für die Säuglingstaufe umgeht; schließlich ist die Apologie evangelische Bekenntnisschrift und Bestandteil der Konkordienformel.

Melanchthon geht von der Behauptung aus, „daß es recht christlich und not sei, Kinder zu täufen", damit sie teilhaben können am Evangelium und den Gnaden und Verheißungen des Heils. In diesem Sinne folgert er weiter: „wie Christus befiehlet, gehet hin, täufet alle Heiden", wobei in den Heiden die Kinder eingeschlossen sind (Matthäus 28,19).

Im lateinischen Text der Apologie wird dieses „Mandat"[73] Christi in einer falschen Übersetzung von Matthäus 28,19 wiedergegeben: „Baptizate omnes gentes." Also: Christus befiehlt: „Taufet alle Völker." Der wirkliche Auftrag aber heißt auch in der lateinischen Bibel: „Docete omnes gentes: baptizantes eos." Das heißt: Zuerst belehrt sie (docete), dann tauft sie. Also ist diese Stelle kein Schriftbeweis für die Kindertaufe. Dazu kommt, daß in der Vulgata[74] – wie im griechischen Urtext – der Wechsel des grammatischen Geschlechtes die Auslegung der Apologie unmöglich macht.

Im Blick auf den sprachgebildeten Humanisten Melanchthon fragt man sich, ob hinter dieser Veränderung des Textes Absicht steckt, ob es sich also um eine bewußte Fälschung handelt. Oberflächlichkeit darf man einem solchen Mann nicht entschuldigend zusprechen. Wenn es ein bewußter Eingriff in den Text war, dann muß man fragen, zu wessen Gunsten. Die Antwort kann nur heißen, zugunsten der Kindertauflehre und gegen die Lehre der Taufgesinnten. Wir haben jedoch stets beim *sola scriptura* zu bleiben, und zwar bis auf den einzelnen Buchstaben, um so den Schriftsinn und damit den geistig-geistlichen Inhalt zu erfassen. Der aber entspricht im „Missionsbefehl" nicht dem fälschlich gefolgerten Auftrag zur Kindertaufe, aus dem dann volkstümlich geschlossen wird: „Machet sie zu Jüngern, indem ihr sie tauft." Genau das steht nicht in der Bibel.

Auch Luther hat die biblische Reihenfolge gekannt und bezeugt. Das bestätigt der Text eines seiner schönsten Lieder, das er in Auslegung von Matthäus 28,19 zur Taufe gedichtet hat:

> „Sein Jünger heißt der Herre Christ:
> geht hin, all Welt zu lehren,
> daß sie verlorn in Sünden ist,
> sich soll zur Buße kehren.
> Wer glaubet und sich taufen läßt,
> soll dadurch selig werden."[75]

Tatsächlich, auch das ist „Originalton Luther". Trotz des anderen, Bitteren, Seltsamen, Verständlichen und nicht Verständlichen in seiner Auslegung, Deutung, Festschreibung und Kirchenpolitik in Sachen Taufe.

Als Bucer im September 1530 von Augsburg auf die Coburg zu Luther kam, um eine Annäherung der oberdeutschen Evangelischen an die Lutheraner zu suchen, hatte er nach recht schwierigen Gesprächen von Luther den Eindruck gewonnen: „Ein Mensch, der oft aus dem Weg gerät und es trotzdem nicht erträgt, zurückzugehen; der wahrhaftig Gott fürchtet und seine Ehre von Herzen sucht, aber durch Mahnungen nur gereizter wird. So hat ihn uns Gott gegeben, so müssen wir ihn gebrauchen."[76]

Weniger entgegenkommend urteilt der Schweizer Kirchenhistoriker Walter Nigg: „Der Wittenberger Reformator hat schwere Fehler begangen, die es einem unmöglich machen, zu ihm vorbehaltlos ja zu sagen." Und: „Aber das eine, das ihm immer wieder nachgerühmt wird, ist aus ihm gerade nicht hervorgegangen: die Reformation."[77]

Also Abschied von Luther? Nicht von dem Luther, der zuerst „mit beispiellosem Einsatz und Mut ... die Wahrheit der Schrift von der persönlichen Errettung des Sünders durch den Glauben ans Licht gebracht"[78] hatte, aber von dem Luther, der dann beim Aufbau der evangelischen Kirche nicht konsequent auf dem Weg des Wortes blieb und deswegen doch nur eine reformierte Nachbildung des alten Systems schaffte, auch wenn ohne Zweifel eine Reihe von Mißständen abgeschafft wurde.

Wir sollten es mit Walter Nigg halten, der darauf hinweist, daß es bei Luther Dinge gibt, zu denen wir nein sagen müssen, und dennoch nicht den ganzen Luther verwirft. So stellen wir ehrlich fest: selbst in der Tauffrage, wo wir das stärkste Nein gegen ihn haben, gibt es Lichtblicke. Denken wir nur an den zitierten Liedvers aus dem evangelischen Gesangbuch.

Damit kommen wir zu unserer Ausgangsfrage zurück: War Luther ein Kompromißler? Die Antwort kann nur „Nein" heißen. Im Gegenteil, er war – auch in der Tauffrage – kompromißlos. Nur wandte er sich hier in die falsche Richtung, und das wurde einer ganzen Kirche zum Verhängnis. Seine Taufentscheidung führte zu einer unvollendeten Reformation. Bei diesem zentralen Geschehen der Gemeinde Jesu, das den Wendepunkt zur Herrschaft Christi über unser Leben markiert und darum für den Auftrag des Leibes Christi wichtige Folgen hat, bleibt er beim Alten. Schade!

4.
Der unbekannte Tauf-Reformator

Das Werk der Reformation in Deutschland und erst recht über die Grenzen Deutschlands hinaus ist nicht das Werk Martin Luthers allein gewesen. Neben ihm gab es eine Reihe weiterer Reformatoren, die zum Teil mit ihm in enger Verbindung standen, zum Teil aber auch völlig unabhängig von ihm arbeiteten und eigene Wege gingen. Die meisten von ihnen haben jedoch, beeinflußt durch Luthers Schriften, von ihm gelernt und ihn auch dann noch geschätzt, wenn sie auf manchen Gebieten zu einer anderen biblischen Erkenntnis kamen und von ihrem Gewissen dazu gedrängt wurden, eigene, mitunter weiterführende und über Luther hinausgehende Wege der kirchlichen Erneuerung zu beschreiten. Einige von ihnen, wie zum Beispiel Schwenckfeld oder Menno Simons, sind relativ gut bekannt – wenn auch mitunter nur in negativer Beschreibung. Andere sind fast völlig unbekannt geblieben, obwohl sie wichtige Träger reformatorischer Lehren waren und zu reformatorischer Gemeindebildung beitrugen. Zu ihnen gehört auch der Tauf-Reformator und Gemeindetheologe Balthasar Hubmaier.

Ich habe einmal zum Spaß in meiner Privatbibliothek ausgemessen, wieviel Meter Lutherliteratur und wieviel Meter Hubmaierliteratur ich besitze. Ich kam zu einem bemerkenswerten Ergebnis. Es zeigt allzu deutlich, wie wenig bekannt dieser für die Täufertheologie wichtige Mann ist.

Das Ergebnis: 312 cm Lutherliteratur einschließlich der Biographien und theologischen Aufsätze über ihn. Von Hubmaier habe ich, verstreut in verschiedenen Büchern, im ganzen etwa nur zwei Zentimeter zusammenkratzen können. „3,12 Meter gegen 0,02 Meter, wie können Sie es wagen, da über Hubmaier zu schreiben?", so könnte man mit Recht einwenden. Und doch, was ich bei diesen zwei Zentimetern Literatur gefunden habe – das können bei einem normalen Buch etwa 300 Seiten sein – ist so bedeutsam, daß ich es Ihnen nicht vorenthalten darf. Das um so mehr, als ich damit eine Wissenslücke schließen und zugleich allen heutigen Taufgesinnten ihren Reformator vorstellen möchte, obwohl die zur Taufreformation führenden Anfänge nicht von ihm ausgegangen sind.

Ein weiterer Grund für dieses Kapitel: Auch heute stehen immer noch oder immer wieder die taufgesinnten Christen Deutschlands unter dem Verdikt der Abwegigkeit und Verirrung, seien es Baptisten oder die Glieder anderer tauforientierter evangelikaler freier Gemeinden, seien es Pfingstler oder Brüder und Schwestern aus der Volkskirche, die sich erneut taufen ließen. Die antitäuferische Geschichtsschreibung der Reformation legte diesen Menschen zur Last, sie würden durch eine „aus Eigensinn oder aus Neuerungssucht" vollzogene Erwachsenentaufe Christus „erneut kreuzigen" und hätten „keine Lehre auf ihrer Seite ... noch eine Begründung aus dem Wort Gottes".[1] Dazu kommt, daß der geschichtliche Schandfleck auf dem Kleid der Täuferreformation – die unheilvolle Entwicklung in der Stadt Münster mit der Errichtung des utopischen Königreichs des „Neuen Jerusalem" (1533/1534), deren Exzesse als religiöse Militärdiktatur in alle Welt hinausgeschrieen wurden – als anscheinend nicht mehr zu tilgender Makel an allen haftet, die sich zur Gläubigentaufe bekennen. Zeigt sich die Sache vielleicht doch ganz anders, wenn man sie genau und differenziert betrachtet? Aber was nützt es, wenn eine tendenziöse kirchliche Geschichtsschreibung – und alle Geschichtsschreibung ist subjektiv – die negativen Ereignisse und Gestalten mit Recht an den Pranger stellt, die positiven Ereignisse und Gestalten jedoch verschweigt oder wenn, dann nur als Marginalien[2] erwähnt.

Natürlich ist es ein heikles und auch anfechtbares Unterfangen, nach über 400 Jahren Kirchengeschichte plötzlich einen durchaus akzeptablen Tauf-Reformator vorstellen zu wollen. Das um so mehr, als vermutlich jeder der bekannten Reformatoren, nach ihren frühen und kritischen Äußerungen zur Kindertaufe zu schließen, zu einem Tauf-Reformator hätte werden können. Das gilt für Zwingli ebenso wie für Luther und andere. Bisher haben wir allerdings nur von Luther gesprochen.

Zwingli ging übrigens in der Tauffrage ähnliche Wege wie Luther, war allerdings an einem Punkt konsequenter. Er stellte den reformatorischen Grundsatz auf: „Alles, was in Bezug auf Lehre und Leben von der Schrift nicht ausdrücklich geboten ist, muß verworfen werden."[3] Luther dagegen lehnte nur die Lehren und Praktiken ab, die in der Heiligen Schrift ausdrücklich verboten waren. Diese Haltung Luthers führt in der gegenwärtigen Taufdiskussion immer wieder zu der Schlußfolgerung: „Die Kindertaufe ist im Neuen Testament nicht ausdrücklich verboten, also ist sie erlaubt." Man beruft sich also darauf, daß Luther gesagt hat: „Was nicht wider die Schrift ist, ist für die Schrift und die Schrift für dasselbe." Zu diesem Problem lassen wir zum erstenmal einen Mann zu Wort kommen, von dem dieses Kapitel in besonderer Weise berichten soll. Es ist der süddeutsche Tauf-Reformator Dr. Balthasar Hubmaier. Drastisch, aber eindrucksvoll antwortet er Luther: „In dem Gebot, Du sollst Vater und Mutter ehren, liegt schon das Verbot, sie an den Haaren die Treppe hinabzuwerfen. Es ist nicht nötig, daß jedem Gebot ein Verbot ausdrücklich gegenübersteht. Das eine liegt ohne weiteres im anderen."[4]

Bevor wir uns Hubmaier zuwenden, müssen wir fragen, warum Zwingli, aus dessen Freundeskreis die ersten Täufer kamen, nicht zum entschiedenen Taufreformator wurde. Warum überließ er in einer kritischen Stunde die Entscheidung über die Taufe dem Rat der Stadt Zürich, also der Obrigkeit? Hatte er nicht schon 1519 den Glauben aufgegeben, daß die nichtgetauften Kinder verlorengingen? Hatte er zwei Jahre später nicht die Lehre, die Taufe würde von der Erbsünde reinwaschen, einen Aberglauben genannt? Hatte er schließlich auch 1523 nicht in einem öffentlichen Dokument – 67 Artikel umfassend – unter anderem festgehalten, daß „in der apostolischen Gemeinde die Taufe den Katechumenen gegeben wurde, welche Jesus Christus als ihren Erlöser bekannt und ihren wahren Glauben bewiesen hatten"[5]? Waren es rationale gesellschaftliche Überlegungen, die ihn daran hinderten, „mit der Kritik an der alten Kirche auch die engen Bindungen zwischen Kirche und Obrigkeit, zwischen christlicher Gemeinde und bürgerlicher Kommune zu lösen oder gar zu zerschneiden"[6]? Seine Mitarbeiter Grebel und Mantz drängten ihn zu diesem Schritt. Hatte er am Ende gar einen anderen Kirchenbegriff als sie?

Auch für Zwingli scheint das zu gelten, was Kuen zunächst allgemein zu diesem Problem sagt: „Das Täufertum hat den ursprünglichen Plan der Reformatoren verwirklicht, den diese unter dem Druck der Ereignisse und Behörden aufgaben."[7] Der eigentliche Grund liegt aber wohl im theologischen und pädagogischen Bereich. Zwingli hatte eine andere Gemeindelehre als die Täufer, die eine Trennung von Kirche und Staat für notwendig hielten. Daraus folgt eine andere Form von Gemeindeaufbau und religiöser Pädagogik. Die reformierte Auffassung ist sichtbar in Frage 74 des „Heidelberger Katechismus". Dort heißt es in Frage und Antwort:

„Soll man auch die jungen Kinder taufen?

Ja; denn dieweil sie sowohl als die Alten in den Bund Gottes und seine Gemeinde gehören und ihnen in dem Blut Christi die Erlösung von Sünden und der Heilige Geist, welcher den Glauben wirket, nicht weniger denn den Alten zugesagt wird: so sollen sie auch durch die Taufe, als des Bundes Zeichen, der christlichen Kirche eingeleibt und von den Kindern der Ungläubigen unterschieden werden, wie im Alten Testament durch die Beschneidung geschehen ist, an welcher Statt im Neuen Testament die Taufe eingesetzt ist."[8]

Hier schwingt weniger die konstantinische Identifikation von Bürgergemeinde und Christengemeinde, von Staat und Kirche, mit – wie sie auch im Alten Testament bei dem Volk Gottes, Israel, vorzufinden ist – sondern mehr die Gnadenverheißung des Bundes Gottes, die dem ganzen Volk gilt und in die die Kinder eingeschlossen sind. Daß dies im Neuen Testament bei der Gemeinde Jesu nicht mehr möglich ist, weil sie sich ja nicht aus einem einzigen Volk, sondern aus den Herausgerufenen aus allen Völkern und Nationen bildet, aber nicht die Gesamtheit aller Menschen in allen Völkern einschließt, leuchtet jedem Bibelleser ohne weiteres ein. Zwingli hatte jedoch seine Gründe, alttestamentliche Vorstellungen auf die zu reformierende Kirche zu übertragen und die Taufe als Initiationsritus der alttestamentlichen Beschneidung anzupassen.

Ninck versucht, dieses Gemeindeprinzip Zwinglis mit folgenden Worten zu erfassen:

„In der reformierten Kirche stoßen wir bei Zwingli überhaupt nicht auf die ‚Gemeinde Christi'. Ihm nämlich schwebte – nach seinen eigenen Worten – das alttestamentliche Ziel vor, ‚die Herrschaft Gottes auf Erden wieder herzustellen' ... Freilich hatte es auch für ihn einmal eine Zeit gegeben, wo ihm die Urchristengemeinde alles war, wo er die Kindertaufe ablehnte und es ganz nach seinem Sinn war, wenn der Buchhändler Castelberg in einem Privathause einigen Freunden den Römerbrief auslegte. Damals erzeugte seine geistesmächtige Predigt echte Gemeindebildung. Unter dem Einfluß des griechischen philosophischen Weltbildes und des Humanismus, die die große Idee einer Kulturmenschheit enthalten, konnte sich Zwingli nicht dazu entschließen, sich von der großen Masse abzuwenden.

Er griff darum ‚zu einer vorläufigen Lösung: Die Mehrzahl im Volk ist für das Evangelium noch nicht reif; man muß auf sie Rücksicht nehmen; ihr zuliebe in Theorie und Praxis etwas nachlassen, um der Schwachen willen auch das tragen, was nach dem Gesetz Gottes eigentlich nicht ertragen werden darf', mit anderen Worten, man sollte sich mit dem Alten Testament begnügen, die Masse einstweilen wenigstens auf die Stufe der Religion und Moral des Alten Bundes heben."9

Anders als Zwingli – dessen Weg aber wiederholt kreuzend – versuchte Balthasar Hubmaier den Weg der Gemeinde Christi zu gehen. Er suchte dabei den Schutz der bürgerlichen Ordnung und Obrigkeit und bildete dennoch die Glaubensgemeinde der biblisch Getauften; ohne Rücksicht auf die Masse, um die er zwar warb, von der er sich aber zugleich distanzierte. Mit viel Geschick führte er eine die Glaubenstaufe bejahende Reformation durch, zuerst in Waldshut, später mit weniger Geschick, aber noch größerem Erfolg in Nikolsburg. Nachdem er schon in Waldshut vor den Österreichern fliehen mußte, wurde er in Nikolsburg schließlich an König Ferdinand ausgeliefert. Später wurde er in Wien verbrannt. Über seinem Leben stand das reformatorische Motto „Die göttliche Wahrheit ist untödlich", das aus seiner eigenen Feder kam.

In der Gemeindefrage sagte Hubmaier, der in ständiger Korrespondenz und Auseinandersetzung mit Zwingli blieb: „Die heilige allgemeine christliche Kirche ist eine Gemeinschaft der Heiligen und eine Bruderschaft vieler frommer und gläubiger Menschen, die einstimmig an einem Herrn, einem Gott, einem Glauben und einer Taufe festhalten." Sie ist „die Versammlung aller Christen auf der Erde, wo immer sie auf dem ganzen Erdkreis sein mögen." Er beschreibt sie dann näher als „eine abgesonderte Gemeinschaft einer Anzahl von Menschen, die an Christus glauben", und erklärt: „Es gibt zwei Gemeinden, die sich tatsächlich decken: die allgemeine und die örtliche Gemeinde, ... die örtliche Gemeinde ist ein Teil der allgemeinen, die alle Menschen umfaßt, welche beweisen, daß sie Christen sind."[10] Das aber heißt, er stellt die jeweils örtlich sich versammelnde Gemeinde derer, die auf Grund ihres Glaubens getauft wurden, hinein in die weltweite Schar der auf Grund dieses Glaubens und dieser Taufe zum Leib Christi gehörenden Gesamtgemeinde, deren Haupt Jesus ist, nicht aber ein Kirchenfürst, Papst oder gar weltlicher Herrscher, auch wenn der einzelne Christ der weltlichen Obrigkeit untertan ist. Denn „so die Obrigkeit mich oder einen anderen auffordert, ihr dabei behilflich zu sein, den Übeltäter, den sie nach der Ordnung Gottes töten muß, hinzurichten, so sind wir verpflichtet, ihr zu helfen. Und wer sich dagegen zur Wehr setzt, widerstrebt der Ordnung Gottes und wird das ewige Gerichtsurteil über sich ergehen lassen müssen."[11]

Wer war dieser hochinteressante Mann, der – anders als andere Täufergruppen – die Obrigkeit bejahte und der Gesellschaft zugewandt blieb und doch reine Gemeinde bilden wollte und dem Kirchenvolk die wahre Taufe anbot? Wer war er, der zwischen Luther und Zwingli, aber auch zwischen den spiritualistischen und den revolutionären Täufergruppen stand und seinen Weg mit Schwächen und Fehlern, aber konsequent im Glauben ging – bis zum Märtyrertod? Wer war dieser hochgebildete Theologe, der sich mit seinen Schriften in den Disput einschaltete, den Luther und Erasmus von Rotterdam über die Willensfreiheit führten, und der mit seinen Schriften über die Taufe Zwingli Paroli bieten konnte, so daß jüngere Baptisten ihn zu ihrem Kirchenvater machen würden, wenn das möglich wäre?[12]

Es ist deswegen nicht möglich, weil die deutschen Baptisten keine unmittelbare Frucht der Reformation sind. Sie haben keinen oberdeutsch-schweizerischen, sondern einen englischen Hintergrund, auch wenn sie sich zum reformatorischen Prinzip des *sola scriptura* bekennen, mit dem die Heilige Schrift allein als Maßstab und Norm für Glauben und Leben gilt, „weil und insofern sie Christus als alleiniges Heil bezeugt."[13] Die reformierte Tradition, auf die sich die Baptisten mitunter berufen, hat Oncken in Schottland kennengelernt und nicht in der Schweiz. So müssen sie nach wie vor den anglikanischen Priester und „hochgelehrten Cambridge-Schüler" John Smyth zu ihrem Kirchenvater machen, der unter dem Einfluß von Thomas Cartwright und dessen Wiederentdeckung der neutestamentlichen Gemeindeordnung 1607 in der Grafschaft Lincolnshire die erste Independentengemeinde gründete. Mit anderen Worten: Der Baptismus ist ein Zweig der englischen und nicht der deutschen Reformation.[14]

Noch einmal frage ich: Wer war dieser Hubmaier, der zuerst auf der Seite Ecks, dann auf der Seite Luthers und Zwinglis stand, schließlich in den Reihen der Täufer zu finden war und am Ende, ganz alleine dastehend, als ein dem Wort gehorsamer Christ in den Märtyrertod ging? Wenn wir sein Lebensbild mit einem Satz wiedergeben wollen, könnten wir vielleicht sagen: Er ging den Weg vom römischen Theologieprofessor, Mariologen und Volkspriester zum evangelischen Reformator, Gemeindegründer und Tauftheologen, um als Märtyrer zu enden.

Hubmaiers Geburtstag ist unbekannt, doch muß er nach 1480 geboren sein. Vermutlich war er etwa gleichen Alters wie Luther. Als Kind armer Eltern kam er in Friedberg bei Augsburg im Bayerischen zur Welt und wurde nach seinem Geburtsort Balthasar Pacimontanus (= Friedberg) oder nach seinen Eltern Balthasar Hubmaier oder Huebmör genannt. Zunächst wurde er römisch-katholischer Priester und dann Theologieprofessor. Als frühestes geschichtliches Dokument seines Lebens ist uns die Eintragung erhalten, mit der er sich am 1. Mai 1503 als Student der Universität Freiburg einschrieb. Er muß damals von dem jungen und hochbegabten Dr. Johannes Eck sehr beeindruckt gewesen sein, denn als dieser als Professor an die Universität Ingolstadt ging, folgte ihm Hubmaier nach etwa eineinhalb Jahren dorthin. 1512 promovierte er bei Eck zum Lizentiaten und Doktor der Theologie. Damit war der Weg zum akademischen Lehramt frei. Bald erhielt er eine Professur und, damit verbunden, an der größten Kirche der Stadt, der Frauenkirche, ein Pfarramt.

Wie sehr er als Lehrer und Mensch geschätzt gewesen sein muß, zeigt die Tatsache, daß er schon für das Studienjahr 1515/1516 zum Rektor der Universität ernannt wurde. Das war ungefähr ein Jahr, bevor Luther seine 95 Thesen an die Tür der Wittenberger Schloßkirche nagelte, und nur drei Jahre vor der Leipziger Disputation, wo sein Doktorvater Eck als Gegner Luthers auftrat. Es gibt Aussagen, in denen behauptet wird, Hubmaier sei Luther geistig und wissenschaftlich überlegen gewesen. Um so erstaunlicher, daß er noch vor Ablauf seines Rektorenjahres einen Ruf als Domprediger in Regensburg annahm, einen Dienst, den er fünf Jahre lang tat.

Hubmaier hatte eine große Rednergabe, die ihm vor allem in den späteren Jahren seiner reformatorischen Tätigkeit sehr zugute kam. Wie sehr er wie Luther ein Kind seiner Zeit war und ganz im Weltanschauungsgebäude der katholischen Kirche lebte, zeigt die Tatsache, daß er bei der Vertreibung der Regensburger Juden aktiv beteiligt war. Auch zeigt es sich darin, daß er später ein beliebter Wallfahrtsprediger an der Kapelle und Statue zur „Schönen Maria" in Regensburg wurde.

Diese Holzkapelle, die früher oft als Beispiel für mittelalterliche Frömmigkeit und dafür, daß eine Reformation dringend notwendig war, in vielen evangelischen Religionsbüchern nach dem berühmten Holzschnitt des Michael Ostendorfer aus dem Jahr 1520 abgebildet war, war an der Stelle der zerstörten jüdischen Synagoge gebaut worden.[15]

Auf diesem Holzschnitt sieht man am rechten Bildrand noch deutlich Reste der zerstörten Synagoge. Vor einer überlebensgroßen Marienstatue beten Menschen mit ekstatischen Gebärden; zum Teil liegen sie dabei auf der

Erde. Zwei Frauen führen ein gelähmtes Kind herzu. Von links vorne kommend, bewegt sich ein gewaltiger Pilgerzug um die Kapelle herum, Fahnen schwingend und gewaltige Opferkerzen tragend. Die Kapelle selbst ist – wie man es heute zum Beispiel noch in Altötting vorfindet – an den Außenwänden mit Gerätschaften und Opfergaben behängt, die auf Heilung und auf Erhörung der Gebete schließen lassen. Aus dem Glockenturm hängt eine Marienfahne mit den gekreuzten Petrus-Schlüsseln, dem Zeichen des Ablasses.

Die Kapelle selbst war 1519 errichtet worden. Um 1520 fanden wohl die größten Pilgerfahrten dorthin statt. Später ließ dieser Kult nach. Luther nahm in seiner Schrift „An den christlichen Adel deutscher Nation" (1520) auf diese Wallfahrtsstätte Bezug und meinte, daß solche Orte zerstört werden sollten. Vor dieser Schilderung mag deutlich werden, wie gewaltig die Lebenswende gewesen sein muß, die der volkstümliche und beliebte Wallfahrtsprediger Hubmaier vollzog, nachdem er mit Luthers Schriften bekannt geworden und den Zürcher Täuferkreisen begegnet war.

Unbekannt ist, warum Hubmaier sich 1521 für zwei Jahre nach Waldshut am Hochrhein zurückzog, um dort als schlichter Leutepriester zu wirken. 1523 ist er wieder in Regensburg anzutreffen, wo er erneut an der „Schönen Maria" predigte. In dieser Zeit bekam er Kontakt zu einigen Handwerksmeistern, die sich zu privaten Andachtsstunden versammelten und Luthers Schriften lasen. Und nun geschieht etwas Eigenartiges, was sich im Lauf der Geschichte immer wieder ereignet und von verschiedensten Menschen erlebt wird:

Die geschichtliche Parallele findet 215 Jahre später statt, am 24. Mai 1738 in einer Hausversammlung in der Aldersgatestreet in London. Als die Vorrede Martin Luthers zum Römerbrief gelesen wird, erlebt der englische Spätreformator John Wesley seine Bekehrung und damit zugleich eine ähnliche reformatorische Erneuerung des Lebens, die ihn zum Erweckungsprediger und Begründer der weltweiten methodistischen Bewegung werden ließ.

So fand auch Hubmaier in den Versammlungen dieser Handwerker unter dem Einfluß von Luthers Schriften den Durchbruch zum lebendigen Glauben. Er beschreibt dieses Ereignis mit den Worten: der Heilige Geist sei zu ihm gekommen.

Nun war er ein anderer geworden. Er brach die Wallfahrtspredigten ab, ging am 1. Mai 1523 nach Waldshut zurück und nahm Verbindung zu Zwingli auf. Bald war er wie Zwingli der Meinung, „es wäre wünschenswert, gläubige Bekehrte und nicht Kinder zu taufen."[16] Auch zu den evangelisch Gesinnten in Basel nahm er Verbindung auf, vor allem zu Wilhelm Reublin, dem ehemaligen Leutepriester an St. Alban. Von ihm hieß es, „er habe die Heilige Schrift in so klarer und hervorragender Weise ausgelegt, wie man ähnliches nie zuvor gehört habe."[17] Zu dieser Zeit allerdings war Reublin, der es fertiggebracht hatte, am Fronleichnamstag anstatt der Monstranz eine Bibel durch die Straßen zu tragen, nach Tumulten im Juli 1522 bereits aus Basel ausgewiesen worden. Sein Weg führte über Zürich nach Witikon, wo er als Pfarrer gewählt wurde und als erster Priester der Schweiz noch im selben Jahr heiratete. Später gehörte Witikon zu den ersten Gemeinden in der Schweiz, die keine Kindertaufe mehr zuließen (ab 1524). Von Reublin wurde Hubmaier, der inzwischen auch den Grebelkreis der Zürcher Taufgesinnten kennengelernt hatte, am 15. April 1525 mit sechzig weiteren Personen in Hubmaiers eigener Kirche in Waldshut getauft. Bereits an Pfingsten 1524 war die Reformation in Waldshut, das zu Österreich gehörte, eingeführt worden.

Kurz vor seiner Taufe hatte Hubmaier am 13. Januar desselben Jahres eine Müllerstochter namens Elsbeth Hügline geheiratet, die ihm im Glauben treu verbunden blieb und bis zum Lebensende alles Leid, einschließlich der Gefangennahmen, mit ihm teilte. Nachdem Hubmaier am

10. März 1528 in Wien hingerichtet worden war, fand sie ebenfalls den Märtyrertod. Sie wurde drei Tage nach seiner Verbrennung in der Donau ertränkt. Mit einem Stein um den Hals wurde sie von einer Brücke hinabgestürzt.

Obwohl der Rat der Stadt Waldshut und auch ein Großteil der Bevölkerung hinter Hubmaier standen, war es für ihn nicht leicht, die Reformation durchzusetzen. Zweimal mußte er aus der Stadt fliehen. Das erste Mal, als sich im Juni 1524 die Stühlinger Bauern zu einem Aufstand erhoben; das zweite Mal im Dezember 1525, als das österreichische Heer nach seinem Sieg über die Bauern Waldshut belagerte. Nachdem er damals die bedrohliche und hoffnungslose Lage erkannt hatte, riet er dem Rat, die Stadt zu übergeben, um sie und die Bevölkerung zu schonen. Er selbst floh mit sechzig weiteren Taufgesinnten in die Schweiz, wo er in Zürich verhaftet wurde.

Was dann geschah, läßt sich nur verstehen, wenn man von der Geschichte der Zürcher Täuferbewegung und der Haltung Zwinglis weiß. Denn: „Der Ursprung des Täufertums liegt in der Wiege der zwinglischen Reformation in Zürich."[18] Nachdem es schon bei der Oktober-Disputation im Jahr 1523 zwischen Zwingli und seinen Anhängern zu Meinungsverschiedenheiten gekommen war, drängten viele von ihnen unter der Anführung des Patriziersohnes Grebel auf eine schnellere und radikalere Durchführung der Reformation. Dabei wurde die Taufe immer mehr zum Streitpunkt zwischen ihnen und Zwingli. Als Grebel schließlich im Herbst 1524 ein Sohn geboren wurde, weigerte er sich, ihn taufen zu lassen, obwohl nach dem Zivilgesetz die Säuglingstaufe obligatorisch war. So mußte es früher oder später zu einem Konflikt mit dem Rat der Stadt kommen. Die Gespräche, die damals zwischen Zwingli und seinen ehemaligen Freunden stattfanden, verliefen ergebnislos. Grebel begründete seine Taufverweigerung damit, daß nach dem Neuen Testament der Glaube der Taufe vorangehen müsse. So hatten sie es in ihrem Bibelstudium gelernt. Nun gingen

sie einen Schritt weiter und erwarteten von der sich schleppend vollziehenden Reformation die Abschaffung der Kindertaufe. Die „Freiwilligkeitstaufe sollte den Grundstock für die rechte Kirche der wahrhaft Gläubigen bilden."[19]
Wegen der taufreformatorischen Agitation des Grebelkreises, der weite Bevölkerungsschichten beeinflußte und beunruhigte, entschloß sich der Rat der Stadt Zürich zu einer öffentlichen Disputation mit der Grebelgruppe. Das Gespräch fand am 17. Januar 1525 statt und endete mit der erwarteten Bestätigung der Kindertaufe durch die Obrigkeit. Eine behördliche Anordnung, Ratsmandat genannt, forderte unter Androhung von Strafen die Taufe aller bisher nicht getauften Kinder innerhalb von einer Woche. Die Antwort des Grebelkreises darauf war, daß man sich endlich zu dem entschloß, über dessen Notwendigkeit man sich längst einig war, nämlich sich selbst auf Grund des Glaubens taufen zu lassen. Diese am 21. Januar 1525 erfolgte Erneuerung der christlichen Taufe, vom Rat als Wiedertaufe und Ketzerei verdammt, führte in der Folgezeit zu Verfolgungsmaßnahmen verschiedenster Art und zum ersten Taufmärtyrer.

Dieser Taufmärtyrer war Felix Mantz, der nach wiederholten Gefängnisaufenthalten am 5. Januar 1527 in der Limmat ertränkt wurde. Grebel selbst starb im Gefängnis. Als der Grebelkreis zum ersten Mal verhaftet wurde, wurde eine weitere Anzahl täuferisch, und das heißt biblisch-reformatorisch gesinnter Christen ins Gefängnis geworfen. Das erste Mal waren es mit Mantz dreizehn Männer und sieben Frauen, später noch viel mehr. Als Mantz vor seiner Hinrichtung gefesselt wurde, sang er in lateinischer Sprache – die Leute aus dem Grebelkreis waren ja, wenn auch Laien, alles gebildete Humanisten –: *In manus tuas, Domine, commendo spiritum meum."* – „In deine Hände, o Herr, befehle ich meinen Geist." Die Taufreformation, von der Hubmaier sagte: „Die göttliche Wahrheit ist untödlich", war nicht mehr aufzuhalten. Unter den von der reformierten und lutherischen Reformation Enttäuschten breitete sie sich, besonders in Süddeutschland, Österreich und der Schweiz, wie ein Sturmwind aus. Obwohl unterdrückt und verfolgt, bekam sie gerade durch das Zeugnis der Märtyrer immer wieder neuen Zulauf.

Im Januar 1525, als das Taufgespräch mit dem Rat der Stadt und die erste Glaubens-, Erwachsenen- oder sogenannte Wiedertaufe im Grebelkreis stattfand, war Hubmaier, wie wir wissen, noch nicht getauft. Als er aber im Dezember 1525 auf seiner Flucht vor den Österreichern nach Zürich kam, war er bereits ebenfalls auf seinen Glauben hin noch einmal getauft worden. Ja, für kurze Zeit war er in Waldshut mit Zustimmung der dortigen Behörden, nachdem er sein Pfarramt niedergelegt hatte, zum Leiter der ersten offiziellen Täufergemeinde Deutschlands gewählt worden. Allein im Laufe der Ostertage hatte er dreihundert Menschen getauft. In kurzer Zeit nahm diese erste Täufergemeinde, die nicht der Staatskirche unterstand, sondern als freie evangelische Taufgesinntengemeinde bezeichnet werden muß, derart zu, daß bald „die Mehrheit von Rat und Bevölkerung der Stadt zu der zahlreichen Täufergemeinde" gehörte.[20] Als Hubmaier und seine Frau nun in Zürich Zuflucht suchten, wurden sie auf Grund der veränderten Lage dort sofort verhaftet. Im Blick auf das, was sich dann abspielte, ist zu berücksichtigen, daß der nun Inhaftierte inzwischen durch eine Reihe von Schriften sehr bekannt geworden war. Eine dieser Schriften hatte er bei seiner ersten Flucht im August 1524 – damals war er noch nicht getauft – in Schaffhausen verfaßt. Ihr Titel: „Von Ketzern und ihren Verbrennern". Bärenfänger meint, es sei „das bedeutendste Werk des 16. Jahrhunderts, das sich für Toleranz und Gewissensfreiheit einsetzt."[21] Eine weitere Schrift aus dem Jahr 1524 trägt den Titel: „Eine ernstliche, christliche Erbietung". Er verteidigt darin sein Reformationswerk und gebraucht hier zum ersten Mal die Worte, die später zum Zeichen und Siegel seiner Taufreformation werden sollten:

„Die Wahrheit ist untödlich!" Der ganze Satz lautet: „... die göttliche Wahrheit ist untödlich, und wiewohl sie sich eine Zeitlang gefangennehmen läßt, geiseln, krönen, kreuzigen und in das Grabe legen, würde sie doch am dritten Tag wiederum siegreich auferstehen und in Ewigkeit regieren und triumphieren." Daß dieser tapfere Zeuge wie Petrus schwach werden konnte, die vertretene Wahrheit aus der Angst des Fleisches heraus verleugnen und widerrufen konnte, dann allerdings nach erneuter Buße zur anvertrauten Sache zurückkehrte, wirft auf ihn ein menschliches Licht. Alle unsere Reformatoren – auch Luther – waren keine Heroen, sondern bei aller Tapferkeit Menschen mit Stärken und Schwächen.

Diese Schriften wurden nun durch seine ersten zwei Taufschriften ergänzt, denen später weitere folgen sollten. In ihnen setzte er sich auch mit Zwingli und Luther auseinander. Dies gilt speziell von einer dritten Schrift. Sie erschien im Jahr 1526 und trägt den Titel: „Ein gesprech Balthasar Huebmörs von Fridberg, Doctors, auf Maysters Ulrichs Zwinglins zu Zürich Tauffbuchlein von dem Kindertauff." In heutigem Deutsch: „Ein Gespräch des Doktors Balthasar Hubmaier von Friedberg (das er führt) auf Grund des Taufbüchleins von der Kindertaufe, das Meister Ulrich Zwingli aus Zürich (geschrieben hat)."

Hubmaier geht in seiner ersten Taufschrift, die er „Eine Summe eines ganzen christlichen Lebens" nennt, besonders auf die Kindertaufe und das Abendmahl ein und gibt eine Art Rechenschaftsbericht darüber, warum er evangelisch geworden ist und sich (noch einmal) hat taufen lassen. Er, der jetzige Prediger von Waldshut, schickt sie an die drei Kirchen in Regensburg, Ingolstadt und Friedberg und bedauert darin sein früheres Leben, in dem er aus Unwissenheit gesündigt und falsche Lehre verbreitet hat. Dann versucht er, seinen ehemaligen Freunden, Kollegen und Kirchenmitgliedern den Weg des Heils zu zeigen. Dabei schildert er, wie nach Sündenerkenntnis und Buße als nächster

Glaubensschritt die Taufe und das Sich-Einschreibenlassen in der Gemeinde der Glaubenden folgt.

Im Jahre 1525 erschien unter dem Titel „Von der christlichen Taufe der Gläubigen" Hubmaiers zweite Taufschrift. Sie zählt neben den beiden bereits genannten Schriften zu den wichtigsten. Goertz schreibt mit Recht: „Sein Entwurf ist die erste theologisch durchgearbeitete Alternative zur Lehre Zwinglis, wenngleich er dem täuferischen Verständnis kaum neue Züge hinzugefügt hat. Neu sind oft die Begründungen, die er für die Glaubenstaufe findet."[22] Wichtig ist ferner, daß er in jeder Weise deutlich macht: Die Wassertaufe kann erst auf den Glauben folgen. Dabei unterscheidet er bereits, wie später Karl Barth in der Kirchlichen Dogmatik, Bd. IV/4, die „innere" und die „äußere" Taufe, wobei die innere der äußeren vorauszugehen hat. Karl Barth nennt die innere Taufe „die Taufe mit dem Heiligen Geist" und die äußere Taufe „die Taufe mit Wasser". Goertz zitiert und erläutert, wie Hubmaier den Ablauf dieses ganzen Gotteswerkes und des sich anschließenden, aus dem Glauben geborenen Menschenwerkes sieht:

„Das Wort Gottes treibt den Hörer in die Buße, die innere Taufe reinigt die ‚hertzen von bösen gwissen', und dann ‚kumpt erst der außwendig Tauff, der on den jnwendigen nichts denn in Gleyßnerey ist.' Diese Reihenfolge, von der Hubmaier nirgends abläßt und die ihm ein schlagender Beweis für die Glaubentaufe im Neuen Testament ist, ist nicht auf einen hartnäckigen Biblizismus zurückzuführen, sondern erwächst aus seiner Einsicht in die Bedeutung, die das Christusbekenntnis im Zusammenhang mit dem Taufgeschehen hat. Erst wer Christus Jesus als den lebendigen Sohn Gottes bekennt, kann getauft werden. Allein von Christus her ergibt sich eine nicht weiter zu hinterfragende Nötigung zur Taufe, Christus hat den Befehl gegeben, allein von ihm her erhält die Taufe auch ihre Qualität."[23]

Der letzte Satz ist gut lutherisch. Der Unterschied allerdings ist gegeben durch eine nicht-sakramentale Glaubenstaufe hier, eine sakramental vollzogene Kindertaufe dort, auf Grund desselben Taufbefehls, jedoch ohne Glauben, und darum für die Täufer eine nichtige Sache. Für diesen Glauben ist Felix Mantz als erster in den Tod gegangen. Er sagte: „Die Kindertaufe ist wider Gott eine Schmähung Christi und ein unter die Füße treten seines einzigen, wahren, ewigen Wortes."[24] Damit hatte er eindeutig gegen Zwingli, der die Wassertaufe als Kindertaufe weiterhin vollzog, und dessen Büchlein gegen die Wiedertäufer (1525) Stellung bezogen.

In Hubmaier hatten die Taufgesinnten, die von Zwingli enttäuscht worden waren, einen Theologen gefunden, der die Rechtfertigungslehre der Reformation in seine Taufargumente einbaute. Er wies theologisch nach, was andere neben ihm und vor ihm von der Bibel her ebenfalls entdeckt hatten, daß nämlich nicht die Wassertaufe dem Menschen die sündenvergebende Heilstat Christi vermittelt, sondern allein der Glaube. Den Kinder taufenden Reformatoren Luther und Zwingli steht der Reformator Hubmaier gegenüber, der allein den gläubigen Menschen tauft. Wie wir im vorherigen Kapitel bereits festgestellt haben, hat Luther Hubmaiers Schriften vermutlich nicht einmal gelesen! Zwingli jedoch, der ihn sehr wohl kannte und ihn später trotz der bleibenden Gegnerschaft weiterhin hochschätzte, greift im Dezember 1525 den geschwächten Flüchtling und Gefangenen statt mit Argumenten mit den Machtmitteln des Staates an und versucht, ihn zum Widerruf zu zwingen.

Die Situation war folgende: Der Flüchtling Hubmaier im Zürcher Gefängnis in der Hand einer tauffeindlichen Obrigkeit und eines ihm wohl gesonnenen Vermittlers, der ihn durch einen Widerruf zugleich auf seine Seite ziehen wollte. Daß der Widerruf letztlich öffentlich geschehen sollte, war Zwingli sehr wahrscheinlich noch nicht bewußt oder bekannt. Wir wissen, daß vor der öffentlichen Bloßstellung Hubmaiers mit Zwingli und anderen Theologen Gespräche stattgefunden hatten, die dahin führen sollten, den kranken und entmutigten Hubmaier zum Widerruf zu bewegen. Hubmaier erklärte sich schließlich auch zum Widerruf vor dem Rat der Stadt Zürich bereit. Das aber genügte dem Rat nicht. Der Rat verlangte von ihm einen öffentlichen Widerruf in den drei Hauptkirchen der Stadt. Als am 29. Dezember 1525 Hubmaier nach einer Predigt Zwinglis im Frauenmünster die Kanzel zum Widerruf bestiegen hatte, hörte die erstaunte Menschenmenge folgende Worte: „Oh, wie habe ich in dieser Nacht viel Streit und Anfechtung gehabt über die Aussprüche, auf die ich mich eingelassen habe! So sage ich hier, ich kann und mag nicht widerrufen!"[25] Eine Begründung ließ Zwingli, der ihn unterbrach, nicht zu. Der Rest ging im Tumult der Menge unter. Es folgten verschärfte Haftbedingungen und Folgerungen, die ihn im April 1526 schließlich doch zum Widerruf bewegten. Es braucht wohl nicht besonders betont werden, daß er diese „Blödigkeit", wie er seine Schwachheit später nannte, bitter bereute.

Wieder in Freiheit, kam er über Augsburg, wo er unter anderem den Humanisten und Mystiker Hans Denck taufte, nach Nikolsburg in Mähren. 1526 gelang es ihm, den dortigen „Grundherrn Leonhard von Liechtenstein für den täuferischen Glauben zu gewinnen und eine obrigkeitliche Täuferreformation nach Waldshuter Vorbild durchzuführen."[26] Wer der Obrigkeit aber untertan ist, der muß auch zum Kriegsdienst bereit sein. Dieses Problem war durch den Ruf des Kaisers nach militärischer Hilfe gegen die Türken, die Österreich und besonders Wien bedrängten, äußerst akut. Die vielen Taufgesinnten, die vor allem aus Österreich geflüchtet waren und im toleranten Böhmen und Mähren Zuflucht gefunden hatten, waren darin jedoch zum großen Teil anderer Meinung. Sie hatten sich im Gegensatz zur kämpferischen hussitischen Tradition dem pazifistischen Täufertum angeschlossen. So kam es zu einer Auseinandersetzung zwischen den obrigkeitlich orientierten und den huterisch orientierten Brüdern. Sie führte dazu, daß 1529 die den Kriegsdienst verweigernden „Stäbler" (diese Bezeichnung leitet sich ab von „Friedensstab") das Gebiet von Nikolsburg verließen.

Es wäre ohne Zweifel interessant, das Thema „Pazifistische Täufer und schwerttragende Täufer" ausführlich darzustellen. Da dieses jedoch in anderen Veröffentlichungen reichlich geschehen ist, besonders in den Schriften der Mennoniten und der huterischen Brüderhöfe, und diese Literatur nach dem Zweiten Weltkrieg durch die Ökumene weltweit bekannt geworden ist, kann hier darauf verzichtet werden.

In Nikolsburg, das lutherisch geworden war, erlebte Hubmaier seine fruchtbarste Zeit als gemeindebauender Taufreformator. Die Angaben über die Täufergemeinde im Bezirk Nikolsburg, die in verschiedenen Quellen zur Verfügung stehen, schwanken zwischen 2 000, 6 000 und 15 000 Personen. In diesen Zahlen offenbaren sich zugleich die Schwächen, die sich aus der Größe dieser Gemeinde und aus ihrem volkskirchlichen Charakter ergeben. Die von der brüderlichen Vereinigung der Täufer in den „Schleitheimer Artikeln" von 1527 geforderte Gemeindezucht und Absonderung von der Welt war hier kaum noch wirkungsvoll durchzuführen. Hubmaier bemühte sich eifrig, dem abzuhelfen, daß es vielen Getauften an geistlichem Leben mangelte. Von den achtzehn Schriften, die er in den Jahren 1526 und 1527 herausgab, behandeln allein zwei das Thema „Gemeindezucht".

Hubmaier hat seine geistliche Tätigkeit immer in Anlehnung an die Obrigkeit getan, wobei er die jeweilige Obrigkeit allerdings auch immer für das taufreformatorische Anliegen gewinnen konnte. Dennoch betonte er schon in Waldshut die Unabhängigkeit der christlichen Ortsgemeinde, die auf der Basis der freiwilligen Bekenntnistaufe zur Bildung der Gemeinde Jesu nach dem Neuen Testament führen sollte. Da er die weltliche Absonderung nicht so extrem durchführte, wie andere Taufgesinnten-Gruppen es taten, war er zu Kompromissen gezwungen. Sie zeigen, wie sehr bei einem solch stürmischen Wachstum von Täufergemeinden Theorie und Praxis auseinanderbrechen können. So mußte Hubmaier – als Theologe zugleich Theoretiker und als Gemeindeleiter zugleich Praktiker, außerdem zwischen verschiedene Gemeindeauffassungen gestellt, die sich im damaligen Täufertum noch nicht ausgeglichen oder angeglichen hatten – den Leidensweg eines Erstlings in einer neuen Gemeinschaftsform der Jesusnachfolge gehen. Hierin ist er Luther zu vergleichen – den er übrigens nie angriff und trotz verschiedener Meinung in der Tauffrage sonst als Lehrer der Kirche weiterhin anerkannte.

Das Ende seines Lebens ist uns bereits bekannt. Der Rest ist schnell erzählt. Im Jahr 1527 fand unter dem Schutz der Grafen Leonhard und Hans von Liechtenstein eine mährische Brüderkonferenz statt, an der Hubmaier noch teilnahm. Im selben Jahr mußten die Liechtensteiner unter starkem politischen Druck von König Ferdinand Hubmaier ausliefern. Er wurde nach Wien gebracht und einige Monate später zum Scheiterhaufen geführt. Mit dem Ruf nach Jesus, seinem Heiland, ist er gestorben. Vorher soll er noch gebetet haben: „O mein gnädiger Gott, gib mir Ausharren in meinem Märtyrertum! O mein Vater, ich danke dir, daß du mich heute aus diesem Jammertal hinwegnehmen willst! O Lamm, Lamm, das die Sünde der Welt wegnimmt! O mein Gott, in deine Hände befehle ich meinen Geist!"

Es war ihm in unruhiger Zeit ein nur kurzes Wirken für die Taufreformation beschieden. Drei Jahre eines Menschenlebens, unterbrochen von Flucht und Gefängnis – und doch reich erfüllt mit dem schnellen Aufbau von zwei großen evangelischen Täufergemeinden! Dazu kommen seine verschiedenen Schriften, von denen die Taufschriften bereits alles enthalten, was später bei den Baptisten weitergeführt und noch später durch den reformierten Theologen Karl Barth festgeschrieben wird. Hubmaier war, wie

Luther, durch seinen akademischen Werdegang zum Lehrer der Kirche prädestiniert, aber er hatte keinen so mächtigen Schutzherrn wie Luther über sich, der ihn in einer Wartburg schützen konnte.

Es hat keinen Sinn zu fragen, was wäre geworden, wenn? Wenn Hubmaier und Luther sich zu einem Taufgespräch getroffen hätten wie in Marburg Zwingli und Luther zum Abendmahlsgespräch? Es hat auch keinen Sinn zu fragen, warum sich die humanistische Toleranz noch nicht durchsetzen konnte – sie war doch bereit, in einem Land oder einer Stadt verschiedenartige und verschieden bekennende christliche Gemeinden nebeneinander zu ertragen – und warum die Inquisition mit dem Anspruch einer einheitlichen Staatsreligion noch für lange Zeit das Feld behielt. Als Antwort bleibt wohl nur: Die Zeit war noch nicht reif. Aber was ist Reife der Zeit?

Wer im Umbruch aktiv und bekennend lebt, trägt seine Haut zu Markte. Das galt für alle Reformatoren, für Luther, Zwingli, Hubmaier, auch für Bucer, Oekolampad und die vielen anderen, deren Namen hier nicht aufgezählt werden können. Sie verhielten sich dabei höchst unterschiedlich. Das Urteil, das die Geschichte darüber gefällt hat, wird jede Generation neu in Frage stellen müssen. Und das letzte Wort wird sowieso Gott sprechen.

Uns bleibt der Taufreformator Hubmaier – ein hell aufleuchtender und schnell wieder verlöschender Komet –, der uns ein theologisches Vermächtnis hinterlassen hat, das das lutherische Erbe der Kindertaufe korrigiert und ergänzt. Hören wir noch einmal Hubmaiers Stimme zur Taufe:

„Die Wassertaufe im Namen des Vaters und Sohnes und des heiligen Geistes oder in dem Namen unseres Herrn Jesus Christus ist nichts anderes als ein öffentliches Bekenntnis und Zeugnis des inwendigen Glaubens und Verpflichtens, mit dem der Mensch auch auswendig bezeugt und vor jedermann anzeigt, daß er ein Sünder ist. Er bekennt sich schuldig, doch dabei glaubt er ganz fest, daß Christus ihm die Sünde durch seinen Tod verziehen und ihn durch seine Auferstehung vor dem Angesicht Gottes, unseres himmlischen Vaters, gerecht gemacht hat. Dadurch willigt er ein, von nun an den Glauben und den Namen Christi vor jedermann und öffentlich zu bekennen, hat sich auch verpflichtet und vorgenommen, hinfort nach dem Wort und Gebot Christi zu leben. Aber das nicht aus menschlichem Vermögen, damit ihm nicht wie Petrus geschehe, denn ohne mich könnt ihr nichts tun, spricht Christus, sondern in der Kraft Gottes, des Vaters und des Sohnes und des heiligen Geistes. Jetzt bricht der Mensch aus in Wort und Werk, verkündet und macht den Namen und das Lob Christi groß, damit auch andere durch ihn im Wort und Glauben heilig und selig werden, wie er auch durch andere, die ihm Christus vorgepredigt haben, zum Glauben und zu der Erkenntnis Gottes gekommen ist, auf daß das Reich Christi mehr werde. Hier folgt nun Anfechtung, Versuchung, Verfolgung, das Kreuz und alle Trübseligkeit um des Glaubens und Namens Jesu Christi willen in der Welt, die dann das Licht haßt und die Finsternis liebt, also daß der Mensch ganz und gar keinen anderen Trost oder Beistand hat als allein die Zuflucht zu dem Wort Gottes, wie es Christus, Matth. 4, nach der Taufe auch widerfahren ist. Mit diesem Wort schützt der Mensch sich und erwehrt sich der feurigen Pfeile dieser Welt, des Satans und der Sünden.

Aus dieser Beschreibung der Wassertaufe kann jedermann ersehen und erkennen, daß der auswendigen Taufe das Wort und die Lehre vorauslaufen sollen. Dadurch wird der Mensch in die Erkenntnis seiner Sünden geführt, wie vor der Taufe des Johannes, oder in die Erkenntnis seiner Sünden und auch in die Erkenntnis der Vergebung durch das Lamm Gottes, wie vor der Taufe Christi, mit dem Vorsatz, sein Leben zu ändern mit der Hilfe Gottes."[27]

Kommen wir noch einmal zurück auf die Frage nach der Toleranz, die das Bestehen verschiedener christlicher Religionsgemeinschaften in ein und demselben Staatsgebilde duldet. Dies ist keineswegs nur eine moderne Forderung, sie wurde schon damals erhoben. Luther jedoch verlagerte die Frage nach der eigenen religiösen Freiheit und der Duldung Andersdenkender in den politischen Bereich. Dabei wäre Hubmaier nach dem Reichsmandat von 1529 in einem lutherischen Fürstentum vermutlich ebenso zu Tode gekommen wie in Mähren.

Luther hatte zwar die Hinrichtung der Täufer, die das kaiserliche Gesetz im Januar 1528 anordnete, zuerst abgelehnt, denn der „Glaube mußte frei sein, und unrechter Glaube würde seine ewige Strafe bekommen."[28] Dennoch versuchte er, wo er nur konnte, die Illegalität der Täufer zu betonen. Da Luther, wie schon erwähnt, wohl keine der täuferischen Schriften gelesen hatte, ist dies auch theologisch gesehen äußerst bedauerlich. Er kam von einer im Ordnungsdenken verhafteten Amtskirche her und versuchte von dort aus alle Formen von „Gotteslästerung" – auch die sogenannte Wiedertaufe bezeichnete er so – zu unterbinden. Da es seiner Meinung nach die Aufgabe der Obrigkeit sei, Gottes Wort zu fördern, Ketzerei aber zu bestrafen, konnte er sich ein „Nebeneinander mehrerer Glaubensgemeinschaften in einem Gemeinwesen" nicht vorstellen. Als die zweite Generation der Täufer den Eingriff des Staates in die religiöse Freiheit des einzelnen noch schärfer ablehnte und sich als reine Gemeinde Christi aus der in ihren Augen nichtgläubigen Welt stark zurückzog, brandmarkte Luther sie als Aufrührer. Schließlich stimmt er der Todesstrafe gegen die Anführer der Täufer zu, die 1531 von Melanchthon vorgeschlagen worden war. Das alles geschah nach dem Grundsatz, daß der Glaube zwar frei sein müsse und nicht erzwungen werden dürfe, die Lästerung des Glaubens aber – und damit ist der jeweils offiziell anerkannte Glaube gemeint – ein „strafwürdiges politisches Delikt" und darum zu unterbinden sei. Damit „war die Verbindung der Reformationskirche mit der Obrigkeit enger geworden ... Die staatliche Absicherung der Kirche wurde freilich und mit dem Preis der Bevormundung durch die Obrigkeit bezahlt."[29]

In diesem Sinne antwortete Luther auch auf die Anfrage eines unbekannten vornehmen Nürnbergers, mit der er durch den Ratsschreiber Lazarus Spengler konfrontiert wurde. Es handelte sich dabei um eine für die damalige Zeit geradezu „revolutionäre Forderung ..., die verschiedenen Religionsgemeinschaften einschließlich der Täufer in der Stadt nebeneinander zu tolerieren."[30]

Falsch wäre es, im Blick auf dieses Geschehen nur von mittelalterlichem Denken zu sprechen. Das Problem der Wiedertaufe führt auch heute noch zu Verdammungsurteilen[31] oder doch resignierenden und zugleich abwehrenden Feststellungen der konfessionellen Amtskirche[32]. Nachdem sich die etablierten Täufer – die Baptisten – in Deutschland ökumenisch angepaßt haben,[33] schlagen die noch nicht etablierten Gruppen, soweit sie sich im „Forum Freikirchlicher Pfingstgemeinden in Deutschland" (FFP) zusammengeschlossen haben, in ihren Predigten und Veröffentlichungen mitunter recht hart zurück. Aber auch einige evangelikale Missionsgemeinden reagieren ebenfalls in dieser Weise. Der neue demokratische Staat ist hierbei jedoch nicht mehr beteiligt. Es handelt sich nun um „Händeleien" der Christen untereinander. Bis zum Ende des 19. Jahrhunderts war das nicht immer so!

Ersichtlich wird das in einer tabellarischen Übersicht, die die deutschen Baptisten in ihrer 1984 erschienenen Festschrift zum 150jährigen Bestehen ihrer Gemeinden abdruckten. Sie trägt die Überschrift: „Eine Probe von Leiden um des Gewissens willen im 19. Jahrhundert."[34] Der heutige Mensch kann es kaum fassen, daß noch 1852 der Prediger Gülzau aus Stettin wegen einer Taufe in Schwägerau vierzehn Tage ins Gefängnis mußte. Missionar Hoese wurde wegen einer Taufe, die am 20. März 1851 in Tilsit stattgefunden hatte, zu fünf Talern oder fünf Tagen Gefängnis nebst Kosten verurteilt. Die Schullehrer Stangnowski und

Berneike wurden Ende 1851 aus ihrem Dienst entlassen, weil sie sich haben taufen lassen. Nach obrigkeitlicher und kirchlicher Sicht hieß das natürlich, sie haben sich wiedertaufen lassen. In Braunschweig mußte 1852 der Müllergeselle Gebhard zehn Taler Geldstrafe zahlen, weil er sein Kind nicht hat taufen lassen, und einem Ehepaar in Lutter wurde 1853 das vierjährige Kind durch die Obrigkeit mit Gewalt zur Kirche gebracht und „trotz seines Schreiens getauft". Ein Soldat in Ludwigslust erhielt vier Wochen Arrest, weil er einen Kameraden zur baptistischen Versammlung mitgenommen hatte. Das war im März 1859. Und in Schleswig erhält ein gläubiger Mann zwölf Tage Gefängnis mit anschließender Ausweisung, weil er Traktate verteilt hat. Vier arme Tagelöhner hatten nur eine Bibel auf dem Tisch liegen. Das genügte, sie im Februar 1853 – ebenfalls in Schleswig – zu fünf bzw. sechs Tagen Gefängnis bei Wasser und Brot zu verurteilen. Dazu kamen 40 2/3 Taler Kosten für Verpflegung und Unterbringung im Gefängnis.[35]

Schlimm wurde es auch, wenn ein Baptist starb. Die Friedhöfe waren in den meisten deutschen Ländern kircheneigen und verweigerten natürlich seine Bestattung. Der erste Stadtstaat, der einer baptistischen Gemeinde eine behördliche „Concession" erteilte, war Hamburg. Dies geschah im Jahr 1858. Aber auch hier wurden sie wohl nur deshalb anerkannt, „weil sie 1842 nach dem verheerenden Hamburger Brand durch monatelange Unterbringung und Versorgung von 70 Obdachlosen ihre soziale Gesinnung und 1848 ihre politische Zuverlässigkeit bewiesen"[36] hatten.

Auch wenn ihre Verfolgungen und Peinigungen natürlich nicht mehr ganz so streng waren wie die ihrer Märtyrerbrüder aus der Reformationszeit, so geschahen sie doch um derselben Glaubensauffassung willen: daß nämlich „die Gemeinde Christi nur aus bekehrten Menschen bestehen müsse, die auf das Bekenntnis ihres Glaubens und seinen Tod getauft worden"[37] sind. So kann ein im 19. Jahrhundert inhaftierter Taufgesinnter in einem Gedicht "Aus dem Kerker" fragen:

> "Was hab ich gemacht,
> Daß man mich bewacht?
> Trieb ich Aufruhr? Kirchenschändung?
> Oder Mord und Geld-Entwendung?
> Nein, ich hab' Dein Wort
> Einst vertheilet dort.
>
> Darum bin ich hier
> Wie ein wildes Thier!
> Vor dem Fenster Eisenstangen,
> Hinter Schloß sitz ich gefangen.
> Halten sie so auf
> Deines Wortes Lauf?"[38]

Die Frage, wer schuld ist an all dem christlichen Leid seit den Tagen der Verfolgung der Montanisten, dann der Paulisianer, Katharer, Böhmischen Brüder, Waldenser, der Taufgesinnten des Mittelalters, der Baptisten und Pfingstler bis zum heutigen Tag, beantwortete Oncken, der große Mann am Anfang des deutschen Baptismus, mit dem schlichten Satz: "Die Bibel ist schuld daran."[39] Damit schließt sich der Kreis von Luther über Hubmaier zu jenen späten Zeugen der Taufreformation. Geblieben ist das in den Augen der Gesellschaft suspekte Treiben derer, die jene, die als Kinder schon getauft wurden, nach ihrer Bekehrung noch einmal taufen, "wiedertaufen" und damit durch "geistlichen Hochmut" deutlich machen, "daß sie keine Gemeinschaft mit unserer Kirche haben möchten." Denn "eine wie auch immer begründete und geartete ‚Wieder-Taufe' spricht Gottes einmaligem Angebot Hohn!" So der offizielle Hirtenbrief eines lutherischen Bischofs unserer Tage.[40]

Den Taufgesinnten aller Zeiten wurde immer wieder die Frage gestellt, warum sie sich nicht mehr zu den Ordnungen und Riten der offiziellen Kirche bekennen können und zu welcher Religion sie nun eigentlich gehören würden. Es ist die Gretchenfrage, auf die im Jahr 1717 auch sechs Mitglieder der reformierten Gemeinde in Solingen Antwort geben sollten. Sie hatten sich schon drei Jahre zuvor im fließenden Wasser der Wupper von Krefelder „Dompelaers" (Untertauchern) oder „Neutäufern" taufen lassen. Überaus deutlich wird hier die Haltung, die der Staat und die drei offiziell zugelassenen Kirchen – die katholische, die lutherische und die reformierte – gegenüber den in der Tauffrage anders Denkenden einnehmen. Es genügt nicht, den Glauben allein auf die Heilige Schrift und den Fels des Heils, Jesus Christus, zu gründen – man muß auch eine Religion haben! Taufgesinnter zu sein aber heißt, außerhalb der gesellschaftlich akzeptierten Religionen zu stehen.

Im Verhör, das in Düsseldorf stattfand, wurde ihnen zunächst vorgeworfen, sie wollten eine neue Lehre einführen. Ihre Antwort wird wie folgt wiedergegeben: „Das, was sie lehrten und getan hätten, sei nichts anderes, als was unser Jesus gelehrt und befohlen und in der Heiligen Schrift vollkommen gegründet sei."[41] Sie forderten die Richter auf, in der Heiligen Schrift nachzulesen. Darauf gab man ihnen zur Antwort, sie seien darum gefangengesetzt worden, „weil sie sich zu keiner der drei Religionen hielten. Als sich die Täufer auf ihren Wandel und das gute Zeugnis ihrer Mitbürger beriefen, hieß es: ‚Gegen euer Leben und Wandel haben wir nichts; nur das allein, ihr müßt euch zu einer Religion halten.'"[42]

Der Prozeß zog sich vom Frühjahr bis zum Herbst hin. Während dieser Zeit wurden die Angeklagten im Düsseldorfer Gefängnis verwahrt. Sie waren dort sowohl katholisch-jesuitischen als auch lutherischen und reformierten Bekehrungsversuchen ausgesetzt, denn alle drei Konfessionen waren ja am Prozeß beteiligt. Von drei Universitäten wurden Gutachten eingeholt, man machte es sich also nicht mehr so leicht wie im Mittelalter. Damals übrigens mußte auch Luther bei verschiedenen Personen theologische Gutachten stellen.

Hören wir über das Urteil den Bericht der Verurteilten selber: „Die Römischen machten nach ihrer blutdürstigen Art das Urteil, daß wir mit dem Tod bestraft werden sollten. Die Lutheraner: Auf die Galeeren! Die Reformierten: Nach Jülich an den Schubkarren! Und wir sind also kondemniert[43] worden, daß wir auf Lebenslang nach Jülich gebracht werden sollten."[44]

Nach vielen Leiden wurden sie auf Grund einer Intervention der holländischen Regierung nach vier Jahren wieder auf freien Fuß gesetzt, mußten aber das Land verlassen! Wohin? Viele wanderten damals um ihres Glaubens willen nach Pennsylvanien (Nordamerika) aus. Dort hatten die Pilgerväter inzwischen einen Staat gegründet, in dem religiöse Freiheit und Toleranz herrschte. Wer im Lande blieb, hatte schlechte Aussichten. Man wurde zwar nicht mehr verbrannt oder ertränkt. Doch schickte die Kurpfälzische Regierung noch in den siebziger Jahren des 18. Jahrhunderts die sogenannten Schwärmer in das Zuchthaus nach Kaiserswerth.

Theo Sorg hat recht, wenn er im Blick auf Hubmaiers Märtyrertod – und ich vermute, daß er auch noch spätere Geschehnisse im Auge gehabt hat – von einer „disziplinierenden Überreaktion" spricht.[45] Er zitiert dazu Luther: „Mit Feuer wird man wenig ausrichten; nur mit Gottes Wort kann man solche Fragen klären." Der Düsseldorfer Taufprozeß im 18. Jahrhundert, dessen Streit um die richtige Auslegung der Bibel hier nicht ausführlich geschildert werden kann, zeigt beispielhaft, daß die anstehende Frage bis heute nicht geklärt ist. Die Fronten sind zwar seitdem nicht noch härter geworden, sind aber auf beiden Seiten starr geblieben. Man erkennt das deutlich an Theo Sorgs Bemühungen um seine wiedergetauften schwäbischen Kirchenmitglieder, die wohl kaum bereit sein dürften, auf seine altbekannten und traditionellen Lehrargumente einzugehen.[46] So gibt es in der Tat „Im Westen nichts Neues".[47]

5.
Protestantische Ikonographie

Er war beides, ein frühkapitalistischer Unternehmer und ein frommer lutherischer Bürger. Natürlich war er nicht immer evangelisch gewesen. Er war es erst seit der Reformation, in logischer Fortentwicklung seines humanistisch geprägten, frührevolutionären Bürgertums. Dabei hatte er sich allerdings die Freiheit genommen, sich je nach Bedarf anzupassen. Denn einerseits wollte er das goldene Standbein eines wappengeehrten, in diplomatischen Diensten erfahrenen Hofmalers nicht aufgeben; andererseits wagte er es, seine Kunst zur Durchsetzung reformatorischer Gedanken zu nutzen. Das geschah vor allem durch den Holzschnitt, der für jede Form von Agitation damals ein geeignetes Mittel war, aber auch durch ein pädagogisches Bildprogramm auf den nun – nach dem Bildersturm – leeren Altären des Protestantismus. Von letzterem soll in diesem Kapitel in besonderer Weise berichtet werden. Doch hat dies natürlich, wie alles im Leben, seine Vorgeschichte.

Lucas, der Maler aus dem bischöflich-bambergischen Städtchen Kronach, war im Jahr 1505 nach Wittenberg gekommen, drei Jahre vor Martin Luther. 1502 war Wittenberg zur Universitätsstadt geworden. Kurfürst Friedrich der Weise wollte aus ihr ein „Sparta" machen, ein Geisteszentrum für Wissenschaft und Kultur. Er ließ sich das etwas kosten und gab seinem neuen, aber bereits am kaiserlichen Hof Maximilians bekannten 32jährigen Hofmaler Lucas

Cranach ein Grundgehalt von 100 Gulden jährlich. Das war die Hälfte dessen, was die bedeutendsten Theologen an der neuen Universität erhielten. Es war aber zugleich „das Doppelte der Summe, die vor ihm niederländische und italienische Hofmaler bekamen. Außerdem wird jeder Auftrag des Kurfürsten besonders honoriert."[1]

Diese finanzielle Basis genügte, um ordentlich ins Geschäft einzusteigen. Von Anfang an besaß Cranach eine große Werkstatt, in der mehrere Gesellen arbeiteten. Später wurde sie sogar zu einer Art Malereimanufaktur ausgebaut. Ein Beispiel aus dem Jahr 1533 weist auf den geradezu fließbandartigen Kopierbetrieb seiner Werkstatt hin. Damals mußte er innerhalb kürzester Zeit „60 Paar Täflein" liefern, „darauf gemalt sein die beiden Kurfürsten selig"[2]. Ähnlich entstanden viele Lutherbilder, von denen wir heute nicht mehr wissen, in welch hoher Stückzahl sie aus dem Wittenberger Betrieb hinausgingen, um den Bedarf der Nachfrage in Deutschland zu decken. Sein Geschäft hat der Freund Luthers auch mit der Reformation durchaus gemacht. Wer will es ihm verübeln, daß er in dieser unruhigen Zeit immer neue Erwerbsquellen an sich zog! Denn weil die nun reformatorisch gesinnte Kirche keine frommen Bildwerke mehr in Auftrag gab, mußte die Kunst einen Weg der Emanzipation gehen und sich neue Gebiete erschließen. Es mußten Krisenjahre überwunden werden, und dazu brauchte man ein fettes Polster. Letzteres hatte sich Lucas Cranach längst zugelegt. So hören wir, daß er im Jahr 1528 Grundbesitz im Wert von 4066 Gulden versteuerte und somit wahrscheinlich der wohlhabendste Bürger der Stadt gewesen ist.[3]

Zu diesem Wohlstand war es natürlich nicht nur durch die Malerei gekommen. Der spätmittelalterliche „Allroundman"[4] Lucas Cranach entpuppte sich bald als frühkapitalistischer Unternehmer. Er erwarb nicht nur Haus- und Grundbesitz, sondern betrieb neben seiner Werkstatt fast von Anfang an auch eine Weinschenke. Im Jahr 1520 erwarb er eine Apotheke mit dem dazugehörenden Apothekerprivileg. Dazu kam ein Papier- und Sandsteinhandel. Nachdem er 1523 schließlich Mitbesitzer einer Druckerpresse und somit Verleger geworden war, entwickelte er auch dieses Geschäft konsequent weiter: die Bibeln, Bücher und Traktate, die er druckte, verkaufte er ab 1525 in einem eigenen Buchladen. Da er auch Geld gegen Zinsen auslieh, wird er von seinen modernen Biographen sogar als Privatbankier bezeichnet.

Die standesgemäße Heirat mit der Gothaer Ratsherrentochter Barbara Brengbier, vielfache Ehrungen und nicht zuletzt die Verleihung eines Wappens durch den Kurfürsten als Dank für diplomatische Dienste[5] förderten sein Ansehen in Wittenberg. Wiederholt wird er zum Ratsherrn, Stadtkämmerer und Bürgermeister gewählt.

In all dem wußte Lucas Cranach d. Ä.[6] sehr wohl, was er tat, und paßte sich der Gunst der Stunde ebenso an wie den Wünschen und Vorstellungen seiner wechselnden Auftraggeber. Zu ihnen gehörte zum Beispiel nach wie vor die römisch-katholische Kirche, für die er weiter Altar- und Heiligenbilder malte. Der zweite Auftraggeber war sein Kurfürst, für den er vor allem arbeitete und einfach alles tat, was im künstlerischen Bereich lag, ob es sich um Portraits der fürstlichen Personen oder die malerische Gestaltung der Räume des Schlosses handelte oder ob es um das Entwerfen der neusten Wintermode für die adligen Damen ging, denn noch gab es keine Pariser „Haute Couture"[7]. So zeichnete und malte, werkelte und schnitzte er, arbeitete mit seinen Gesellen als Tischler und Vergolder und lieferte, wenn es dazu kam, auf Bestellung komplette Klappaltäre und Kirchenausstattungen. Letzteres auch weiterhin an katholische Gemeinden, auch wenn er inzwischen in seiner Gesinnung längst evangelisch geworden war.

Als dritter Auftraggeber ist die Reformation zu sehen, denn selbst dann, wenn kein Auftrag vorlag, stellte Cranach seine Kunst in ihren Dienst und gestaltete künstlerisch mit an der Botschaft der Reformatoren, von denen er sich anregen und unterweisen ließ. Damit aber kommen wir zu unserem eigentlichen Anliegen, dem Taufthema.

Im Rahmen dieses künstlerischen Predigtdienstes wird er zum Urheber einer neuen christlichen Ikone, nämlich des als Taufikone gemalten reformatorisch-protestantischen Bibelbildes von der Segnung der Kinder nach Markus 10,13-16. In diesen Bildwerken stellt er dem Volk, das ja zum großen Teil nicht lesen konnte, den einzig übriggebliebenen vermeintlichen Schriftbeweis Luthers für die Kindertaufe vor Augen. Wie war es dazu gekommen?

Die reformatorische Ausrichtung seiner Malerei setzt vermutlich im Jahr 1519 ein. Es ist das Jahr der Leipziger Disputation, in der in dreiwöchigem Redekampf die Wittenberger Reformatoren und Universitätslehrer Dr. Martin Luther und Dr. Andreas Bodenstein von Karlstadt dem Ingolstädter Theologieprofessor Dr. Johannes Eck gegenüberstehen.

Bevor es jedoch zur eigentlichen Auseinandersetzung kommt, eröffnet etwa zwei Monate vorher der ungestüme Karlstadt den Streit bereits dadurch, daß er bei seinem Freund und Landsmann Cranach einen Holzschnitt in Auftrag gibt, der zum agitatorischen Flugblatt und ersten Versuch eines reformatorischen Bildkampfes wird. In der Kunstgeschichte ist dieses Blatt als „Himmelswagen und Höllenwagen des Andreas Bodenstein von Karlstadt" bekannt geworden.

Dieser Holzschnitt, 30 x 40,7 cm groß, ist ein seltsames Blatt. „In zwei übereinandergeordneten Bahnen zeigt er zwei acht- bzw. siebenspännig in entgegengesetzter Richtung eilende Fuhrwerke."[8] Das eine fährt mit den Pferdelenkern Augustinus und Paulus in den Himmel. Das andere in die Hölle. Im Höllenwagen ist ein Mönch als Professor zu sehen, der wohl allgemein eine scholastische Lehrergestalt darstellt, in dem sich aber Eck wiederzuerkennen glaubte. In der Tat wollte Karlstadt die Torheit der scholastischen

Theologie, die Eck vertrat, treffen. Das geht nicht nur aus den vielen Texten hervor, die erst in lateinischer, später in deutscher Sprache in die Schriftbänder und Schrifttafeln hineingeschrieben wurden, die das Bild ständig unterbrechen und im ganzen unübersichtlich machen. Man hat festgestellt, daß es sich bei diesem Flugblatt um die bildhafte Darstellung einer theologischen und reformatorischen Aussage aus den 151 Thesen Karlstadts handelt, die im Gegensatz zu Luthers Thesen weitgehend unbekannt geblieben sind. „Die um 1890 erst wiedergefundenen 151 Thesen Karlstadts vom 26. April 1517 enthalten bereits die Grundzüge seiner späteren Theologie. Die Scholastiker und Aristoteles werden bekämpft (These 37,143); die Lehre von der Willensunfähigkeit des Menschen, zu Gott zu gelangen, wird, auf augustinischer Grundlage, mit einer Entschiedenheit vorgetragen, wie wir sie in gleichzeitigen Äußerungen Luthers nicht finden."[9]

Der künstlerisch herausragende Holzschnitt Cranachs, der auch das Gefallen Albrecht Dürers fand, will folgendes aussagen: In der Antithetik[10] von Oben und Unten, Himmel und Hölle sowie der zwei Wagensymbole „in diagonaler Verschränkung zu und die diagonale Gegenüberstellung Christi samt seinem Kreuz als zu erstrebendem Ziele des wahren Christen und des auf seinem bannerartigen Schriftband als ‚böser Held' bezeichneten Lanzenreiters vorm Höllenschlund, dem Wegziel der falschen Lehre"[11], stehen sich das Gute und das Böse, das Wahre und das Falsche gegenüber. Es versteht sich, daß Karlstadt und Cranach mit dem Wahren die reformatorische Lehre meinten, mit dem Falschen die alte scholastische Lehre der katholischen Kirche, die damals an den Universitäten gelehrt wurde. Kein Wunder, daß die Aufregung in Leipzig bei den dortigen Professoren und Predigermönchen groß war, „weil sie sich und ihre Wissenschaft im Bilde dem Gespött preisgegeben glaubten."[12]

Damit war zum ersten Mal die Kunst als Mittel für den

reformatorischen Kampf benutzt worden. Es ist anzunehmen, daß Cranach nicht nur aus merkantilen Gründen mitzog. Schließlich war er mit Luther später so eng befreundet, daß die beiden gegenseitig die Paten ihrer Kinder wurden. Wie eng diese Freundschaft war, in der einer vom anderen lernte, einer dem anderen half und sich ihm anvertraute, zeigen zwei kleine Beispiele:

Auf der Rückreise von Worms gibt Luther seinem „lieben Gevatter und Freund Lucas Cranach" nicht nur einen Kurzbericht über die Ereignisse vor Kaiser und Reich, er teilt ihm auch etwas streng Vertrauliches mit: „Ich laß mich eintun und verbergen, weiß selbst noch nicht wo."[13] So wird Cranach zum Mitwisser um die vorgesehene Entführung Luthers auf die Wartburg.

Das zweite Beispiel: „In seiner schweren Arbeit beim Übersetzen der Bibel hatte Luther häufig seinen Malerfreund Lucas Cranach um Rat gefragt. Als Luther einmal den Wortbegriff ‚hypocrita' genau erklärt haben wollte und hierüber mit Cranach sprach, schreibt er später über das Gesprächsergebnis (laut Oskar Thulin): ‚Lucas Cranach heißt ihn einen heiligen Schalck, Heuchler ist zu dünne und schwach'."[14]

Es versteht sich fast von selbst, daß Lucas Cranach nach diesem Auftrag Karlstadts von 1519 in der folgenden Zeit auch die ersten Titelblätter von Luthers Flug- und Kampfschriften gestaltet. In dem 1521 erschienenen Holzschnittbüchlein „Passional Christi und Antichristi" eröffnet er dann – bewußt oder unbewußt – den „systematischen reformatorischen Bildkampf gegen Rom"[15]. Dieses berühmt gewordene, kleine und sehr eindrucksvolle Bildwerk ist vermutlich stark von Luthers Sendbrief „An den christlichen Adel deutscher Nation" von 1520 beeinflußt sowie von Karlstadts kritischen Berichten über seine Romreise.[16]

Um so mehr muß Cranach über Karlstadt entsetzt gewesen sein, als dieser durch seine Predigt und Schrift „Vom Abtun der Bilder und daß keine Bettler unter den Christen sein sollten"¹⁷ den ersten Bildersturm von Wittenberg auslöste und von der christlichen Obrigkeit forderte, daß sie den unchristlichen Götzendienst verhindere. Wörtlich: „Die oberste weltliche Hand soll gebieten und schaffen." Denn, so sagte Karlstadt: „1. Daß wir Bilder in den Kirchen und Gotteshäusern haben, ist unrecht und wider das 1. Gebot: Du sollst nicht fremde Götter haben. 2. Daß geschnitzte und gemalte Ölgötzen auf den Altären stehen, ist noch schädlicher und teuflischer. 3. Darum ist es gut, nötig, löblich und göttlich, daß wir sie abtun und zeigen, welches Urteil die Heilige Schrift über sie abgibt."¹⁸

War das noch derselbe Karlstadt, der als Kanoniker und Dekan des Allerheiligenstiftes vor einiger Zeit noch vor Cranachs Altarbildern Messe gelesen hatte, ja, der noch 1509 die große Kunst seines „Landsmannes aus Kronach in einem überschwenglichen lateinischen Gedicht gepriesen und ihm einen Efeukranz aufs Haupt setzen"¹⁹ wollte? Zwar ging es hier letztlich nicht um die Kunst selbst, sondern um eine biblische Gehorsams- und Glaubensfrage, die der ebenfalls reformatorisch gesinnte große Nürnberger Malerkollege Albrecht Dürer einmal so beantwortete: „Müßt wahrlich ein unverständiger Mensch sein, der Gemäl, Holz oder Stein anbeten wöllt." Doch ging es für Cranach zugleich um seine Existenz als Maler in einer reformatorischen Kirche, denn bislang war die Kirche der hauptsächliche Auftrag- und Arbeitgeber der Künstler gewesen. „Die Kunst des Molens würd gebraucht im Dienst der Kirchen und dodurch angezeigt das Leiden Christi, behält auch die Gestalt des Menschen noch in ihrem Absterben", schrieb Albrecht Dürer noch 1512 in sein Malerbuch.²⁰ Was nun, wenn die Kirchen kahl wurden, Bilder und Holzfiguren verschwanden, das Beten vor Heiligenbildern in den Altaraufsätzen als Götzendienst galt – wo blieb da der Künstler?

Bei Luther, der zwischen der erlaubten bildlichen Darstellung und der verbotenen Anbetung eines Bildes unterschied, blieb der Künstler nicht auf der Strecke. Cranachs Kunst wurde bald auch auf den Altären wieder gebraucht, aber in einem neuen Sinn und auch in einem neuen Stil. Luther, der selbst Bedenken gegen die bisherigen Bilderaltäre hatte, baute die Brücke. Und so entstand schließlich – auf dem Hintergrund einer neuen protestantischen Ikonographie – das evangelische Altarbild.

Der Weg dorthin führte über die Bibelillustration. Diese Bilder wurden allgemein akzeptiert. Es waren ja Darstellungen der biblischen Geschichte, keine Heiligenbilder und keine Bilder, die den Inhalt von Legenden wiedergaben. Sie hatten, bald auch im Katechismus und in anderen Schriften gebraucht, eine pädagogische, ja sogar verkündigende Aufgabe. Das ging schließlich unter der Mithilfe Luthers dahin, daß das Bild die Heilspredigt der Rechtfertigungslehre äußerst eindrucksvoll darstellte. Der berühmt gewordene zweiteilige Holzschnitt Cranachs aus dem Jahr 1529 über „Sündenfall" und „Erlösung" führte in den folgenden Jahren zu den Gothaer und Weimarer Altargemälden (Weimarer Flügelaltar von 1553).

Auf den Flügelaltären der Reformation spiegelt sich das Selbstverständnis der lutherischen Kirche wieder, die eine Kirche des Wortes und Sakramentes sein will. Das beste Beispiel hierfür ist der Wittenberger Flügelaltar von 1547. Im zentralen Bildteil des letzten Abendmahles sehen wir, wie des Malers Sohn, Lucas Cranach der Jüngere, dem Junker Jörg, nämlich Martin Luther, den Becher voll einschenkt und darreicht. Der linke Flügel zeigt eine Taufe, die Melanchthon vor versammelter Gemeinde vollzieht. Interessant bei diesem Bild, daß das Kind nackt in das Taufbekken untergetaucht wird, also nicht nur übergossen wird. Der rechte Flügel: eine doppelte Beichtszene mit dem evangelischen Wittenberger Stadtpfarrer Bugenhagen, der symbolisch zwei Schlüssel in der Hand hält, einen zum Lösen und einen zum Binden, und so das „Amt der Schlüssel" verwaltet. Die Predella[21] unter dem Hauptbild zeigt Luther, der von rechts her auf den in der Mitte dargestellten gekreuzigten Christus hinweist, diesen von der Kanzel verkündigend. Ihm gegenüber links die versammelte und die Predigt hörende Gemeinde.

Es ist nicht richtig zu sagen, es seien eigentlich alte Themen im neuen Gewand. Es sind wirklich neue Bilder, die das Leben und Selbstverständnis einer erneuerten Kirche in höchst realistischer Weise wiedergeben. Das zeigen besonders einige eindrucksvolle Detaildarstellungen, wie zum Beispiel der Blutstrahl aus der Seitenwunde Christi, der im Weimarer Altargemälde exakt das Haupt des Malers Lucas Cranach d. Ä. trifft, der hier zwischen Johannes dem Täufer und Luther steht. Mit dieser Darstellung bringt Cranach kurz vor seinem Tod seine evangelische Glaubensüberzeugung zum Ausdruck. Unterm Kreuz ist Friede. Allein das Blut Jesu Christi bedeckt der Sünden Menge und rettet. Es ist auch für Cranach vergossen.

Im Rahmen dieser bildhaften Verkündigung reformatorischer Lehre entsteht seit dem Jahr 1529 eine Reihe von Bildern, die ein Thema fast variantenlos immer wieder neu darstellt, nämlich die Kindersegnung.[22] Dieses Thema findet man in der bisherigen kirchlichen Kunst nicht. Es sind äußerst realistische Bilder. Mütter und Kinder, darunter immer wieder auch Luthers Söhnchen Hans, „Hänschen" genannt, und vermutlich auch Luthers Töchterchen stehen in den Kleidern der damaligen Zeit bei Jesus oder kommen zu ihm. Die Gruppe der abwehrenden Jünger ist immer an den Bildrand, fast schon aus dem Bild hinausgedrängt, gemalt. Wichtig ist, daß am oberen Rand eines jeden Bildes der Text des Evangeliums nach Markus 10,13 zu finden ist: „Und sie brachten Kindlein zu ihm, daß er sie anrührte." Dieser Text ist stets gut leserlich geschrieben und hat die Angabe der Bibelstelle bei sich. Luther selbst hatte angeordnet, daß das Bibelwort der bildlichen Darstellung hinzugefügt werden sollte. Die Absicht ist erkennbar. Das Bild soll nicht allein erzählen. Das Wort soll predigen und den biblisch-theologischen Standort des von hierher allein erlaubten Bildes festlegen und legitimieren.

Dieses Bildthema, das von vielen evangelischen Malern bis hin zu Fritz von Uhde, Karl Eduard von Gebhardt oder Rudolf Schäfer, ja von Christian Rietschel und Paula Jordan aufgegriffen wurde, das bis in die jüngste Vergangenheit hinein in den Schulbüchern immer wieder zu finden war und auch in vielen Kirchenfenstern dargestellt wurde, hat eine deutlich zu erkennende Tendenz. Herbert von Hintzenstern erläutert: „Zu den Bildthemen aus dem Neuen Testament, die Cranach entwickelt und oft wiederholt, gehört dasjenige, das mit einer Lesung der evangelischen Taufagende aus dem 10. Kapitel des Markusevangeliums zusammenhängt. In der 2. Auflage seines Taufbüchleins hatte Luther 1526 die Stelle aus Markus 10,13-16 zum ‚Taufevangelium' bestimmt, um den Gegnern der Kindertaufe entgegenzutreten."[23]

Wie nie zuvor wird hier in der Kirchen- und Kunstgeschichte systematisch und agitierend Kindertaufpolitik getrieben! Und das in einer Form, die von Christen, die in dieser Richtung religionsideologisch beeinflußt sind, als angenehm und hilfreich empfunden wird und natürlich deren eigenes Taufselbstverständnis stützt. Unsere Aufgabe ist jedoch, auf Grund der Bibel nachzuforschen und zu fragen, ob das, was hier geschehen ist und noch geschieht, erlaubt ist.

Diese Frage muß auch deshalb mit ganzem Nachdruck gestellt werden, weil in der neusten Taufliturgie der Lutherischen Kirchen in Deutschland das, was bei Markus 10 geschieht, nämlich das Kommen der Mütter und das Herzubringen der Kinder zu Jesus, völlig mit dem Kommen der Eltern heute und dem Herzubringen ihrer Kinder zur Taufe gleichgesetzt wird. In anderen Worten, es wird den Eltern suggeriert: Was ihr tut, wenn ihr das Kind zur Taufe bringt, ist dasselbe, was die Mütter damals taten.[24]

Was sagt die Bibel dazu? Ist die Bibelstelle Markus

10,13-16 samt ihren Parallelen in den anderen Evangelien tatsächlich ein Beweis für die Kindertaufe? Kann man im Taufgottesdienst auf die liturgische Einleitung: „Hört, wie Jesus Christus die Kinder zu sich ruft und sie segnet ..." das sogenannte Taufevangelium nach Markus 10,13-16 folgen lassen? Ist es erlaubt, diesen Bibeltext mit folgenden Worten zu verknüpfen: „In diesem Gottesdienst wollen wir nun die Kinder taufen, wie es unser Herr Jesus Christus seiner Kirche befohlen hat. Er spricht: Laßt die Kinder zu mir kommen und wehret ihnen nicht ..."?[24]

Auch wenn Luther die Kindertaufpraxis biblisch an Markus 10,13-16 anzubinden versucht, wird diese Bibelstelle doch im allgemeinen anders gedeutet:

Zunächst einmal muß festgehalten werden, daß weder in Markus 10,13-16 noch in Matthäus 19,13-15 oder Lukas 18,15-17 von einer Taufe berichtet wird. Obwohl Jesu Jünger Taufen vollzogen – die Jünger des Johannes geraten deswegen, wohl auf dem Hintergrund konkurrierenden Denkens, mit einem Juden in Streit (vgl. Johannes 3,22-4,3) –, redet kein Evangelium von einer Kindertaufe. Jesus gibt den Jüngern auch keine Anweisung dazu. Er tauft auch nicht selbst (Johannes 4,2). Was hier von Jesus erwartet wurde und dann auch geschieht, ist die *Segnung* von Kindern verschiedenen Alters durch Handauflegung. Eine solche Segnung durch fromme Menschen oder Rabbiner war damals durchaus üblich und wurde von Eltern für ihre Kinder, besonders am Versöhnungstag, erbeten. Die Worte „wehret ihnen nicht" beziehen sich auf die Jünger, die, vom Erwachsenendenken geprägt, die Kinder nicht zu diesem berühmten Rabbi Jesus lassen wollten, weil sie seine Reden noch nicht verstehen konnten und außerdem sowieso störten.

Der in unseren Bibeln mit „solcher ist das Reich der Himmel" oder „solchen gehört das Reich Gottes" übersetzte griechische Ausdruck heißt wörtlich: „Den so Beschaffenen gehört das Reich der Himmel." Was damit gemeint ist, wird deutlich, wenn Jesus sagt: „Wahrlich, ich sage euch, wenn ihr nicht umkehrt und werdet wie die Kinder, so werdet ihr nicht in das Reich der Himmel eingehen" (Matthäus 18,3; vgl. Markus 10,15). Kleine Kinder sind nämlich, wenn sie noch keine Leidenserfahrungen durch falsche Erziehung durchmachen mußten, im guten Sinn naiv und unverdorben. Sie vertrauen, im Gegensatz zu Erwachsenen, noch dem, der es gut mit ihnen meint. Darum liegt auch noch nichts Hinderndes vor, was sie vom Himmelreich fernhalten könnte. So könnten diese Texte geradezu als Gegenbeweis gegen die sogenannte Erbsünde, die eine rettende Kindertaufe notwendig macht, aufgeführt werden. Alle anderen Deutungen müssen abgelehnt werden. Hierzu die Stimmen verschiedener Bibelausleger, die sich gegen eine Vergewaltigung des Textes wehren:

Ich beginne mit Wilhelm Stählin, der als hochkirchlicher Lutheraner und Bischof natürlich sehr wohl weiß, daß die Perikope[25] von der Kindersegnung als Kinderevangelium in die Liturgie der Kindertaufe aufgenommen wurde und „fester Bestandteil wohl aller reformatorischen Taufordnungen" geworden ist. Er spricht davon, daß die ausschließliche „Verwendung des Textes bei der Kindertaufe die Gefahr bestimmter Mißverständnisse" einschließt und daß über diesen Text deshalb nicht nur aus Anlaß einer Taufe gepredigt werden soll, damit „der Sinn dieser Geschichte" nicht verengt werde. Er sagt im Kern seiner Ausführungen: „Die entscheidende Begründung lautet in allen drei synoptischen Texten gleich: solchen wird das Reich Gottes zuteil. Das heißt nicht, daß die Kinder in einer bevorzugten Weise Anrecht oder Aussicht auf das Himmelreich haben, sondern es ist die Rede von (erwachsenen) Menschen, die in der Art, wie sie die himmlische Gabe aufnehmen und annehmen, einem solchen Kind zu vergleichen sind." Und er fügt hinzu: „Gerade dieser Unterschied ist gemeint, wenn vorhin gesagt wurde, daß die Verbindung dieses evangelium infantium[26] in der Liturgie der Kindertaufe mißverständlich sei."[27] Nachdem er den Glauben hervorgehoben hat, der in dieser jedem Christen zu wünschenden Haltung deutlich wird, spricht er davon, daß Segnung und Handauflegung zugleich Gebet und reales Handeln seien. Das Problem Kindertaufe wird nicht weiter berührt.

Dem hochkirchlich-lutherischen Bibelausleger stelle ich in Fritz Rienecker bewußt einen pietistischen Bibelausleger gegenüber. In einer sehr bekannten evangelikalen Bibel-Kommentar-Reihe legt er das Markusevangelium aus. Wie es bei einem Pietisten zu erwarten ist, findet man von Kindertaufe und Bezugnahme zur Taufliturgie der Kirche bei ihm kein Wort. Er betont, ähnlich wie Stählin, daß es hier nicht um „eine besondere Unschuld und Reinheit" gehe, die eben „auch beim Kind nicht zu finden ist", sondern um die „Voraussetzung des rechten Glaubens." Er nennt dies die „Kindesart" oder den „Kindersinn, der sich hilfsbedürftig weiß, sich gern alles schenken läßt." Das hieße, wie die Kinder zu werden. Die nämlich können noch nicht aus eigener Kraft und einer „selbstgewissen Überlegenheit" heraus leben, sondern müssen „kindlich-vertrauensvoll ... sich führen und raten und helfen lassen." Dies sei die innere Notwendigkeit für jeden Menschen, denn die „Aufnahme in das Reich Gottes geschieht nicht durch Leistung des Menschen, sondern ist eine Gabe von seiten Gottes."[28]

Kommen wir nun zu einem historisch-kritischen Theologen, dazu noch zu einem katholischen Christen, der im vermutlich modernsten Kommentarwerk unserer Zeit, dem „EKK" (Evangelisch-Katholischer Kommentar zum Neuen Testament) schreibt. Dieser Theologe, Joachim Gnilka, weist besonders darauf hin, daß in „der reformatorischen Exegese die Perikope wiederholt mit der Frage der Kindertaufe verknüpft" wurde. Er sagt: „Calvin benützt die Erzählung nachdrücklich als Argument für die Kindertaufe gegen die Auffassung der Wiedertäufer, die diese ablehnten, weil die Kinder das in der Taufe angedeutete Geheimnis noch nicht fassen könnten." Dann zitiert er Bengel, der diese

Bibelstellen ebenfalls zur Stützung der Kindertaufe heranzieht und glaubt, aus dem Verhalten Jesu folgendes schließen zu dürfen: „Wenn sie die Taufe erbeten hätten, hätte er ihnen ohne Zweifel die Taufe gewährt." Vorher hatte sich Gnilka bereits mit Cullmann auseinandergesetzt. Cullmann nämlich meint, in den Worten „hindert sie nicht daran" einen vorsakramentalen *terminus technicus*[29] entdeckt zu haben, der später über Apostelgeschichte 8,36 als Frage nach dem Hindernden in den Taufritus der Kirche eingegangen sei. Daraus schließt Cullmann, daß Markus 10,13-16 sich auf die Taufe beziehen müsse. Nachdem Gnilka ebenfalls einige wichtige Feststellungen getroffen hat, zum Beispiel: „Wie ein Kind werden aber heißt jetzt, klein werden vor Gott und den Menschen", und: „Man geht zwar in das zukünftige Reich ein, aber seine Annahme geht dem offenbar voraus", kommt er im Blick auf die Frage der Kindertaufe zu dem Ergebnis: „Die Antwort lautet, daß die Perikope von dieser Fragestellung freizuhalten ist."[30] – Daraus kann meines Erachtens wiederum nur die Schlußfolgerung gezogen werden: Die Zeit, dieses Evangelium als biblische Beweisführung für eine unbiblische Kindertaufpraxis zu benutzen, ist endgültig vorbei.

Karl Barth, den Gnilka ebenfalls zitiert, sagt im gleichen Sinn bereits 1967 zu Markus 10,13-16: „Die in diesen Stellen dokumentierte Auszeichnung des Kindes, ja gerade des Kleinkindes, ist nun aber offenkundig eine Bildrede ... Es ist also die Kindertaufe von daher bestimmt nicht zu begründen." Im weiteren Verlauf seiner Auslegung wiederholt er diese Auffassung mit Bestimmtheit und erläutert: „Der Text ist ein sehr intimes, aber nur um so gewaltigeres Zeugnis für die universale Tragweite des Werkes und des Wortes Jesu Christi. Ein Tauftext ist es aber gerade nicht." – Über Bengel sagt Barth: „Er hatte diesem Text gegenüber überhaupt keine glückliche Hand." Und zu Cullmanns Argument: „Ist nicht auch dieser Faden etwas dünn?"[31]

Wie dünn der Faden Cullmanns ist, weist auch Gerhard

Barth nach, der ihn sogleich zerreißt. Er argumentiert: „Völlig abwegig aber wäre es, daraus zu folgern, daß Mk. 10,13-16, weil das Verb ‚hindern' dort vorkommt (im Neuen Testament insgesamt 23 mal!), sich auf die Kindertaufe beziehen müsse. Zudem begegnet in Mk. 10,14 gerade nicht die Frage ‚was hindert?', sondern der Imperativ ‚hindert nicht!', der überall da, wo er sonst im Neuen Testament begegnet (Mk. 9,39; Lk. 9,50; 1. Kor. 14,39, vgl. Lk. 6,29) mit der Taufe rein gar nichts zu tun hat."[32]

Wir sehen, wie unter sachgemäßer Bibelauslegung der schöne Entwurf protestantischer Ikonographie – Kindersegnung ist gleich Kindertaufe – mehr und mehr verblaßt. Luthers letzter Bibelbeweis für die Kindertaufe, heute noch als sogenanntes Kinderevangelium in der Taufliturgie der evangelischen Kirche erhalten, erweist sich als frommer Trugschluß. Ob die Kirche, die ja um all dieses weiß, es sich weiterhin leisten kann, eine fromme Verführung der Seelen mit Hilfe der Säuglingstaufe zu betreiben?

„Aber die Oikosformel!" höre ich jetzt als allerletztes Argument die Vertreter der Kindertaufe rufen. Von ihr war bisher noch nicht die Rede. Doch ist zunächst einmal zurückzufragen: Wo steht in der Bibel etwas von einer Oikosformel? Ist die nicht ebenfalls eine theologische Erfindung, oder sagen wir es wissenschaftlicher, eine Hypothese? Sie ist es in der Tat, und sie läßt sich deshalb in der historischen und kritischen Theologie nicht mehr halten, obwohl sie aus ihren Denkschemata heraus entstanden ist. Dies hat Gerhard Barth, der sich vorbildlich damit auseinandergesetzt hat, endgültig nachgewiesen.[33] Der Theologe, der dieses von vielen Christen und Pfarrern bis heute festgehaltene Argument in besonderer Weise ins Taufgespräch eingebracht und verteidigt hat, heißt Joachim Jeremias.[34]

Was ist das, die Oikosformel? Das griechische Wort *oikos* heißt „Haus". Zum Haus aber, so sagte man, gehören in den alten Kulturen alle, die die Hausgemeinschaft bilden, auch die Kinder und Sklaven. Das heißt, wenn im Neuen

Testament zum Beispiel vom „Haus des Stephanas" die Rede ist, sind immer auch Sklaven und Kleinkinder einzuschließen. Damit aber werden im Blick auf einen neutestamentlichen Beweis dafür, daß zur Zeit der Apostel auch Kinder getauft wurden, folgende Gedanken entwickelt:

Apostelgeschichte 16,32-34; 10,44-48; 16,15; 18,18 und 1. Korinther 1,16 sind Texte über sogenannte Haustaufen. Nicht, weil sie in einem Haus geschehen wären, sondern weil sich eine ganze Hausgemeinschaft taufen ließ. Die Vertreter der Kindertaufe behaupten nun oder nehmen an, daß Kinder dabeigewesen sein müßten und ebenfalls getauft wurden. Das ist der Hintergrund zur sogenannten Oikosformel. Eine genaue Betrachtung der biblischen Texte zeigt jedoch: Es ist nicht nur so, daß diese Annahme nicht zu beweisen ist, sie läßt sich sogar widerlegen. Der Bibelleser, der zu den obigen Ausführungen ja sagt, kann somit auf die gesamte theologische Diskussion über die Oikosthese verzichten. Denn Apostelgeschichte 16,32-34 zeigt klar, daß vor der Taufe zuerst das Wort Gottes gepredigt wurde. Darauf folgt das Gläubigwerden. Es ist ein Gläubigwerden auf Grund des gehörten und angenommenen Wortes, das zur Taufe führt. Säuglinge können darum nicht dabeigewesen sein.

In Apostelgeschichte 18,8 ist diese Abfolge noch deutlicher zu erkennen. Dort heißt es: Sie „hörten zu, wurden gläubig und ließen sich taufen." Das kann nun wirklich nicht von Säuglingen und Kleinstkindern gesagt werden.

Dasselbe gilt für Apostelgeschichte 10,44-48. Dort wird davon berichtet, daß der Heilige Geist noch während der Predigt des Petrus auf die Zuhörer fällt. Danach lassen sich die Gläubiggewordenen taufen.

In 1. Korinther 1,16 redet Paulus davon, daß er „Stephanas und sein Haus" getauft hat. Diese Hausgenossen haben sich in den „Dienst für die Heiligen" gestellt (1. Korinther 16,15). Das aber ist Säuglingen nicht möglich.

Ebenso bestätigt die Tatsache, daß in Apostelgeschichte

16,40 die Hausgenossen der Lydia ermahnt werden, daß die in Apostelgeschichte 16,15 genannte Taufe nur an Gläubigen vollzogen wurde. Säuglinge nämlich können nicht ermahnt werden.

Trotzdem berufen sich weiterhin viele Menschen auf diese Bibelstellen. Von Religionslehrern und Pfarrern haben sie in der Schule, im Konfirmandenunterricht oder in der Predigt davon gehört. Sie wollen festhalten an einer für sie nicht anders denkbaren und doch nicht biblischen Taufpraxis, für die sie immer wieder neu einen biblischen Beweis suchen; gerade so wie damals Luther, als er aus der Perikope von der Kindersegnung eine protestantische Taufikone entwickelte. Das alles widerspricht jedoch dem reformatorischen Grundsatz *sola scriptura* – „allein die Schrift". Diese von den Reformatoren mit Recht geforderte Treue zur Heiligen Schrift kommt aber dort, wo es um Taufe geht, nur in der Gläubigentaufe und nicht in der Kindertaufe zur Geltung.

Weil diese Alternative so hart und eindeutig ist, fragen wir um der beunruhigten Gewissen willen noch einmal: Ist die Kindertaufe in der Bibel wirklich nicht nachweisbar? Die Antwort muß heißen: Sie ist in der Tat nicht nachweisbar. Alle Bibelstellen, die zugunsten der Kindertaufe aufgeführt werden, sprechen von etwas anderem, nämlich von einer Kindersegnung, oder bestätigen, daß keine Kindertaufen stattgefunden haben. Die Ergebnisse umfangreicher Forschungsarbeiten zeigen immer wieder dasselbe Bild: „Weder in der Bibel noch in den Taufbezeugungen der ersten ca. 200 Jahre findet sich die Säuglingstaufe irgendwo belegt."[35]

Professor Kurt Aland, der es sich in besonderer Weise zur Aufgabe gemacht hatte, dieser Frage nachzugehen, kommt zu dem Ergebnis: „Das Resultat, zu dem wir bisher gekommen sind, ist immer wieder dasselbe: Erst im 3. Jahrhundert setzen die direkten Zeugnisse der Kirchenväter für die Säuglingstaufe ein, was – am Rande bemerkt – kein Zufall sein kann. Die Zeit davor spricht lediglich von der Erwachsenentaufe und schließt die Säuglingstaufe aus."[36]

Auch in dem Standardwerk evangelischer Theologie und Religionsforschung, „Die Religion in Geschichte und Gegenwart" (RGG), wird uns nichts anderes gesagt. Hier schreibt der Theologe Erich Dinkler: „Man muß sich damit begnügen, daß die Literatur des Urchristentums über Kinder- und Säuglingstaufe schweigt und daß alle Indizien gegen eine Einführung dieser Sitte vor dem 3. Jahrhundert sprechen. Wenn in Eph. 1,13f. nacheinander das Hören, Glauben, Versiegeltwerden = Taufe, die Gabe des Geistes als Angeld genannt werden (vgl. auch z.B. 2. Kor. 1,19-22; Apg. 2,37ff.; 8,12.35ff.), so dürfte hier die theologische Sequenz des Urchristentums Ausdruck finden: Die Taufe besiegelt das immer vorausgegangene Geschenk des Glaubens an Christus. Eine Kindertaufe läßt sich nicht historisch im Neuen Testament verankern, sie muß theologisch ‚konkludiert' werden."[37]

Mit der Konklusion aber entsteht die Illusion und mit der Illusion die Religion. Die christliche Religion jedoch driftet seit Jahrhunderten immer mehr von der biblischen Quelle ab und hat es schwer, zum Ursprung zurückzufinden. Es geht nicht an, daß man sich ständig auf das biblische Wort beruft, es dann jedoch vergewaltigt, um aus Nützlichkeitsgründen einen pseudochristlichen Status zu erhalten. Früher oder später wird auch diese Illusion im Angesicht der ewigen Wahrheit zerbrechen. Die Risse im Gebäude sind bereits allzu deutlich sichtbar.[38] Bekennende pietistische Gruppen innerhalb der deutschen Landeskirchen sprechen im Blick auf die Gleichgültigkeit der Massen der christlichen Botschaft gegenüber bereits von einer „Gottesfinsternis über unserem Land".[39]

Die Ikone hat einen Sprung. Ob ihre endgültige Entfernung einen orkanartigen geistlichen Bildersturm auslösen wird oder ob ein friedlicher Übergang in der Tauffrage möglich ist, wer kann es voraussagen?

6.
„Verlaß dich nicht auf den Rohrstab!"

Im vorausgehenden Kapitel wurden zehn Theologen, Universitätsprofessoren, Bibelausleger oder Lehrer der Kirche zitiert. Aus ihrem öffentlich zugänglichen Schrifttum wurden zur Frage, ob es möglich ist, die Säuglingstaufe biblisch zu begründen, einige ihrer Aussagen, Meinungen und Stellungnahmen zu biblischen Texten oder auch die zusammenfassenden Ergebnisse ihrer theologischen Forschung, die für dieses Buch Bedeutung haben, zitiert. Es war eine gezielte Auswahl von zehn Personen. Es hätten auch genausogut zwanzig oder dreißig sein können. Das Ergebnis wäre dasselbe geblieben. Die Kindertaufe läßt sich aus dem Neuen Testament nicht belegen.

Dieses Ergebnis ist festzuhalten. Es gilt auch dann, wenn – wie wir gesehen haben – drei der zitierten Theologen meinen, die Kindertaufe historisch im Neuen Testament nachweisen zu können. Die anderen Texte allerdings haben diese Sicht widerlegt, wobei hinzugefügt werden muß, daß es sich bei den angeführten Texten nur um Testproben handelt. Eine umfangreiche Auseinandersetzung in dieser Frage füllt Bücher und schließt noch viele andere Stimmen, Forschungsergebnisse und Stellungnahmen mit ein. Was ich an diesen Beispielen zeigen konnte, war eben nur die berühmte Spitze des Eisberges.

Dabei gilt es allerdings, zweierlei zu erkennen. Das eine ist die Tatsache, daß die Tauffrage nie zur Ruhe kommen wird, solange es die unbiblische Kindertaufpraxis in der Kirche gibt. Gläubig gewordene Menschen, die anfangen, in ihrer Bibel zu lesen, und bereit sind, Jesus konsequent nachzufolgen, werden früher oder später in der Frage nach den Grundlagen ihres Glaubens immer auch auf das Taufproblem stoßen und so oder so darauf antworten. Dabei wird mitentscheidend sein, welche helfende Begleitung ihnen zuteil wird, unter welche Verkündigung sie geraten, welche Lehrer sie haben und zu welchen Einsichten sie gelangen.

Meistens wendet man sich zunächst einmal an den Pfarrer, den man kennt oder zu dem man leicht Kontakt aufnehmen kann. Jeder Pfarrer ist aber zugleich auch ein Lehrer in biblischen Dingen und wiederum beeinflußt von den Fachlehrern, bei denen er studiert und gelernt hat oder die er jetzt, im weiteren Verlauf seines Lebens und Dienstes, liest. Deren Wissen, Meinung und Urteil nimmt er für seine Lehre und Predigt in Anspruch.

Nicht jeder Pfarrer allerdings hat zu weiterführenden Studien die nötige Zeit. Auch hat nicht jeder den Überblick. Aber jeder hat die Verpflichtung, sich zu orientieren. Die dabei gewonnenen theologisch-wissenschaftlichen Ergebnisse sollte er sorgfältig am biblischen Text prüfen und von daher seine Verkündigung und kirchliche Praxis gestalten. Das heißt also: Auch der Pfarrer muß das, was er liest, durch den Filter des biblischen Textes laufen lassen und somit ernstlich am Bibelwort prüfen, bevor er seine Aussagen macht.

Niemand sollte sich verwundern, wenn er auf seine Glaubensfragen von seinem Pfarrer nicht die Antwort bekommt, die er in der Bibel gefunden hat. Ähnliches gilt allerdings auch für den Pfarrer: er erhält oft durch die, die sich Lehrer nennen und als solche von Kirche und Staat eingesetzt oder akzeptiert sind, nicht die klare, eindeutige oder richtige Antwort, die er sucht. Es wird darum immer notwendig sein, verschiedene Lehrer zu befragen und verschiedene

Bücher zu lesen – so wie man verschiedene Zeitungen, Kommentare und Fernsehsendungen vergleichen muß, um ein möglichst wahrheitsgetreues Bild von einer Sachlage zu erhalten. Wäre die Lage eindeutig und die Lehre einheitlich, brauchte dieses Buch nicht geschrieben zu werden. Dann würde es auch nicht verschiedene christliche Konfessionen und Denominationen geben und geben müssen.

Nun ist es immer wieder so, daß jedesmal, wenn ein bekannter Professor die Tauffrage im Sinne der Bibel beantwortet und damit gegen die kirchliche Kindertaufpraxis spricht, jene Theologen, die in besonderer Weise an der Kindertaufe festhalten, mit ihren Argumenten kommen und den biblisch-historischen oder theologisch-konkludierten Gegenbeweis antreten. Solches geschieht auch in unserem Jahrhundert, wo es seit Jahrzehnten in der Tauffrage hin und her geht. Zwar gibt es Zeiten längerer Ruhe, in denen man in einem Patt[1] zu stehen scheint, unfähig, einen Schritt weiter in die eine oder andere Richtung zu tun. Oder es gibt Zeiten, in denen man, wie man sagt, wichtigere Dinge zu tun hat. Aber dann ist es wieder soweit. Man wird erneut gezwungen, Stellung zu nehmen, Flagge zu zeigen, zu widersprechen oder zu bestätigen. Das ist übrigens in fast allen sogenannten Geisteswissenschaften so, zum Beispiel auch in der Psychologie, wo die Schulen und Richtungen sich ins Unendliche mehren und eine Schule auf den Trümmern der anderen aufbaut. Im Taufgespräch der letzten fünfzig Jahre nun ragen die Professoren Oskar Cullmann, Joachim Jeremias, Kurt Aland, Karl Barth und Markus Barth – der Sohn Karl Barths – heraus.

Doch nicht nur im protestantischen Lehrgespräch geht dieses Problem um. Das Limapapier der Ökumene und die Erneuerungsbewegungen in der Kirche haben, wie wir bereits in früheren Kapiteln sahen, ebenfalls die Frage nach der Taufe als Frage des christlichen Lebens und des Gemeindeaufbaus erneut stellen müssen.

Oft recht unabhängig davon aber steht mitten im Theologenstreit und in der Auseinandersetzung um den rechten Gemeindeaufbau der einzelne Christ da, der im Pluralismus unserer Zeit unter den vielen Angeboten religiöser Daseinsgestaltung Orientierung sucht. Gerade an diesem Punkt stark verunsichert, bleibt er mit seinen Fragen vielfach allein. Und das in besonderer Weise dann, wenn er seine Hilfe, wie damals der Kämmerer bei Philippus (Apostelgeschichte 8,26-39), bei den heutigen Lehrern, den Professoren oder Pfarrern, sucht. Es bleibt ihm nichts anderes, als immer wieder neu in die Bibel zu schauen, die für ihn Quelle und Nahrung geworden ist. Dabei stellt er sich, gequält davon, daß seine neuen biblischen Erkenntnisse eben nicht der Lehrmeinung und dem sakramentalen Vollzug entsprechen, die Frage des Philippus: „Verstehst du auch, was du liest?" (Apostelgeschichte 8,30). Und mitunter stellt er sich auch die andere Frage, die des Kämmerers: „Was hindert mich, getauft zu werden?" (Apostelgeschichte 8,36).

Wird er bei denen, die wir Lehrer genannt haben, die rechte Antwort erhalten? Hinter dieser erneut gestellten Frage steht ein sehr ernstzunehmendes und akutes Problem. Das beweist eine noch recht junge Veröffentlichung auf dem Büchermarkt, die den bezeichnenden Titel trägt: „Taufe. Eine biblische Betrachtung für Angefochtene."[2] Der konservative lutherische Autor dieses recht volkstümlich geschriebenen Büchleins kommt übrigens fast durchweg zu vollkommen anderen Ergebnissen als ich und steht im diametralen Gegensatz zu dem, was ich hier in diesem Buch vortrage. Es wird darum im nächsten Kapitel unter anderem zu prüfen sein, ob seine Aussagen echte Schlußfolgerungen oder nur salto mortali[3] sind, also gefährliche Kunstsprünge.

Wenn wir uns bei der Suche nach Hilfe den Theologen erneut zuwenden, werden wir oft in einer ganz bestimmten Weise von ihnen enttäuscht, auch wenn wir manches von ihnen lernen können und für ihre Arbeit dankbar sind. Unsere Enttäuschung besteht darin, daß sie offensichtlich nicht bereit sind, die Konsequenzen aus ihren eigenen Forschungsergebnissen oder Erkenntnissen zu ziehen. Ja, meistens machen sie an irgendeiner Stelle ihrer Ausführungen einen Rückzieher und bestätigen damit weiterhin das Bisherige und Traditionelle, das soeben von ihnen noch als unbiblisch erkannt und in Frage gestellt worden ist.[4] So bleiben sie im wahrsten Sinne des Wortes Theoretiker und werden manchmal sogar zu einem „Haus des Widerspruchs" (Hes. 2,5 u. a. – LÜ). Mit anderen Worten, sie bleiben letztlich theologische Konkludeure[5] mit biblischen Argumenten oder auch ohne biblische Argumente, mit in bestimmter Richtung interpretierten Bibelworten, die sich gegen die biblische Wahrheit richten. Ob auch gegen ihr Gewissen, sei dahingestellt; aber doch oft gegen ihr zuvor besseres Wissen, wie es schon bei Luther gewesen ist. Die Tradition und Institution hat damit wieder einmal über die Wahrheit gesiegt. Das ist um so bedauerlicher, als dadurch wertvolle Einsichten und Ergebnisse ihrer eigenen Forschung relativiert werden.

Für uns erhebt sich deshalb die Frage: Können wir uns auf diese Lehrer der Kirche verlassen, oder werden sie uns schließlich zum Rohrstab, wie der ägyptische Pharao dem Volk Israel zum Rohrstab wurde (2. Könige 18,21)? „Nun siehe, du vertraust auf diesen geknickten Rohrstab, auf Ägypten, der jedem, der sich auf ihn stützt, in seine Hand dringt und sie durchbohrt" (2. Könige 18,21). Was damit gemeint ist, soll im folgenden erläutert werden.

Ein leicht einsichtiges Beispiel dafür ist eine Veröffentlichung von Hermann Schuster, der uns unter anderem eine kürzere Gesamtdarstellung einer Kirchengeschichte in Kompendienform und, als Mitherausgeber und Wortführer, eine Volksbibel hinterlassen hat.[6] Dieser aus der religionsgeschichtlichen Schule kommende, aber ihr mitunter kritisch gegenüberstehende Theologe schrieb fünf Jahre vor seinem Tod in der „Sammlung gemeinverständlicher Vorträge und Schriften aus dem Gebiet der Theologie und Religionsgeschichte" über „Das Problem der Sakramente Taufe und Abendmahl."[7]

In einem ersten geschichtlichen Überblick findet er bereits sehr kritische Worte zur „Taufe der unmündigen Kinder", „die ja noch keinen eigenen Glauben haben und sich auch nicht gegen das Sakrament sperren" können, und nennt diesen „klaren Typus des katholischen Sakraments" ein Problem. Danach kommt er zur Taufe selbst, zu ihrer Entstehung, Einsetzung und Bedeutung. Er sucht bewußt den Vergleich zu ziehen zwischen den neutestamentlichen Taufaussagen, Luthers Tauflehre, die er am Schluß eine „Rekatholisierung" nennt,[8] und unseren gegenwärtigen Taufvorstellungen und Problemen. Daraus ergeben sich eine Reihe interessanter Ergebnisse, die sich zum Teil mit den Aussagen auch dieses Buches decken, so daß man geradezu auf ein Plädoyer zur Abschaffung der Kindertaufe wartet. Doch dieses kommt leider nicht. Nachdem er den „schwankenden Boden" des von Luther allein „mit seiner göttlichen Einsetzung" begründeten Sakramentes verlassen hat, bestätigt er, bevor er sich dem Abendmahl zuwendet, die Praxis der Kindertaufe ohne jede einsichtige Begründung, lediglich Luthers Taufauffassung ein wenig kritisch referierend, und sagt: „So halten wir die Kindertaufe als einen ehrwürdigen Brauch fest, der auch seinen Sinn und Segen hat, wenn dieser Taufe die christliche Erziehung folgt."[9]

Die christliche Erziehung – was auch immer er darunter versteht – ist der neue schwankende Boden, auf den sich ein Mann begibt, der es besser wissen müßte: er hofft, daß sie gewährleistet ist, denn ohne diese Erziehung hätte „die Taufe keinen wahren Sinn", wie er selbst sagt.[9] Alles, was er zu diesem Thema richtig und kritisch herausgefunden hat, scheint plötzlich vergessen. Er wagt es offensichtlich nicht, daraus Konsequenzen für sein persönliches Leben und den Weg der Kirche zu ziehen. Im Gegenteil, er erwähnt stolz, daß er als Universitätstheologe „selber nicht ganz selten

Kinder" in Vertretung für die „erkrankten und beurlaubten Pfarrer" getauft habe.

Bevor wir uns anderen Professoren und Lehrern zuwenden, sollen uns einige Beispiele aus Schusters Schrift vorgestellt werden. So weiß er zum Beispiel mit seinem Lehrer und Freund Wilhelm Heitmüller, „daß Paulus den Glauben beim Taufakt als vorhanden voraussetzte. Nur wer glaubte, ließ sich taufen. Und Kindertaufe gab es noch nicht."[10] Und zu 1. Korinther 7,10ff. erläutert er unter anderem: „Aus dieser Stelle geht, nebenbei bemerkt, deutlich hervor, daß Paulus keine Kindertaufe kannte. Für uns ist jetzt bedeutsam die Auffassung des Apostels, daß Kinder aus christlichen Ehen ‚heilig' sind, d.h. sie sind dem Herrn Christus geweiht und nicht etwa der Gewalt der Dämonen."[11] Und das also ohne Taufe, einfach durch die Tatsache, daß sie im Segensbereich des Reiches Gottes bzw. der Herrschaft Christi leben, solange sie unmündige Kinder in einem christlichen Elternhaus sind. Denn auch Schuster weiß sehr wohl, daß Taufe ein Herrschaftswechsel ist, der allein auf Grund eines „bewußten" Glaubens vollzogen wird. „Die Taufe bedeutet für den Apostel einen tiefen Einschnitt im Leben des Menschen, der durch die Taufe in den Kreis der christlichen Gemeinde aufgenommen wird. Der Getaufte ist ein Mensch, der jetzt in Christus ist, d.h. in seiner Gemeinschaft und in seinem Schutze. Er ist auch ein Mensch des Christus, ein Mensch, der dem Christus gehört, in seinem Dienst und Gehorsam steht."[12]

Daß dies offensichtlich im Widerspruch zu der evangelischen Kindertaufpraxis steht, ist Schuster ebenfalls bewußt. So fragt er: „Das Sakrament soll ja nach Luthers Grundüberzeugung den Glauben des Empfängers voraussetzen. Wie steht es aber bei der Kindertaufe mit dem Glauben der Empfänger?"[13] Er zieht diese Linie noch ein wenig aus, aber – wie bereits gesagt – ohne Konsequenzen, denn er referiert ja nur. Bis auf den Entschluß, die „Kindertaufe als einen ehrwürdigen Brauch" beizubehalten, scheint alles bei ihm nur theoretische Darbietung zu sein.

Dabei schont er, selber Lutheraner, Luther durchaus nicht. Er sagt: „Nun ist es lehrreich, an Luthers Tauflehre ein allgemeines religionspsychologisches Gesetz zu beobachten. Nicht selten wird aus einem nicht klar bewußten Gefühlsgrunde eine heilige Handlung eingeführt oder auch festgehalten, und hinterher erst bemüht sich die theologische Reflexion, den genauen Sinn der Gnadenwirkung dieser Handlung zu erkennen und zu beschreiben." Und: „Ähnlich steht es auch mit Luthers Lehre von der Taufe der unmündigen Kinder. Es ist ihm niemals gelungen, eine überzeugende theologische Rechtfertigung zu finden."[14]

Schuster findet sie auch nicht. Nehmen wir dieses Wort als seinen Offenbarungseid. Und das, obwohl er auf manches hinweist, das für das neutestamentliche Taufverständnis – dem wir ja alle so fern gerückt sind – wichtig ist. Zum Beispiel, wenn er sagt: „Bei dieser Auslegung bedachte man nicht, daß die Taufe damals nicht wie heute durch einfache Benetzung des Hauptes vollzogen wurde, sondern daß sie als wirkliches Untertauchen des ganzen Menschen in Wasser, möglichst in fließendem Wasser, vollzogen wurde."[15]

Nun ist Schuster kein Einzelfall. Wie wenig Mut zu Konsequenzen in Fragen der Taufreformation trotz aller Lutherkritik und wiedergewonnenen neutestamentlichen Erkenntnisse vorhanden ist, zeigt uns folgendes Beispiel. Kurz nach dem Krieg hielt Professor D. Günther Dehn, Bonn, einen Vortrag über „Die Taufe als Gegenwartsproblem kirchlicher Praxis". Nachdem er die ganze Unmöglichkeit kirchlicher Säuglingstaufpraxis nachgewiesen und sogar vom „Fluch der Taufe" und vom „Verschleudern des Sakramentes" gesprochen hatte, sagte er: „Aber was soll nun geschehen? Ich vermag darauf keine Antwort zu geben. Die Dinge sind noch nicht spruchreif. ...Vielleicht löst die Zeit die schwere Frage, wenn nämlich die Scheidung zwischen Christen und Nichtchristen immer deutlicher wird und die Volkskirche von selbst, sozusagen an Altersschwäche, zu Grunde geht."[16]

Was wir hier vor uns haben, ist nicht nur die Tatsache, daß man Wahrheiten erkennt, aber aus pragmatischen Gründen nicht wagt, Konsequenzen daraus zu ziehen. Was wir hier vor uns haben, ist leider auch Mutlosigkeit und Resignation. Dieser Resignation begegnen wir ebenfalls bei Schuster, der am Ende seiner Broschüre schreibt: „Das große Schleiermacherwort ‚Die Reformation geht weiter' hatte man nicht begriffen."[17]

Einer, der nicht resigniert und auf seine Weise die Entsakralisierung der Kirche durch theologische Arbeit betreibt und zu den bedeutendsten Tauftheologen der Gegenwart gehört, ist Markus Barth, der Sohn von Karl Barth. Aber auch er enttäuscht schließlich diejenigen, die von ihm Hilfe aus der Sackgasse der Kindertaufpraxis erwarten, auch wenn er eindeutig nachweist, daß diese Praxis nicht neutestamentlich ist. Letzteres ist übrigens der Grund, warum ich ihn „Tauftheologe" genannt habe. Dies ist ein Titel, den er vermutlich zurückweisen würde, weil es sein theologisches Schaffen zu einseitig darstellt. Aber seine leider nicht mehr neu aufgelegte und nur über Bibliotheken erreichbare umfangreiche Untersuchung über alle neutestamentlichen Taufstellen darf bis heute als nicht überholtes Standardwerk zur Tauffrage gelten.[18] Sein Vater Karl Barth hat, wie er selbst im Vorwort zu seiner Tauflehre schreibt, Grundlegendes aus der Arbeit seines Sohnes gelernt und vieles von dem dort Nachgewiesenen aufgenommen und, wie man deutlich erkennt, in seine Dogmatik einfließen lassen.[19]

Worin besteht nun unsere Enttäuschung über den so sehr geschätzten Markus Barth? Ganz einfach darin, daß auch er die weitere Praktizierung der Säuglingstaufe zugesteht und sie darüber hinaus noch mit einer der üblichen Konklusionen biblisch begründen zu können meint. Und damit erhält er trotz schärfster Kritik den Kinder taufenden Kirchen ein gutes Gewissen. Es sollte sich darum niemand, der sich für die Abschaffung der Kindertaufe einsetzt, allzu sehr oder nur allein auf Karl oder Markus Barth berufen. Es wird ihm sofort entgegengehalten werden, daß beide, Vater und Sohn, zwar die Kindertaufe als eine „tief unordentliche" Taufe kritisiert hätten, die dem „obstinaten" Widerstand gegen Gottes heilige Ordnung Raum gibt. Doch hätten beide eine Wiedertaufe abgelehnt und die Kindertaufe als nicht mehr rückgängig zu machende Taufe akzeptiert, weil „die Christen vorläufig gewöhnlich immer noch schon in ihrem Säuglingsalter getaufte Menschen sind: ihre Taufe ist wohl in einer äußerst bedenklichen und fraglichen, weil unordentlichen, aber damit doch nicht einfach ungültigen Weise vollzogen worden."[20] Und das heißt letzten Endes: Kindertaufe ist gültig. Ich habe hier Karl Barth, den Vater, zitiert, der mit dieser Aussage für eine Tauferneuerung nur einen Weg offen läßt, nämlich den, daß Eltern ihre Kinder nicht mehr zur Taufe bringen. Denn nach diesem einen Satz, der ganze Teile seines Taufwerkes in Frage stellt, wird kaum eine Kirche von sich aus die Verpflichtung erkennen, die von Barth immerhin geforderte Abschaffung der Kindertaufe durchzuführen. Was und wie es sein Sohn sagt, werden wir gleich sehen.

Zuvor aber müssen wir noch etwas anderes erkennen, nämlich, daß Kritisieren im Rahmen des theologischen Dialogs zwar durchaus löblich, üblich und gewünscht ist. Die Tempelreinigung darf durchaus verbal geschehen. Sie darf sogar gewollt sein – sie darf nur nicht wirklich vollzogen werden. Es könnte ja das ganze, bereits wackelnde Kirchengebäude einstürzen. Und so darf auch hier letzten Endes nicht sein, was nicht sein darf. Ein es durchaus ehrlich meinender Theologe wie Markus Barth wird, ohne sich dessen vielleicht bewußt zu sein, damit ebenfalls zum Handlanger einer Tradition, die nun wiederum für eine weitere Zeit festgeschrieben wird und anscheinend nicht aus den Angeln zu heben ist. Auf jeden Fall so lange nicht aus den Angeln zu heben ist, wie man die besten Zeugen für die Fortsetzung der Kindertaufpraxis hat und als Alibi benutzen kann, was man in den Kirchen auch fleißig tut. Diese Situation ist von den Theologen zu verantworten. Sie sollten sich ihrer Aussagen und ihres Einflusses auf kirchliche Beschlüsse bewußter werden. Wenn Karl Barth sagt: „Die Theologie kann und darf die Kirche nur beraten"[21], dann gilt es eben, zu beobachten, welche Schlüsse die Kirche aus diesen Beratungen tatsächlich zieht. Gerade unter diesen Umständen muß die ethische Verantwortung der Theologen für die Zukunft der Kirchen zum Tragen kommen. Dietrich Bonhoeffer hat in einem anderen Zusammenhang diese Verpflichtung einmal mit dem Hinweis auf ein Jesus-Wort, das nicht im neutestamentlichen Kanon enthalten ist, deutlich gemacht: „Selig bist du, wenn du weißt, was du tust."[22]

Schauen wir uns den Fall Markus Barth näher an. Nachdem 1951 sein aufsehenerregendes Buch[23] erschienen war, begann die erste Runde des Taufgesprächs. 1958 erschien dann Joachim Jeremias' Veröffentlichung[24], 1961 Kurt Alands Gegenveröffentlichung[25] und 1967 Karl Barths Taufdogmatik[26]. Damit war die zweite Gesprächsrunde angelaufen. Aus dieser Zeit der großen theologischen Taufgespräche stammt auch der 1969 herausgekommene Symposionband von Dieter Schellong unter dem Titel „Warum Christen ihre Kinder nicht mehr taufen lassen". Er enthält Beiträge von Dieter Schellong, Heinold Fast, Wilhelm Wilkens, Markus Barth, Jürgen Fangmeier und Rüdiger Bremme. Dieses Büchlein wird genauso wie Markus Barths Taufbuch von den Besitzern wie ein Schatz gehütet und ist im Buchhandel längst nicht mehr erhältlich. Markus Barth war zu dieser Zeit Professor für Neues Testament am Pittsburgh Theological Seminary. Sein Beitrag in diesem Buch trägt die Überschrift: „Sieben Sätze zur Taufe nach dem Neuen Testament". Für den siebten Satz – nomen est omen[27], sieben ist schließlich in der Bibel die heilige Zahl der Vollkommenheit – sind einige „Feststellungen zur Kindertaufe"

(S. 74) angekündigt. Tatsächlich spricht er dort jedoch über die Taufe als „Ordination zum Verkündigungsamt" und beruft sich dabei auf Galater 3,27. Er überträgt die Aussage vom Anziehen des Christus bei der Taufe auf die Bekleidung mit einer Amtstoga zum Zeichen der Übernahme von Amtsvollmacht und meint, Paulus habe hier die Einsetzung des Hohenpriesters als Bild übernommen. Weil es hier nun um den Hohenpriester und Gesalbten bzw. Christus oder Messias Jesus geht, hätten die auf seinen Namen Getauften, die nach Galater 3,27 Christus angezogen haben, „Anteil am Amt des Gesalbten Gottes" (S. 103). So weit, so gut. Der ungeduldige Leser wartet natürlich auf die angekündigte Stellungnahme zur Kindertaufe, denn um deretwillen wurde der Aufsatzband mit dem provokativen Titel schließlich herausgegeben. Und in der Tat, das Versprechen wird eingehalten. Auf Seite 106 beginnend, lesen wir zunächst:

„Zum Schluß blicken wir auf das leidvolle Thema der Kindertaufe. Es ist klar, daß nach allem Gesagten die Diskussion und erst recht die Forderung oder Bejahung der Taufe von kleinen Kindern dem Neuen Testament fremd ist." Und nun kommt es Schlag auf Schlag. Erste These: Die Kindertaufe ist „ein Akt des Mißtrauens gegenüber Gott und den Menschen", denn sie greift der „Freiheit Gottes und deshalb auch der Freiheit des Menschen vor. ... Der Freiheit Gottes, weil sie seine überströmende Gnade manipulieren statt getrost abwarten will. Der Freiheit des Menschen, weil sie ihn der Organisation der Kirche einverleibt, ehe er selbst durch den Heiligen Geist und im Glauben zum Eintritt in die Kirche bewegt worden ist."

Zweite These: „Indem die Kindertaufe ein unangemessener Vollzug einer von Gott gegebenen Anordnung ist, widerspricht sie dem Wesen der Taufe ebenso sehr wie ihrer Ordnung." Der evangelische Taufgesinnte ist zufrieden mit diesen Thesen und freut sich schon – leider zu früh – auf die nächste These.

These drei: „Es gibt keine Möglichkeit, die Gültigkeit

der Kindertaufe entweder zu beweisen oder in Abrede zu stellen."

Bitte lesen Sie diesen Satz zwei- oder dreimal langsam durch. Es geht hier nicht um eine biblische Begründung oder Verwerfung der Kindertaufe, nicht darum, ob sie im Neuen Testament zu finden ist oder nicht, sondern allein um die Gültigkeit einer Taufe, die an einem Kind vollzogen worden ist. Und diese Gültigkeit kann nach Markus Barth weder bewiesen noch in Abrede gestellt werden.

Die Begründung dafür wird in der nächsten These gegeben. Sie beginnt mit den Worten: „Die Taufe ist ein Gebet." Damit beruft Markus Barth sich auf Satz zwei (S. 79) seiner sieben Sätze und auf seine Deutung von 1. Petrus 3,21. 1. Petrus 3,21 ist im Neuen Testament nicht nur die letzte Bibelstelle über die Taufe. Sie scheint sowohl für Vater Barth als auch für Sohn Barth so wichtig zu sein, daß beide ihre großen Taufbücher mit dieser Bibelstelle abschließen.

Das Ärgerliche ist nur, daß offen bleibt, wer dieses Gebet spricht, über dessen Erhörung – wie Markus Barth anführt – niemand entscheiden darf. Es geht dabei um die Frage, ob Gott dieses Gebet – von wem auch immer gesprochen, vom Täufling oder den Eltern – annimmt oder nicht, weshalb jede „juristische Kategorie der Gültigkeit in Sachen Taufe unangebracht" ist. So sagt er wörtlich in These drei: „Gott allein – nicht aber ein theologisches oder kirchenrechtliches Urteil – entscheidet darüber, ob ein Gebet erhört und das Bekenntnis der taufenden oder getauften Kinder Gottes angenommen wird."

Nun nützt es dem einfältigen Bibelleser gar nichts, darauf hinzuweisen, daß jene, die in 1. Petrus 3,21 den Namen des Herrn anrufen und bekennen und in der Taufe ihre Rettung finden wollen (vgl. Apostelgeschichte 2,21) oder bereits gefunden haben, erwachsene Menschen sein müssen. Und zwar an Gott glaubende und auf Gott hoffende Menschen, bußfertige, sich Jesus Christus ganz zuwendende und übergebende Menschen. Solches aber kann von unmündigen

Kindern und von Säuglingen nicht gesagt werden. Auch ist hier nicht von einem stellvertretenden Gebet die Rede, zumal dies sowieso die einzige Stelle im Neuen Testament ist, die die Taufe als Gebet benennt.

Markus Barth weiß das natürlich alles und läßt in seinen Ausführungen zum Thema „Taufe ein Gebet" im vorangegangenen Satz 2 (S. 79-86) kaum eine andere Deutung zu, wenn er zum Beispiel sagt: „Die Taufe ist ein Lob Gottes in der Form eines Gebetes von bußfertigen Menschen." Und nun – ist das alles wiederum vergessen, oder war es vielleicht doch schon mit gedacht? Wir erleben hier das Musterbeispiel einer vom biblischen Wort her kommenden und doch zugleich vom biblischen Wort wegdriftenden theologischen Schlußfolgerung oder biblischen Fehl-Konklusion. Sie wird durch gedankliche Engführung fast zu einer Dogmatisierung einer nach biblischem Maßstab nicht ordentlichen kirchlichen Handlung. Dabei kann jedoch nur auf biblischer Ebene nachgewiesen werden, daß die Schlußfolgerung als Fehlkonklusion zu bezeichnen ist, nicht auf philosophischer oder theologisch-dogmatischer Ebene. Wir können daher bestenfalls von einer Fehlexegese sprechen, der eine andere Interpretation gegenübergestellt werden muß. So reiht sich Markus Barth leider auch in die Reihe der Konkludeure ein.

Der Weg zu seiner abschließenden These wird bei ihm durch folgende Schlußfolgerungen gebahnt:
▷ Die Gültigkeit der Kindertaufe kann nicht bewiesen werden.
▷ Die Gültigkeit der Kindertaufe kann aber auch nicht in Abrede gestellt werden.
▷ Die Taufe selbst ist nach 1. Petrus 3,21 ein Gebet.
▷ Gott allein entscheidet darüber, ob er ein Gebet erhört oder nicht.
▷ Dabei läßt Barth offen, wessen Gebet gemeint ist,
　– entweder das Gebet der taufenden Kinder Gottes
　– oder das Gebet der jetzt zu taufenden Kinder Gottes.

Das aber heißt: es bleibt offen, ob es das Gebet des Menschen ist, der jetzt getauft wird, oder das Gebet des Taufenden, also des Pfarrers, oder das Gebet derer, die den Menschen zur Taufe bringen, also der Eltern und Paten, oder ob es das Gebet der ganzen Gemeinde ist.

Seine Schlußfolgerung, eine – wie gesagt – typisch theologische Schlußfolgerung, lautet: „Darum darf und muß die Kindertaufe – da wir sie nun einmal vorfinden und sie nicht nur in der Kirchenordnung, sondern auch im Bewußtsein der Menschen verankert ist – als ein Akt der Fürbitte verstanden und vollzogen werden. Nur als solchen könnte man die Kindertaufe auch verteidigen" (S. 107).

Wir sind enttäuscht. Mit aller theologischen Redlichkeit war Barth zunächst davon ausgegangen, „Gott Gott sein zu lassen". Er hatte zugegeben, daß wir Gott mit der Kindertaufe ins Handwerk pfuschen und ihn eben nicht in der Weise Gott sein lassen, wie er es will und in Sachen Taufe in der Bibel gezeigt und offenbart hat. Diese Inkonsequenz nun macht uns betroffen.

Sie macht uns so sehr betroffen, daß wir als mündige Menschen auf Grund unserer biblischen Erkenntnis nicht mehr bereit sind, uns auf den „geknickten Rohrstab" der Theologie zu verlassen (2. Könige 8,21; Jesaja 36,5; Hesekiel 29,6.7).

Schilfrohr hat eben nur eine relative Festigkeit. Es ist ein „schwankend Rohr" im Wind. Es versagt dann, wenn es festen Halt geben soll. Es wird in diesen Bibelstellen zudem als „geknickt" bezeichnet. Wir kennen den volkstümlichen Ausdruck vom „Knick in der Pupille". Das heißt etwas gebrochen und nicht mehr in gerader Linie sehen, weil der Sehstrahl aus der Richtung geraten ist. Der Vergleich mit der Theologie und ihrer Optik in Sachen Taufe legt sich uns bei diesen Beispielen nahe.

In den obengenannten Bibelstellen des Alten Testamentes geht es ferner um das Vertrauen zu einem Partner, der enttäuscht, ja, der uns sogar verletzend durchbohrt. Wodurch enttäuscht er? Jesaja sagt, durch ein Wort. Theologie hat durch Folgerungen Worte, viele Worte und Sätze aufgebaut. Das ganze Haus der Kindertauflehre ist auf wohlklingenden Worten gebaut. Aber es ist ein Gebäude ohne Fundament (vgl. Matthäus 7,24-27).

Auch Markus Barth kann der Kindertaufe, die er einerseits als unbiblisch verneint und andererseits doch als möglich gelten läßt, nicht das gewünschte Fundament geben. Seine Argumente sind eben auch nur ein „geknickter Rohrstab", der auf schwankendem Boden eine trügerische Sicherheit verspricht. Darum muß er seine Thesen zugunsten der Kindertaufe relativieren und zeitlich begrenzen. Er muß verschiedene Einschränkungen vornehmen, die ich hier nicht mehr zitieren will, um im vorletzten Satz sagen zu können: „Deshalb muß – bis endlich die Kirche ihren Irrweg erkennt und in aller Form eine bessere Tauforndung einführt – in jedem konkreten Fall eine eigene Entscheidung gesucht werden, die der Verherrlichung Jesu Christi vor Israel und vor der Welt in bemerkenswerter und allgemeinverständlicher Weise dient" (S. 107).

So schön das klingt – und auch, wenn diese Worte einen ganz kleinen Schritt weiter gehen als die Aussagen Dehns –: eine Korrektur des geknickten Wortstrahles ist es nicht, höchstens ein Eingeständnis, daß die Säuglingstaufe eben doch nicht korrekt ist, wenn auch nach wie vor machbar. Aber wozu ist der *homo faber religiosus* nicht fähig?

Es genügt nicht, sich in frommen Zirkeln zusammenzutun und nur zu sagen: „Wir aber besitzen um so fester das prophetische Wort", in diesem Fall das prophetische Wort von der Taufe. Es muß hinausgerufen werden in die Gemeinde und Kirche zu allen Zeiten: „... und ihr tut gut daran, darauf zu achten" (2. Petrus 1,19). Haben wir nicht von einer Taufreformation gesprochen, da die Kirche sich als eine *ecclesia semper reformanda*[28] sieht? Und nun haben wir festgestellt, daß die Wissenden zu einer konsequenten Reformation nicht bereit sind, oder, wenn sie schon innerlich bereit sind, dann doch nicht als Führer in dem Maß vorangehen, wie es von den Lehrern der Kirche erwartet werden muß. Da stehen zu viele theologische Hintertürchen offen! Wer gibt diesen Lehrern, wer gibt uns den Befehl und sagt, was einst Hiskia zu den Priestern und Leviten sagte: „Heiligt euch nun und heiligt das Haus des HERRN, des Gottes eurer Väter, und schafft die Befleckung, das Abscheuliche, den Unrat aus dem Heiligtum! Denn unsere Väter haben treulos gehandelt und getan, was böse ist in den Augen des HERRN" (2. Chronik 29,5.6).

Ich bitte Sie, liebe Leser, alles das richtig zu verstehen. Es geht hier nicht um Theologenschelte. Es geht auch nicht um Schuldzuschiebung. Und erst recht nicht um Anhäufung von Negativbeispielen, auch wenn es solche leider übergenug gibt. So könnte ich in derselben Form der Beweisführung fortfahren und aufzeigen, daß Professor Kurt Aland in seinem so wichtigen Buch über die „Säuglingstaufe im Neuen Testament und in der alten Kirche"[29] klare Aussagen dazu macht, daß die Kindertaufe neutestamentlich nicht nachweisbar ist, und schließlich doch mit ähnlichen Argumenten wie Schuster und unter Berufung auf Luther in der Tradition der Kinder taufenden Kirche bleibt und damit ebenfalls enttäuscht. Oder ich könnte dasselbe bei Gerhard Barth (nicht zu verwechseln mit Karl oder Markus Barth!) darlegen und sein enttäuschendes Schlußwort zitieren.[30] Aber alles das hilft uns keinen Schritt weiter. Der mündig gewordene Christ wird auf Grund seiner biblischen Erkenntnis seine ganz persönliche Entscheidung, unabhängig von theologischen oder gesellschaftlichen Einflüssen und ohne Rücksichtnahme, zu treffen und öffentlich zu bezeugen haben, denn Taufe ist nicht zuletzt ein öffentliches Bekenntnis. Er wird sich daraufhin mit Gleichgesinnten zusammenschließen, wie es schon Luther prophetisch in seinen Ausführungen zur Deutschen Messe geschaut hat. Nur so ist zu hoffen, daß sich langsam etwas in der Kirche bewegt. Vielleicht zunächst noch ganz zaghaft und unter Leiden und Tränen. Aber es darf nicht im Winkel, oder, wie man heute sagt, im Untergrund geschehen. Der Diskussion muß standgehalten werden. Dabei muß der Dialog in Liebe geführt, den Andersdenkenden offen begegnet werden.

Eines haben wir in diesem Kapitel auf jeden Fall gesehen. Wer sich einseitig und unkritisch auf den Rat der Lehrer der Kirche stützt, stützt sich auf einen Rohrstab. Es gilt, das Wort der Theologen am biblischen Wort zu wägen und zu messen. „Prüfet alles, und das Gute behaltet" (1. Thessalonicher 5,21). Ein blindes Vertrauen auf die Wortführer kann uns lähmen. Die alles erwägende Weisheit der Menschen baut im Namen der Freiheit oft Barrieren, die zu Gefängnismauern werden können und höchstens denen nützen, die aus Angst vor jeder Veränderung zu Feinden der Wahrheit geworden sind.

Zu diesen theologischen Barrieren gehört auch die folgende Aussage von Markus Barth, die dem bereits zitierten vorletzten Satz vorausgeht, und schlechthin das Beweisstück für das Verbleiben im status quo[31] ist: „Die Entscheidung, ob die Kindertaufpraxis beizubehalten oder aufzuheben oder von Fall zu Fall zu durchbrechen sei, kann nicht gesetzlich aus einem historischen oder enthusiastisch aus einem geistlichen Gebrauch oder Verständnis der Bibel abgeleitet werden" (S. 107).

Unser Einwand darauf: Wer das Wort Gottes liest und dem Ruf Gottes gehorsam wird, braucht nichts abzuleiten. Er wird geleitet. Zugleich stellen wir eine Rückfrage an Markus Barth: Wie können wir die Bibel als Wort Gottes an uns anders gebrauchen und verstehen als geistlich? Das aber heißt immer: durch den Heiligen Geist, der uns auch befähigt, diesem Wort gehorsam zu sein. Dazu einige Stimmen:

„Und so besitzen wir das prophetische Wort um so fester, und ihr tut gut, darauf zu achten als auf eine Lampe, die an einem dunklen Ort leuchtet, bis der Tag anbricht und der Morgenstern in euren Herzen aufgeht, indem ihr dies zuerst wißt, daß keine Weissagung der Schrift aus eigener Deutung geschieht. Denn niemals wurde eine Weissagung durch den Willen eines Menschen hervorgebracht, sondern von Gott her redeten Menschen, getrieben vom Heiligen Geist" (2. Petrus 1,19-21).

„Diese aber waren edler als die in Thessalonich; sie nahmen mit aller Bereitwilligkeit das Wort auf und untersuchten täglich die Schriften, ob dies sich so verhielte. Viele nun von ihnen glaubten, und von den griechischen vornehmen Frauen und Männern nicht wenige" (Apostelgeschichte 17,11-12).

„Ich glaube, daß ich nicht aus eigener Vernunft noch Kraft an Jesus Christus, meinen Herrn, glauben oder zu ihm kommen kann; sondern der Heilige Geist hat mich durch das Evangelium berufen, mit seinen Gaben erleuchtet, im rechten Glauben geheiligt und erhalten" (Martin Luther, Kleiner Katechismus, 3. Artikel).

Um nun das Fragwürdige an Markus Barths Bibelauslegung von 1. Petrus 3,21 deutlich zu machen, müssen wir dieses Bibelwort genau untersuchen. Wir müssen fragen: Was steht dort geschrieben? Und: Können diese Worte wirklich dazu gebraucht werden, die Kindertaufe als gültig zu erklären?

Es gibt im Neuen Testament kaum einen weiteren Tauftext, der so schwer zu deuten ist und darum von den Auslegern so verschieden interpretiert wird wie dieser. Dabei dürfen wir nicht vergessen, daß er ja nicht für sich allein steht, sondern von weiteren Worten umgeben ist, die zu ihm hinleiten und ihn fortsetzen. Wir müssen also immer auch die Verse 18-22 im Auge behalten.

Luther gibt seine Schwierigkeiten offen zu. Zu Vers 19 sagt er zum Beispiel: „Das ist ein wunderlicher Text und ein finsterer Spruch, so nur einer im Neuen Testament ist, daß ich nicht genau weiß, was St. Peter gemeint hat."[32]

Dennoch ist es gerade Martin Luther, der in Vers 21 eines der schwierigen Worte – ein Wort, das im Neuen Testament nur einmal vorkommt und vor dem, wie wir noch sehen werden, moderne Theologen kapitulieren möchten – mit Bravour[33] übersetzt und meines Erachtens richtig deutet. Es handelt sich um das meistens mit „Bitte" übersetzte griechische Wort *eperotaema,* das er mit „Bund" wiedergibt.[34] Wir werden auf dieses Problem noch zurückkommen.

Zunächst einmal der Text selbst, und zwar so, wie wir ihn mit einem Teil von Vers 20 in verschiedenen Übersetzungen finden.

Luther-Bibel (1914): „... zu den Zeiten Noahs, da man die Arche zurüstete, in welcher wenige, das ist acht Seelen, gerettet wurden durchs Wasser; welches nun auch uns selig macht in der Taufe, die durch jenes bedeutet ist, nicht das Abtun des Unflats am Fleisch, sondern der Bund eines guten Gewissens mit Gott, durch die Auferstehung Jesu Christi."

Luther-Bibel (NT 1975): „... als man die Arche baute. In ihr wurden nur wenig, nämlich acht Seelen, durchs Wasser gerettet. Was diesen widerfahren ist, das geschieht nun in der Taufe zu eurer Rettung. Denn in der Taufe wird ja nicht der Schmutz vom Körper abgewaschen, sondern in ihr bitten wir Gott, uns ein reines Gewissen zu schenken ..."

Luther-Bibel (1984): „... als man die Arche baute, in der wenige, nämlich acht Seelen, gerettet wurden durchs Wasser hindurch. Das ist ein Vorbild der Taufe, die jetzt auch euch rettet. Denn in ihr wird nicht der Schmutz vom Leib abgewaschen, sondern wir bitten Gott um ein gutes Gewissen durch die Auferstehung Jesu Christi .."

Elberfelder Bibel (48. Auflage 1968): „... während die Arche zugerichtet wurde, in welcher wenige, das ist acht Seelen, durch Wasser gerettet wurden, welches Gegenbild auch euch jetzt errettet, das ist die Taufe, nicht ein Ablegen der Unreinigkeit des Fleisches, sondern das Begehren eines guten Gewissens vor Gott ..."

Revidierte Elberfelder Bibel 1985 (NT 1974): „... während die Arche gebaut wurde, in die wenige, das sind acht

Seelen, durchs Wasser hindurch gerettet wurden. Das Gegenbild (dazu) errettet jetzt auch euch, (das ist) die Taufe – nicht ein Ablegen der Unreinigkeit des Fleisches, sondern die Bitte an Gott um ein gutes Gewissen –, durch die Auferstehung Jesu Christi."

Zürcher Bibel (1931): „... durchs Wasser hindurch gerettet wurden, das jetzt im Gegenbild auch euch rettet, die Taufe. (Sie ist ja) nicht ein Abtun des Fleisches, sondern eine Bitte an Gott um ein gutes Gewissen ..."

Ich beschränke mich auf diese in der evangelischen Christenheit hauptsächlich benutzten Bibelübersetzungen, deren Bemühungen um einen genauen Text auch für Laien deutlich erkennbar ist. Ein Beispiel für die angestrebte Texttreue: Wenn früher sowohl in der Lutherbibel als auch in der Elberfelder Bibel zu lesen war, Noah und seine Familie wurden „durchs Wasser gerettet", dann ist darunter etwas anderes zu verstehen, als die neue und dem griechischen Originaltext mehr entsprechende Übersetzung „durch das Wasser hindurch" wiedergibt. Nun nämlich wird deutlich, daß nicht das Wasser rettet, sondern daß man durch die tödliche und vernichtende Chaosmacht Wasser hindurch an einen bergenden Ort gerettet wird, in diesem Fall in die Arche. Daraus ergibt sich natürlich auch für die Taufe als Gegenbild zu diesem Vorbild eine andere Deutung. Dies nur als Beispiel und Hinweis, denn ich will der Einzeldarstellung des Textes nicht allzusehr vorgreifen. An diesem Beispiel zeigt sich jedoch bereits, wie wichtig es ist, auf jedes Wort zu achten, denn das zweimalige „durch" (gr. *dia*) in der Wendung „durch das Wasser hindurch" steht ja nicht ohne Grund dort geschrieben. Wenn wir also die biblischen Texte als das durch den Heiligen Geist inspirierte Wort Gottes verstehen, gilt es, den besten Text, und das heißt die genaueste Übersetzung, zu suchen. Die Übersetzung nämlich, die den Urtext in unserer Sprache so wiedergibt, daß der Inhalt des göttlichen Wortes klar und deutlich wird.

Dies kann durchaus in moderner Sprachgestalt geschehen, wenn sie sich vom Inhalt des griechischen Urtextes nicht entfernt und ihn nicht verfälscht. Ein gutes Beispiel zu dieser Bibelstelle ist Jörg Zinks „Übertragung" des Neuen Testamentes. Er gibt keine wörtliche Übersetzung, aber überträgt den Sinngehalt durchaus richtig, wenn er sagt: „Damals durfte Noah sein Schiff bauen, damit wenigstens acht Menschen aus dem Wasser gerettet würden. Etwas Ähnliches ist mit euch geschehen. Als ihr in der Taufe aus dem Wasser gehoben wurdet, habt ihr das Gegenbild jener Rettung erlebt."35

Obwohl in Süddeutschland der volkstümliche Ausdruck „aus der Taufe heben" für die Säuglingstaufe gebraucht wird, ist bei Jörg Zinks Textübertragung natürlich nicht an eine Kindertaufe zu denken. Daß die Getauften „aus dem Wasser gehoben" werden, ist wörtlich und als sinnhaftes Zeichen der Rettung aus dem Wasser heraus zu verstehen. Der Ausdruck „aus der Taufe heben" ist im Blick auf eine Säuglingsbesprengung sowieso falsch. Diese Worte können allein auf eine durch Untertauchen vollzogene Glaubenstaufe angewandt werden. In ihr wird der Mensch ins Wasser getaucht – wobei er einen symbolischen Prozeß des Ertränkens oder Ersäufens, wie Luther sagt, oder der Beerdigung, wie Paulus sagt, erlebt. Anschließend wird er vom Täufer wieder aus dem Wasser herausgehoben und erfährt dabei eine symbolische und doch auch reale, körperlich wahrnehmbare Rettung aus der verderblichen Chaosmacht Wasser, die ihm nicht zuletzt durch dieses Erlebnis deutlich macht, was Rettung ist.

Eine ebenso treffende Übertragung zu einem anderen Teil unseres Textes finden wir im EKK-Bibel-Kommentar36. Dort lesen wir in der Übertragung von Norbert Brox: „... rettet euch jetzt im Gegenbild als Taufe, die keine Beseitigung von Schmutz am Körper ist, sondern die Zusage fester Bindung gegenüber Gott ..." Die Wendung „die Zusage fester Bindung gegenüber Gott" ist natürlich keine wörtliche Übersetzung mehr, gibt aber inhaltlich recht gut wieder, worum es hier geht, und kommt der alten Lutherübersetzung „Bund eines guten Gewissens" sehr nah. Hier erkennen wir wiederum, daß dieser Text vom Bund keine Kindertaufe meinen kann. Denn die „Zusage" einer „festen Bindung", die auch als Bundesschluß oder Kontrakt bezeichnet werden kann – und darauf zielt das griechische Wort tatsächlich, weshalb die Übersetzung mit „Bitte" oder „Gebet" ihm nicht gerecht wird – kann nur von einem glaubenden Menschen gegeben werden. Säuglinge und unmündige Kinder sind dazu nicht fähig.

Ohne an dieser Stelle auf weitere Einzelheiten zur Deutung dieses Wortes einzugehen – das soll später geschehen – soll zunächst die Botschaft des Textes als Ganzes dargestellt werden. Dabei geht es zentral um Vers 21, der von Vers 20 aus gedeutet und in den Rahmen der Verse 18 und 19 sowie 22 hineingestellt werden muß. Dieser ganze Abschnitt nämlich bildet eine Einheit, die wiederum in den gesamten Verkündigungszusammenhang des 1. Petrusbriefes einzuordnen ist. Zudem muß diese Botschaft, soweit es sich um die Taufaussage selbst handelt, in den Gesamtzusammenhang aller neutestamentlichen Tauftexte gestellt werden, die im Grunde genommen mit verschiedenen Worten ähnliches oder dasselbe in großer Harmonie sagen.

Um zugleich zur Mitte des Textes durchzustoßen, sei folgende Aussage erlaubt, die uns sofort zeigt, was in Vers 21 mit den Worten „die Taufe rettet" gemeint ist: Dies ist ein ganz „verrückter" Text; in ihm nämlich wird gesagt, daß wir in das „Reich des Sohnes seiner Liebe versetzt" sind (Kolosser 1,13) bzw. dorthin „ver-rückt" wurden durch die Taufe. Ver-setzt oder ver-rückt, das heißt „aus ... heraus" und „in ... hinein". Aus dem Alten in das Neue, aus dem früheren in das jetzige Leben, aus dem Machtbereich der Finsternis in den Herrschaftsbereich des Lichtes, aus der Lüge in die Wahrheit, aus dem Tod in das Leben (1. Petrus 2,9: „Der euch aus der Finsternis zu seinem wunderbaren Licht berufen hat"; 1. Petrus 3,18: „Damit er uns zu Gott führe"; vgl.

auch 1. Petrus 3,22 und 2. Petrus 1,11; ferner: Johannes 12,46; Apostelgeschichte 26,18; 2. Korinther 5,17; Epheser 2,1-5; 2,13; Kolosser 1,12.13; 2,12-15.20; Römer 6,4; Johannes 3,14; 1. Thessalonicher 5,4.5; 1. Johannes 1,6.7; 2,4; 5,11.12).

Der äußerlich sichtbare Akt und Wendepunkt dafür ist die Taufe. Das heißt, „die Taufe rettet". Wohlgemerkt, die Taufe als Ganzes – worüber noch zu sprechen ist – nicht das Wasser! In 1. Petrus 3,20 wird deutlich, daß auch im alttestamentlichen Urbild nicht das Wasser rettete, sondern die Arche der Ort der Rettung war, in die man hineingerettet wurde durch das Wasser hindurch. So ist auch die Taufe nur ein Durchgang, um hineinzugehen in die Arche, die Jesus Christus heißt. Das aber bedeutet, in den Machtbereich, Herrschaftsbereich und Einflußbereich des Herrn Jesus Christus einzutreten, was durch die Taufe geschieht bzw. geschehen soll.

Würde das Wasser der Taufe retten, brauchte es keinen Glauben. Dann wäre die Taufe eine sakral-magische Handlung. Es könnte jeder Mensch und natürlich jeder Säugling durch eine Wassertaufe mit den entsprechenden Taufworten gerettet und zum Christen und Jünger Jesu gemacht werden. Auf diese Weise wurde denn auch leider gegen das biblisch geoffenbarte Wort fast 1 800 Jahre lang in den etablierten christlichen Großkirchen gehandelt. Auch ist das immer wieder in gewissen Geschichtsabschnitten im Zuge einer Pseudomission, zum Beispiel bei der Christianisierung Rußlands oder bei der Unterwerfung der Indianer in Mittel- und Südamerika durch die Spanier, geschehen. Unser Text jedoch fragt nach dem Glauben, indem er die Taufe eine „Angelobung" oder eine verbindliche Anfrage und Bitte, ein auf Gott gerichtetes Verlangen und Begehren nennt.

Damit ist das gemeint, was wir bei der ersten offiziellen Heidentaufe durch Philippus in Apostelgeschichte 8,36 und 37 mustergültig vorfinden. Nachdem Philippus dem Kämmerer, von Jesaja 53 ausgehend, Jesus als das Lamm Gottes, das der Welt Sünde trägt, verkündigt und ihm so gezeigt hat, wo der rettende und bergende Ort, die Arche, ist, ergreift der Kämmerer das Angebot zu seiner Rettung und tritt in eine wechselseitige Befragung ein. Er kommt mit seinem Begehren, und das heißt mit all seinem Glauben und Hoffen, ein Christ und Nachfolger Jesu zu werden, in anfragender Bitte vor Gott, der ihm durch Philippus und durch das Wort der Bibel dieses Angebot gemacht hat. An dieser Stelle ist es wichtig, sich daran zu erinnern, daß auch den ungehorsamen Zeitgenossen Noahs durch den ewigen Geist Christi das Angebot der Rettung gemacht worden ist. Dieser Geist Christi, der von Anfang der Weltzeit bei dem Vater war und wirkte (1. Petrus 1,11.20; 3,18.19; Kolosser 1,15.16; Johannes 1,1-3; Hebräer 1,2.3; Offenbarung 3,14; 1. Korinther 8,6), hatte damals den verdorbenen und in bösem Sinnen verstrickten und gebundenen Menschen (1. Mose 6,5.12), die in 1. Petrus 3,19 als die „Geister im Gefängnis" bezeichnet werden, durch die Predigt der Arche und ihres Baues das Angebot der Befreiung und Rettung gemacht. Sie wollten es allerdings damals in ihrer Verderbtheit nicht erkennen und annehmen, so daß sie schließlich umkamen (1. Petrus 3,20). Hier zeigt sich eine Parallele zu unserer Zeit. Das negative Vorbild aus der Zeit Noahs wird deshalb von Jesus als Zeichen für die Verhältnisse vor seiner Wiederkunft in seiner Endzeitrede in Matthäus 24,37-39 gebraucht.

Der Kämmerer aber nahm das Angebot an und fragte: „Was hindert mich, getauft zu werden?" Die Antwort des Philippus stimmt voll mit dem überein, was Christus in Markus 16,16 als Weg unserer Rettung nennt: „Wer gläubig geworden und getauft worden ist, wird gerettet werden." Auch hieraus geht hervor, wie aus 1. Petrus 3,21, daß nicht der Taufakt selbst die Rettung ist. Die Rettung aus diesem verkehrten Geschlecht – und darum geht es allein (!) – wird uns zuteil, nachdem wir zuerst an Jesus gläubig geworden und dann auf den Namen Jesu getauft worden sind. Glaube und Taufe gehören zusammen und dürfen nicht getrennt und auch nicht in eine falsche Reihenfolge gebracht werden. So sagt Philippus zu dem Kämmerer aus Äthiopien: „Wenn du von ganzem Herzen glaubst, kann es geschehen, ist es erlaubt." Darauf findet die Taufe statt.

Im Vergleich mit diesen Bibeltexten erkennen wir, daß in der Taufe, die nach 1. Petrus 3,21 in unseren Bibeltexten eine Anfrage, eine Bitte, ein Anruf an Gott oder ein Gebet zu Gott genannt wird, sich dieselben biblischen Strukturen zeigen, die wir bereits als den neutestamentlichen Heilsweg kennen: „Jeder, der den Namen des Herrn anrufen wird, wird errettet werden" (Apostelgeschichte 2,21). Oder: „Das ist das Wort des Glaubens, das wir predigen, daß, wenn du mit deinem Mund Jesus als Herrn bekennen und in deinem Herzen glauben wirst, daß Gott ihn aus den Toten auferweckt hat, du errettet werden wirst" (Römer 10,9). Aber auch: „Was muß ich tun, damit ich errettet werde? Sie aber sprachen: Glaube an den Herrn Jesus, und du wirst errettet werden ..." (Apostelgeschichte 16,30.31).

Das aber heißt, daß es in der Taufe – als eine an Gott gerichtete Bitte – „um ein gutes Gewissen", um ein „neues Friedens- und Kindesverhältnis gegenüber Gott" um die „persönliche Hinwendung des Täuflings zu Gott geht."[37] Sie ist also eine „feste, verbindliche Überantwortung des Menschen an Gott."[38] Insofern ist Taufe für die, die getauft werden, ein „tätiges Bekenntnis" zu Gott und „als ihre eigene menschliche Tat, nämlich als die Tat ihres Glaubens und Gehorsams",[39] ein persönlicher Schritt, den jeder selbst gehen muß – über den man nicht als willenloser und schlafender oder schreiender Säugling hinweggetragen wird –, so wie er auch von denen getan werden mußte, die, wie es das Vorbild zur Taufe in Vers 20 zeigt, „durch das Wasser hindurch" schreitend in die Arche hineingingen. So haben wir zu Jesus hineinzugehen.

Wenn wir uns also im Gebet, im Aussprechen seines

Namens, zu ihm bekennen, uns ihm übergeben, auf seine Fahne schwören und sagen, daß wir nur noch ihm, unserem Herrn und Heiland Jesus Christus und keiner anderen Gewalt und Macht der Welt gehören wollen, treten wir nach dem 1. Petrusbrief heraus aus dem Bereich dieser verdorbenen und für das Gericht aufgesparten Welt, dem Kosmos und alten Äon der Finsternis (Römer 1,18-25; 2,2-5; Epheser 2,2; Römer 3,6; Apostelgeschichte 17,31; Johannes 12,31; 16,8-11). Wir treten hinein in den Herrschaftsbereich Christi, in sein geistliches Haus (1. Petrus 2,4.5; Epheser 2,22), in seine Gemeinde, die sein Leib ist (Kolosser 1,18; Epheser 1,22.23; 1. Korinther 12,13.27), in dem Christus das Haupt ist und wir die Glieder sind. Diese Gemeinde ist nicht mit dem zu verwechseln, was allgemein unter dem Begriff „Kirche" verstanden wird, denn die „Kirche" ist nicht identisch mit dem Leib Christi und der herausgerufenen und erwählten Schar (1. Petrus 1,1; 2,9; Epheser 1,1; 1. Thessalonicher 1,4; Johannes 15,16; Kolosser 3,12 u.a.) der Geretteten, die im Neuen Testament als „Ekklesia", „Versammlung der Herausgerufenen", bezeichnet werden, auch wenn in den Kirchen mehr oder weniger große oder kleine Teile seines Leibes zu finden sind. Mit Kirchen sind übrigens alle Kirchen einschließlich der heutigen Freikirchen gemeint.

Wenn wir uns aber so zu dem Auferstandenen, der Herr über alle Gewalten, Mächte und Engel geworden ist (1. Petrus 3,22; vgl. auch Epheser 1,21), bekennen, geloben wir uns dem an, der uns durch seinen Tod am Kreuz erlöst und freigekauft hat (1. Petrus 3,18; 2,24; 1,18.19; Galater 4,3-5; 3,13; Titus 2,14; Matthäus 20,28), und bekennen zugleich unsere eigene Hilflosigkeit und Nichtigkeit, unsere erlösungsbedürftige Sündhaftigkeit und Todesverfallenheit, die das Gericht verdient hat. In dieser Weise geben wir uns im Gehorsam gegen das erkannte Wort Gottes in der Taufe in den eigenen Tod, um uns dem preiszugeben und auf ewig zu verbinden, der für uns stellvertretend durch Gericht und

Tod hindurchgegangen ist, durch ein Gericht und einen Tod, die uns hätten treffen sollen und müssen. Auf diese Weise mit seinem Tod verbunden, auf seinen Namen und in seinen Tod hineingetauft, wie Paulus in Römer 6,3-11 verkündigt, erlangen wir Anteil an seinem Leben, das nun zu unserem Leben wird, zu einem Leben in der Nachfolge Jesu (vgl. neben Römer 6,3-11 vor allem Kolosser 2,12; Offenbarung 20,6; 2. Timotheus 2,11; 2. Korinther 5,17).

Bei all diesem ist allerdings darauf zu achten, daß die Taufe nicht erlöst, sondern vielmehr aus dieser todesverfallenen Welt und ihrem verkehrten Geschlecht rettet. Dies geschieht durch den bereits geschilderten Herrschaftswechsel und durch die geistliche Bestattung des „alten Adams" (Römer 6) und das Anziehen des Jesus Christus, des „neuen Adams" und Erstlings einer neuen Menschheit (Galater 3,27; 4,3-5; 5,24.25; 6,15; Römer 5,12-21; 7,4; 1. Korinther 15,22).

Die Taufe reinigt auch nicht von den Sünden. Diese Reinigung ist am Kreuz von Golgatha im Tode Jesu geschehen und wird uns dann geschenkt, wenn wir im Glauben die Rechtfertigung des Sünders annehmen. Insofern ist die Taufe weder ein Sakrament noch ein Reinigungsbad wie bei den religiösen jüdischen Tauchbädern oder in den zu einer angeblichen Wiedergeburt führenden Mysterienreligionen der damaligen Zeit oder im heutigen sakramentalen Denken.

Aber sie ist der öffentliche und im Glauben und Gehorsam bekenntnismäßig vollzogene Eintritt in die Arche, die „Jesus" heißt. Wie anders sollte der Antitypos, das Gegenbild zur Arche, verstanden werden, nachdem in Vers 21 ausdrücklich verneint worden ist, daß die Taufe ein Reinigungsbad darstellt!

Also ist die Taufe nach 1. Petrus 3 kein sakrales Reinigungsbad. Sie ist vielmehr eine bewußt eingegangene Verbindung mit Jesus, „Unterstellung des Lebens unter die Herrschaft Gottes."[40]

Damit ist sie einerseits rettendes Geschehen und andererseits Gehorsamsakt. In der Taufe nämlich akzeptieren die zuvor bekehrten, wiedergeborenen und erlösten Christen für Zeit und Ewigkeit die Herrschaft Jesu über ihr Leben. Durch die Hingabe in das Taufbad des Todes Christi bekennen sie sich öffentlich für Jesus und überantworten sich ihm durch dieses rettende „Pflichtzeichen", wie Zwingli die Taufe nannte, zum Eigentum. Tertullian sprach von einem „Fahneneid" und Luther von einer Art „Unterthaneneid oder Rechtsakt, der Christus das Recht an uns gibt durch unser freiwilliges Ja, zu dem der von Gott geschenkte und durch den Heiligen Geist geweckte Glaube uns fähig macht." Weiter sagt Luther: „Wie ein Bürger vor der Bank, so haben wir in der Taufe geschworen, daß wir wollen Christum, unserem Herrn und Gott sein, damit wir an ihn und keinen Anderen glauben, und in diesem Glauben gute Früchte erzeigen wollen von Herzen: geduldig, sanftmütig, hilfreich sein, einander liebhaben ..."[41]

Man kann dasselbe auch mit Paulus so ausdrücken: In der Taufe ziehen wir Christus an wie ein Kleid. In Galater 3,26 und 27 ist zu lesen: „... denn ihr alle seid Söhne Gottes durch den Glauben an Christus Jesus. Denn ihr alle, die ihr auf Christus getauft worden seid, ihr habt Christus angezogen." Damit stehen Taufe und Glauben wie in Markus 16,16 erneut als unzertrennbare Teile eines Ganzen nebeneinander. Deshalb darf auch die Wassertaufe, denn die ist hier gemeint, weder zugunsten des Glaubens noch zugunsten einer Geistestaufe in den Hintergrund gedrängt werden, wie es leider immer wieder bei spiritualistisch oder mystisch orientierten Christen geschieht.

So erfordert es also die Schrift, daß wir die Taufe als „abschließendes" und „bestätigendes Geschehen im Gesamtvollzug der Errettung sehen". Das aber schließt wiederum jeden Gedanken an eine Kindertaufe aus. Die Kindertaufe bringt den auch in den protestantischen Kirchen immer wieder neu gesuchten Weg des Heils (*ordo salutis*) nicht nur empfindlich durcheinander, sie stellt ihn, wie wir von unseren Feststellungen her sehen können, geradezu auf den Kopf. Damit aber verurteilt sie ihn weitgehend zum Scheitern, wie es reichlich an den sogenannten „Namenschristen" und „getauften Neuheiden" in unserem Volk erkennbar wird.

Fassen wir die Erkenntnis von 1. Petrus 3,21 zusammen: Taufe ist die Bereitschaftserklärung, sich treu zu Jesus zu halten und allezeit in ihm zu bleiben und zu leben. Diese neutestamentliche Taufauffassung schließt eine Säuglingstaufe aus.

Obwohl vieles von dem, was hier gesagt worden ist, auch von Professor Markus Barth so oder ähnlich in seinem Taufbuch von 1951 vorgebracht wird, kommt er in jenem Symposionband im Jahr 1969 eben doch zu anderen Ergebnissen. Dabei versteht er das „Gebet", von dem in 1. Petrus 3,21 die Rede ist, so, daß damit eine Kindertaufe – wie wir bereits gesehen haben – ihre Berechtigung finden könnte. Dies ist jedoch – wie wir nun ebenfalls gesehen haben – auf Grund des Textinhaltes nicht möglich.

Es ist ersichtlich, daß man aus diesem zweifellos zentralen Tauftext des 1. Petrusbriefes in Verbindung mit einigen anderen neutestamentlichen Aussagen eine ganze Tauftheologie entfalten kann. Dies ist allerdings hier noch nicht geschehen. Es sind lediglich einige wichtige Aussagen zur Taufe gemacht worden, soweit sie von unserem Text her möglich oder notwendig waren. Eine ausführliche, biblisch orientierte Tauflehre wird erst im letzten Kapitel dieses Buches dargestellt.

Dieses Kapitel allerdings muß noch ergänzt werden durch die Begründung für die Übersetzung der griechischen Wortbedeutung, die zu der hier dargestellten Textauslegung von 1. Petrus 3,18-21 führte.

Die entscheidende Weichenstellung zum Verständnis unseres Textes nämlich hängt ohne Zweifel von der Übersetzung des griechischen Wortes *eperotaema* (Vers 21) ab. Wie wir gesehen haben, wird es in unseren Bibeln allgemein mit „Bitte" wiedergegeben. Diese Übersetzung ist aber aus folgenden Gründen nicht treffend:

Erstens: Es gibt für das Wort „Bitte" und auch für die Begriffe „intensives Bitten, Beten, Schreien oder Mit-Gott-Reden" eine Anzahl anderer griechischer Wörter, die im Neuen Testament den ganzen Bereich des Betens abdekken.

Zweitens: Das Wort *eperotaema* kommt nur ein einziges Mal im Neuen Testament vor, und zwar an dieser Stelle. So ist anzunehmen, daß dieser Wortwahl besonderes Gewicht zuzumessen ist. Das um so mehr, wenn wir an der Inspiration der Heiligen Schrift festhalten (2. Timotheus 3,16; 2. Petrus 1,19-21; 1. Petrus 1,11).

Drittens: Bei einem solch einmaligen und für die Taufaussagen des Neuen Testamentes wichtigen Schlüsselwort muß deshalb genau nach seiner Bedeutung gefragt werden.

Diese läßt sich jedoch kaum, wie bei Markus Barth geschehen, dem allgemeinen Begriff „Gebet" subsumieren[42], weil dieser nicht in die Richtung führt, in die das Wort *eperotaema* leitet. Dafür ist der Begriff „Gebet" als Reden mit und Hören auf Gott zu allgemein und umfassend bzw. nicht speziell genug. Unser Wort führt jedoch in einen recht engen und zielorientierten Tauf-Durchlaß, durch den wir hindurchgehen müssen, ob es uns gefällt oder nicht.

Was heißt und was bedeutet dieses Wort? Wie kann es mit einem einzigen deutschen Wort wiedergegeben werden? Gibt es dafür überhaupt ein entsprechendes deutsches Wort?

Ein entsprechendes Wort ist meines Erachtens vorhanden. Es heißt „Angeloben" und ist in einem alten „Handwörterbuch der griechischen Sprache"[43] aus dem vergangenen Jahrhundert zu finden. Auch das alte, von Luther gebrauchte Wort „Bund", das noch in den Bibelausgaben von 1914 steht, ist durchaus möglich, auf jeden Fall besser als „Bitte" oder „Gebet". Nun ist festzustellen, ob „Angeloben" und „Bund" dem Inhalt des griechischen Begriffes *eperotaema* entsprechen.

Das zu unserem Hauptwort (Substantiv) gehörende Tätigkeitswort (Verb), auf das wir zunächst zurückgreifen – in der Sprachforschung gilt dies als legitimes Vorgehen –, hat die Bedeutung eines verstärkten Fragens im Sinne einer zu erwartenden Entscheidung. So wird das Verb *eperotao* im Neuen Testament unter anderem für eine Untersuchung vor Gericht gebraucht (vgl. Markus 14,60), oder wenn es um eine Lehrentscheidung ging (zum Beispiel Lukas 6,9). Nun kommt es auch vor, „daß die Entscheidung nicht in Form einer Frage verlangt wird, sondern durch einen Aussagesatz, der den zu beurteilenden Tatbestand darlegt"[44] (vgl. Markus 9,11; 28). Es geht hier also um „entscheidende Fragen", „Fragen, die eine Entscheidung" herausfordern oder die „auf Grund einer Entscheidung" gestellt werden und damit für das weitere Leben eines Menschen bestimmend sind.

Nun hat man festgestellt, daß das Hauptwort *eperotaema*, das nur ein einziges Mal, eben in 1. Petrus 3,21, im Neuen Testament gebraucht wird, im außerbiblischen Bereich ein feststehender Fachausdruck (*terminus technicus*) für einen „Vertragsabschluß" ist, genauer: für eine rechtlich wirksame „Vertragsfrage", die bei wechselseitiger „Befragung" und „Bestätigung" durch zwei Vertragspartner zu einem juristischen Kontrakt führt.[45]

In diesem Sinn und in Zusammenhang mit dem Gespräch zwischen dem Kämmerer und Philippus in Apostelgeschichte 8,36-38, das zur Taufe führte, habe ich das Wort in der bereits erfolgten Auslegung von 1. Petrus 3,21 gebraucht. Das aber heißt – unabhängig davon, von wessen Seite die Befragung, die eine entscheidende Antwort und Tat hervorruft, ausgeht –: bei dem zu deutenden griechischen Wort geht es um mehr als nur um eine Bitte. Es geht sowohl um ein „Angebot"[46] als auch um ein an Gott gerichtetes Verlangen und Begehren, das in diesem Fall wohl auf Grund dieses Angebotes ausgesprochen worden ist.

Interessant ist auch die Erklärung Adolf Schlatters zu dieser Stelle. Er sagt: „Eperotaema war die technische Formel für einen Antrag, den der Leiter einer Versammlung zur Abstimmung brachte."[47] Das aber würde bedeuten, daß die Frage, die eine Entscheidung fordert, auch den Entschluß und Beschluß hervorruft. Nach Schlatters weiteren Ausführungen ist in *eperotaema* beides enthalten – Anfrage und Beschluß, Bitte und Kontrakt – wie auch bei einem Vertragsabschluß. Damit ist das von Luther gebrauchte Wort „Bund" oder auch die Übersetzung „Angeloben" oder „Anrufung" oder eine Umschreibung wie „Zusage einer festen Bindung" möglich. Alle diese Übersetzungen geben die Aussage von 1. Petrus 3,20 und 21 treffender wieder als das Wort „Bitte".

Denn hier in der Taufe geht es zum einen um eine „Anrufung" Jesu Christi, der der Retter, ja die rettende Arche selber ist – und das in seiner Person wie auch in seinem Leib, den die Gemeinde der von ihm Erwählten bildet. Zum anderen trifft man, wenn man durch das Wasser der Taufe hindurch in diese Arche hineingeht, die „Entscheidung", sich durch „feste Bindung" in einer Art „Bundesschluß" Jesus „anzugeloben".

Hier darf freilich nicht das Mißverständnis entstehen, daß Gott und Mensch bei diesem „Bundesschluß" gleichberechtigte Vertragspartner wären. Dieser Bund wurde von Gott im Tod und in der Auferstehung Jesu bereits einseitig als Gnadenakt gestiftet. In der Taufe handelt es sich lediglich um unser „Ja" dazu, also um unsere Einwilligung und Annahme dieses Bundes.

Damit aber wird Taufe zur Antwort des Menschen auf die erlösende, reinigende und befreiende Tat Jesu Christi am Kreuz auf Golgatha, zur Antwort des gehorsamen Menschen auf das Angebot des Heiles Gottes. Insofern ist sie ein Gehorsams- und Glaubensakt, der in einer Ausrufung des Heiles Gottes und Anrufung des rettenden Namens Jesu besteht. Darin ist das Bekenntnis zu Jesus und das Sich-Jesus-Angeloben enthalten.[48]

Es ist verständlich, daß Markus Barth versucht hat, diese Vielschichtigkeit des griechischen Wortes *eperotaema* in den Begriff „Gebet" zu fassen. Doch das, was hier gemeint ist, ist kaum mit einem einzigen Wort wiederzugeben. Jedes einzelne Wort sucht ein zweites als Stütze.

Bei dieser Analyse stehen wir auch vor der Frage, wie das Verhältnis von Vers 20 und Vers 21 als Typos und Antitypos, also Bild, Muster, Vorbild und Gegenbild oder Abbild zu verstehen ist. Denn man kann über das zentrale Wort *eperotaema* in Vers 21 keine Entscheidung treffen, ohne auf den ganzen Textzusammenhang und vor allem auf Vers 20 zurückzugreifen. Zu dieser Entscheidung kann man freilich leichter gelangen als zu der richtigen Deutung dieses griechischen Wortes, das im Neuen Testament sonst nicht gebraucht wird.

Wie schwierig diese Wortdeutung ist, zeigt noch einmal einer der jüngsten Kommentare zum Petrusbrief. Norbert Brox sagt dort in seiner Analyse: „Die Ausdrucksweise des Verfassers in diesem auslegungsgeschichtlich vielgequälten Abschnitt ... macht schon in der Übersetzung Schwierigkeiten."[49] Dabei verweist er auf Vers 21. Daß dieser Text aber, wie er auch sagt, „teils sehr rätselhaft" sei, kann jedoch kaum behauptet werden, wenn man die Ordnung von Typos und Antitypos, Vorbild und Gegenbild beachtet.

So zeigt der ganze Abschnitt 1. Petrus 3,18-22 zunächst grundsätzlich, daß Gott retten will und in seiner Langmut immer wieder in der Geschichte der Menschheit gerettet hat (V. 20). Das Beispiel dafür ist Noah und die Arche. Nun aber hat er für alle Menschen, die bereit sind, sich retten zu lassen, eine „einmalige" und darum endgültige Rettung in Jesus Christus gegeben, der „einmal für Sünden gestorben" ist, damit „er uns zu Gott führe" (V. 18; vgl. auch Hebräer 9,26-28). Diese Rettung gilt es im Glauben anzunehmen. Das sichtbare Zeichen dieser Annahme der Rettung aber ist die Taufe (V. 21). Sie ist ein Gegenbild (Antitypos) zu dem früheren Vorbild (Typos), das mit der Arche gegeben war. Auf diese Weise rettet sie uns (V. 21).

Wenn wir nun auf das achthaben, was über das Bild oder Vorbild aus dem Alten Testament, nämlich über die Rettung „durchs Wasser hindurch" „in die" Arche hinein, gesagt wird (V. 20), erkennen wir, daß die christliche Taufe sich von allen Reinigungs- und Tauchbädern sowie den Taufen aller Religionen – das Judentum und die griechischen Mysterienreligionen eingeschlossen – unterscheidet.

Sie ist eben gerade kein sakrales Reinigungsbad, keine Abwaschung, oder wie es in Vers 21b heißt: „nicht ein Ablegen der Unreinheit des Fleisches". Das ist zuvor an einem anderen Ort geschehen und geschieht deshalb nicht mehr in der Taufe. In Vers 18 erkennen wir, wo durch Sündenvergebung Rechtfertigung erlangt wird, nämlich am Kreuz von Golgatha: „Denn es ist Christus einmal für Sünden gestorben, der Gerechte für die Ungerechten" (vgl. hierzu auch die Rechtfertigungslehre, die Paulus im Römerbrief entfaltet hat). Eine Abwaschung durch das Wasser der Taufe wird darum in Vers 21 ausdrücklich zurückgewiesen. – Man überlege sich einmal, wieviel Millionen von Taufansprachen und Taufpredigten durch diese eine Erkenntnis plötzlich nichtig und gegenstandslos werden!

Von der Abwaschung ist jedoch in der paulinischen und petrinischen Rechtfertigungslehre an anderen Stellen des Neuen Testamentes die Rede. Alle diese Bibelstellen können wir zum Verständnis von Vers 21 hinzuziehen, um zu erklären, daß die Abwaschung am Kreuz auf Golgatha durch das Blut Jesu Christi erfolgt ist und in der Rechtfertigung des Sünders dem Menschen zugesprochen wird. Wenn ein Mensch dem Evangelium glaubt, geschieht an ihm diese Abwaschung oder Reinigung durch das Wort, und er erhält in der Wiedergeburt das Geschenk des neuen Lebens im Heiligen Geist und durch den Heiligen Geist. Von der Sündenabwaschung durch das Blut Jesu reden, ausgehend von den zentralen Worten aus Jesaja 1,18 und Jesaja 53: 1. Petrus

1,2.18.19; Offenbarung 1,5; 1. Johannes 1,7; Hebräer 9,11-26; Epheser 1,7. Die Aneignung dieses objektiven Heilsgeschehens durch den Glauben, der aus der Wortverkündigung entsteht und die persönliche Rechtfertigung und Wiedergeburt mit sich bringt, wird bezeugt in: 1. Petrus 1,23; Epheser 5,26; Römer 3,24.25; 5,8-10; Galater 2,16; 3,11-14; Titus 3,5-7; 2. Korinther 5,18-21.

Was ist dann aber die Taufe? Hier müssen wir zum Verhältnis von Typos und Antitypos, Vorbild und Gegenbild, zurückkommen.

In Vers 20 sehen wir, daß nicht das Wasser rettet. Die Chaosmacht Wasser vernichtet vielmehr die, die trotz der stummen Predigt des Archebaues, in der der Geist des präexistenten Christus gegenwärtig war, nicht bereit waren, in die Arche zu gehen. Als „alle Quellen der großen Tiefe" aufbrachen „und die Fenster des Himmels sich öffneten ... an eben diesem Tag gingen Noah" und sieben weitere Personen „in die Arche" (1. Mose 7,11-13). So wurde Noah „durch Glauben" – und das heißt: Gehorsam! (Römer 1,5 und 1. Petrus 1,2) – „Erbe der Gerechtigkeit, die nach dem Glauben ist" (Hebräer 11,7). Von dieser Gerechtigkeit aus dem Glauben spricht Petrus nicht nur in Kapitel 3, Vers 18-22 (vgl. auch 1. Petrus 1,2.5.7.9.20-24 u.a.).

Wenn das Wasser aber nicht rettet, sondern vernichtet und tötet, was brachte dann bei Noah die Rettung? Die Arche. Der rettende Vollzug aber oder die Rettung selbst geschah dadurch, daß die „acht Seelen", als die Sintflut einsetzte, durch das von unten steigende und von oben fallende Wasser hindurch in die Arche gingen und so Gottes Wort glaubten (1. Petrus 3,20).

Dieses Geschehen ist als Vorbild festzuhalten und auf das Gegenbild „Taufe" zu übertragen. Auch in der Taufe rettet das Wasser nicht. Es hat, so sagt 1. Petrus 3,21b ausdrücklich, keine reinigende Kraft – die ihm jedoch in den heidnischen (und leider auch kirchlichen) sakralmagischen Taufhandlungen zugeschrieben wird!

Dennoch muß man durch dieses sichtbare Zeichen des Todes (Römer 6,3-11) hindurchgehen, sich also taufen lassen, um zu dem rettenden Ort, nämlich zu Jesus Christus in seiner Auferstehung (1. Petrus 3,21d) zu gelangen. Denn nicht die Taufe erlöst, sondern Jesus. Aber die Taufe ist der Weg zur Errettung bzw. das Festmachen dieser am Kreuz erfolgten Erlösung durch Gehorsam und öffentliches Bekenntnis. Dabei führt sie zu „einem guten Gewissen" (vgl. 1. Petrus 3,21c), weil wir in der frei-willigen Über-gabe unseres Lebens an den, dem alle „Engel und Mächte und Kräfte" unterworfen sind und der zur „Rechten Gottes" ist (1. Petrus 3,22), gehorsam werden wollen bzw. gehorsam geworden sind, nachdem wir „erleuchtet worden sind und die himmlische Gabe geschmeckt haben und des Heiligen Geistes teilhaftig geworden sind und das gute Wort Gottes und die Kräfte des zukünftigen Zeitalters geschmeckt haben" (Hebräer 6,4.5). Denn durch diesen Gehorsamsakt Taufe wird vertraglich festgemacht, was wir sind und wohin wir gehören. Wir sind Kinder Gottes. Das ist unser gutes Gewissen. „Seht, welch eine Liebe uns der Vater gegeben hat, daß wir Kinder Gottes heißen sollen! Und wir sind es!" (1. Johannes 3,1). So sagt uns die vollzogene Taufe: Wir gehören zu Jesus und leben in seinem Leib, das ist sein Haus und seine Gemeinde, wo er der Herr ist und regiert (1. Petrus 2,4.5; 3,22; Epheser 1,22.23; Kolosser 1,18 u.a.).

Wir schließen hier die nähere Erklärung des Textes ab, denn alles weitere ist bereits früher gesagt worden und muß nicht wiederholt werden. Es soll an dieser Stelle besonders darauf hingewiesen werden, daß als Textvorlage die Revidierte Elberfelder Bibel gewählt wurde. Von ihrem Text her versteht sich auch die Einteilung des Verses 21 in a, b, c und d. Diese Entscheidung wurde getroffen, weil die Elberfelder Bibel dem griechischen Urtext stärker entspricht als die Lutherbibel. Ein Beispiel dafür: Es wurde in diesem Kapitel auf Bibelstellen hingewiesen, die unter anderem vom „Freigekauftwerden" aus dem Herrschaftsbereich der

Finsternis durch den Kreuzestod Christi sprechen, zum Beispiel auf Galater 4,3-5. Der Luthertext spricht hier davon, daß wir „in der Knechtschaft der Elemente der Welt" (V. 3) waren und Christus gesandt wurde, „damit er die, die unter dem Gesetz waren, erlöste" (V. 5). Näher am Urtext übersetzt die Elberfelder Bibel an derselben Stelle, daß wir „unter die Elemente der Welt versklavt" (V. 3) waren und Christus kam, „damit er die loskaufte, die unter Gesetz" versklavt waren, „damit wir die Sohnschaft empfingen" (V. 5). Das ist keine Wortklauberei! Ein präziser Text verschafft dem ernsten Nachfolger Jesu und fleißigen Bibelleser deutlichere Einblicke in das Werk Gottes und in die Existenz des erlösten Menschen, die sich „in Christus" allein gründet.

Zum Schluß soll noch einmal darauf hingewiesen werden, daß auch dieser typologische Textvergleich der Verse 20 und 21, der im 1. Petrusbrief im 3. Kapitel gefordert wird, keine Deutung, Erklärung oder gar Begründung einer Säuglingstaufpraxis zuläßt. Professor Markus Barth, dessen Aussagen für die durchgeführte Textanalyse der Anstoß waren, liest diesen Text mit ganz ähnlichen Ergebnissen. Es ist unverständlich, daß er dennoch einer Kindertaufe das Wort redet, nur weil sie weiterhin geschieht und eine biblische Abdeckung braucht. Das um so mehr, als er eigentlich die Kindertaufe, wie er selbst bezeugt und durch viele biblische Aussagen bewiesen hat, ablehnt und ablehnen muß. So bleibt unser Fazit: Man stütze sich auf keinen Rohrstab!

Warum ist diese Schlußfolgerung so wichtig? Weil seit Luthers Zeiten in der evangelischen Kirche gegen die Bibel und zugleich unter Benutzung der einen oder anderen Bibelstelle behauptet wird, die Taufe sei ein Gebet. Wenn diese Auffassung dann noch durch die Aussage eines so bekannten Professors wie Markus Barth abgedeckt wird, gilt es eben, an denselben Texten das Gegenteil zu beweisen und diesen Mythos zu entmythologisieren[50]. Wohin eine in dieser Weise konkludierte Lehre führt, zeigt auch die Äußerung eines anderen Professors, der im Jahr 1987 von „idea-spektrum", dem wöchentlichen Nachrichtenblatt der Evangelischen Allianz, gebeten wurde, die Kindertauflehre der evangelischen Kirche zu beschreiben. Professor Pöhlmann sagt in diesem Artikel unter anderem: „Ein entscheidendes Argument für die Kindertaufe war für mich immer, daß die Taufe wesentlich ein Gebet ist, was nicht zuletzt die lutherischen Bekenntnisschriften wiederholt hervorheben. Nach ihnen bittet die Kirche in der Taufe Gott, daß er dieses Kind annehme und ihm den Glauben gebe. Unser Herr und Heiland hat ausdrücklich verheißen: ‚Bittet, so wird euch gegeben' (Matthäus 7,7). An diese Verheißung habe ich mich immer geklammert, wenn ich Kinder getauft habe."[51] Deutlich erkennen wir, wie der Wunsch zum Vater des Gedankens wird und eine fromme Schlußfolgerung unter falsch verwandten Bibelworten zu einer theologischen Taufkonklusion führt, die schließlich zu einer modernen Mythe wird. Ich denke, unsere aus dem Alten Testament entlehnte Kapitelüberschrift hat ihre Berechtigung.

7.
Die „Heilige Kuh" der Epigonen

Um es gleich zu sagen: Die „Heilige Kuh" der Epigonen des 20. Jahrhunderts ist die Bekenntnistreue zur lutherisch-reformatorischen Tauflehre. Aus dieser Hochschätzung, oder Überschätzung, hat sich bis zum heutigen Tag eine Überbewertung der Kindertaufe und eine nicht nachlassende Aggression gegen die sogenannte Wiedertaufe entwickelt – von den Liberalen bis zu den Evangelikalen, von den Konservativen bis zu den Pietisten. Zwar werden im Zuge der Ökumene die bereits etablierten baptistischen Konfessionskirchen toleriert. Alle anderen Christen aber, die sich um „des guten Gewissens" willen (vgl. 1. Petrus 3,21) auf Grund ihres Glaubensgehorsams gegen das Wort der Heiligen Schrift noch einmal haben taufen lassen, werden entweder als Irrende oder sogar als Feinde des Kreuzes Christi an den Pranger gestellt, als Leugner der Rechtfertigungslehre, als Verächter des aus „Gnaden allein" einmaligen Handelns Christi in der Taufe. Zwar stimmt nichts von all diesen Behauptungen. Sie werden aber in verschiedenster, zum Teil subtil verpackter Form nach altem, ja mittelalterlichem Grundschema beibehalten. Dabei bleibt man blind für das biblische Wort, das an diesem Punkt von der Lehre vergewaltigt ist. Wer sind diese Epigonen?

Epigonen sind zunächst ganz einfach die „Nachgeborenen". Gemeint sind die Söhne und Töchter großer Väter und Mütter. Dieses Wort hat jedoch bereits seit Jahrhunderten einen negativen Klang und ist auch in diesem Kapitel so zu verstehen. Denn schon lange sind mit diesem Wort nicht mehr die leiblichen Söhne und Töchter gemeint, sondern die schwachen und unschöpferischen Nachahmer großer Vorbilder. Ganze Pfarrergenerationen gehören dazu.

Ein typisches Beispiel für das Nachfolge-Programm der Luther-Epigonen ist der im 19. und leider auch noch im 20. Jahrhundert reichlich strapazierte Zweizeiler:

„Gottes Wort und Luthers Lehr'
vergehen nie und nimmermehr."

Ich habe ihn in Kirchenfenstern, auf Türbalken und als Saalüberschrift reichlich in deutschen Landen vorgefunden, ebenso in der volkstümlichen Lutherliteratur der zwanziger und dreißiger Jahre dieses Jahrhunderts, aber auch noch nach dem Zweiten Weltkrieg. Heute wird dieser Spruch allerdings nur noch ganz selten zitiert. Modernen Lutheranern ist er peinlich und suspekt.

Das ideologische Denkprinzip ist jedoch vielfach geblieben. Die Epigonen Luthers leben immer noch nach diesem Schema. Neben die Bibel tritt gleichberechtigt die Lehre Luthers.

Diese Haltung ist am Ende des vorausgegangenen Kapitels bei Professor Pöhlmann beispielhaft deutlich geworden. Er sagte unter anderem: „Ein entscheidendes Argument für die Kindertaufe war für mich immer, daß die Taufe wesentlich ein Gebet ist, was nicht zuletzt die lutherischen Bekenntnisschriften wiederholt hervorheben."[1] Das Wort der Schrift genügt ihm nicht. Die bestätigende Lehre oder lehrmäßige Bestätigung durch die lutherischen Bekenntnisschriften geben dem schwankenden Lutheraner, der wohl seine Schwierigkeiten mit der Kindertaufe hat und sich, wie er selbst sagt, darum an etwas klammern muß, wieder Halt.

Diese Betonung der lutherischen Lehre neben der Heiligen Schrift ist nichts anderes als das alte katholische Prinzip von „Schrift und Tradition". Es wurde zwar einmal von den Reformatoren verworfen und durch den Grundsatz „Allein die Schrift" abgelöst, aber nach der ersten Lehrfestsetzung der Evangelischen feierte es bei den Nachfahren Luthers eine fröhliche Auferstehung. Die ständige Betonung von „Bibel und Bekenntnis" bei den evangelikalen Bekenntnisbewegungen und Gruppierungen zeigt, daß bis heute fast niemand mehr den Mut hat, ein Problem – zum Beispiel das der Kindertaufe – einmal nicht durch die Brille lutherischer Lehre zu sehen, sondern allein an Gottes Wort zu prüfen.

Wer das aber tut, ist ein „Neuerer" – und die gelten interessanterweise schon seit den Tagen der Reformation nicht etwa als „seltene Vögel", wie Luther den wahren Christen einmal beschrieb, sondern als gefährliche Außenseiter, die den konfessionellen Frieden stören. Doch auch da ist für Abhilfe gesorgt, spätestens seit der Gründung des „Evangelischen Bundes zur Wahrung der deutsch-protestantischen Interessen"[2], der sich um die Erhaltung der „reinen" reformatorischen Lehre auf mancherlei Weise bemüht. „Damit steht der Evangelische Bund wieder vor der alten und doch immer wieder neuen Aufgabe: einen wachen und geeinigten Protestantismus schaffen zu helfen, das reformatorische Erbgut, die Lutherbibel und den Lutherglauben, den Lutherstolz und den Luthertrotz in der Seele jedes einzelnen Evangelischen und in der Gesamtheit unseres evangelischen Volkes in allen Fragen und Belangen geltend zu machen und zur bestimmenden Lebensmacht zu gestalten."[3]

Sie dürfen gern lächeln über Ausdrücke wie „reformatorisches Erbgut", „Lutherglauben", „Lutherstolz" und „Luthertrotz". Vielleicht sollte man jedoch über soviel lutherische „Abgötterei" besser weinen. Würde Martin Luther unter uns sein, hätte sie ihn sicherlich zu einigen Zornesausbrüchen veranlaßt. Aber das Schlimme an der ganzen Sache ist – und ich will es bei diesem einen Musterzitat belassen –: der Mann, der das 1926 geschrieben hat, Studiendirektor Wilhelm Fahrenhorst, Direktor des Evangelischen Bundes, seinerzeit wohnhaft in Berlin, hat das wirklich so gemeint und geglaubt und vor allem auch gewollt. Und in der Tat ist es den Luther-Epigonen bis zum heutigen Tag in hohem Maße gelungen, die evangelischen Christen mit jener „bestimmenden" und eben lutherorientierten „Lebensmacht" zu beeinflussen.[4] Man kann geradezu sagen, daß das evangelische Kirchenvolk von einer „babylonischen Gefangenschaft der Kirche" in eine andere, nämlich aus der römischen in die lutherische, abgewandert ist.

Ich spreche hier ausdrücklich von der „babylonischen Gefangenschaft" – wie eine gleichnamige Schrift Martin Luthers heißt –, nun aber der evangelischen Christen, die in der folgenschweren Verführung der Seelen in der Tauffrage besteht. Dietrich Bonhoeffer rechnet dies unter die „billige Gnade" und geißelte das kirchliche Leben mit den Worten: „Das sollte lutherisch heißen, daß man die Nachfolge Jesu den Gesetzlichen, den Reformierten oder den Schwärmern überließ, alles um der Gnade willen; daß man die Welt rechtfertigte und die Christen in der Nachfolge zu Ketzern machte. Ein Volk war christlich, war lutherisch geworden, aber auf Kosten der Nachfolge, zu einem allzu billigen Preis. Die billige Gnade hatte gesiegt. ... Man gab die Verkündigung und die Sakramente billig, man taufte, man konfirmierte und absolvierte ein ganzes Volk, ungefragt und bedingungslos, man gab das Heiligtum aus menschlicher Liebe den Spöttern und Ungläubigen, man spendete Gnadenströme ohne Ende, aber der Ruf in die strenge Nachfolge Christi wurde seltener gehört. Wo blieben die Erkenntnisse der alten Kirche, die im Taufkatechumenat[5] so sorgsam über die Grenze zwischen Kirche und Welt, über der teuren Gnade wachte? Wo blieben die Warnungen Luthers vor einer Verkündigung des Evangeliums, die die Menschen sicher machte in ihrem gottlosen Leben?"[6]

Bonhoeffer ist zornig auf die Epigonen und nimmt kein Blatt vor den Mund. Er fragt, wann „die Welt grauenvoller und heilloser christianisiert wurde" als durch diese kirchliche Praxis, die bei jedem einzelnen Menschen durch die Kindertaufe neu einsetzt. Von der Kindertaufe konnte sich allerdings auch Bonhoeffer nicht lösen, auch wenn er ihre Praxis in einem späteren Kapitel kritisiert und ihr die biblische Taufpraxis, die er sehr wohl kennt, gegenüberstellt. Der Grund: Die Einmaligkeit der Taufe, die hier dem Zwangsdenken untergeordnet ist, daß auch die Kindertaufe eine echte Taufe sei.[7] Dieses Problem kennen wir bereits von anderen Theologen. Hier jedoch lehnt Bonhoeffer die kirchliche Praxis, mit Hilfe der „billigen Gnade" und durch Verschleuderung der Sakramente Menschen zu Christen zu machen, die keine Nachfolger Jesu sind oder werden wollen, noch rigoros ab und sagt: „Was sind die dreitausend von Karl dem Großen am Leibe getöteten Sachsen gegenüber den Millionen getöteter Seelen heute? Es ist an uns wahr geworden, daß die Sünde der Väter an den Kindern heimgesucht wird bis ins dritte und vierte Glied. Die billige Gnade war unserer evangelischen Kirche sehr unbarmherzig."[8]

An dem, was Bonhoeffer 1937 als Sünde der Kirche an den Pranger stellt, hat sich bis heute fast nichts geändert. Trotz der gutgemeinten und auf Bonhoeffer zurückgehenden Ermahnungen einzelner Kirchenführer, verantwortungsvoller zu taufen,[9] wird noch genauso leichtfertig in die Kirche hineingetauft wie eh und je. Man beharrt eben Luther-trotzig bei der Kindertaufpraxis, in „diesem klaren Sinn in der Bindung an das Gesamtzeugnis der Bibel und das Bekenntnis der Kirche", dessen Veränderung man ablehnt und das es „zu vertiefen und für unsere Zeit zu verlebendigen" gilt.[10] So die Schrift: „Sieben Punkte – Konsequenzen aus dem Lutherjahr"[11], herausgegeben von der

„Kirchlichen Sammlung um Bibel und Bekenntnis in Braunschweig"[12]. Mit dieser Schrift wollen wir uns im folgenden genauer auseinandersetzen.

Nachdem im ersten Punkt die Grundlage der weiteren Ausführungen offenbar geworden ist – „Gottes Wort und Luthers Lehr'", hier „Bibel und Bekenntnis" genannt – werden im zweiten Punkt sofort Aussagen dieses Bekenntnisses wiedergegeben, von dem man natürlich annimmt, daß es mit der Bibel übereinstimmt. Man schreibt also:

„Punkt 2
Die Heilige Taufe

Luther sagt: ‚Die Taufe ist von Gott selbst eingesetzt, dazu ernstlich und streng geboten, daß wir uns müssen taufen lassen, oder sollen nicht selig werden.' (1)

‚So halten wir es auch mit der Kindertaufe: Wir tragen das Kind zur Taufe in der Meinung und Hoffnung, daß es glaubt, und bitten, daß Gott ihm den Glauben schenkt. Aber auf diese Hoffnung hin taufen wir es nicht, sondern allein darauf, daß Gott es befohlen hat.' (1)

‚Sie wirkt Vergebung der Sünden, erlöset vom Tode und Teufel und gibt die ewige Seligkeit allen, die es glauben.' (2)

‚... aber mit dem Worte Gottes ist's eine Taufe, das ist ein gnadenreiches Wasser des Lebens und ein Bad der neuen Geburt im Heiligen Geist; wie Paulus sagt zu Titus im dritten Kapitel.' (2)

‚Es bedeutet, daß der alte Adam in uns durch tägliche Reue und Buße soll ersäuft werden und sterben mit allen Sünden und bösen Lüsten; und wiederum täglich herauskommen und auferstehen ein neuer Mensch, der in Gerechtigkeit und Reinigkeit vor Gott ewiglich lebe.' (2)

Darum muß die Kirche auch heute bezeugen, daß die Heilige Taufe unsere Wiedergeburt zum ewigen Leben ist. Sie ist ‚allein Gottes Gabe und Werk'. Die in der heiligen Taufe geschenkte Gotteskindschaft verpflichtet zu einem

Leben im Gehorsam des Glaubens, weil sie die heilsnotwendige ‚neue Geburt aus Wasser und Geist' (3) ist und eingliedert in den Leib Christi. (4)

Den Kindern darf man das Heil nicht vorenthalten, zumal Christus besonders die Kinder zu sich rief. (5) D.h., christliche Eltern sollen ihre Kinder frühzeitig taufen lassen.

Die Kirche hat dafür zu sorgen, daß die Kinder im Glauben erzogen werden, beten lernen und von Jesus hören als Gott und alleinigem Retter. Dies geschieht auch durch Eltern und Paten, die kirchlichen Kindergärten und die evangelische Unterweisung (Religionsunterricht) in den öffentlichen, privaten und kirchlichen Schulen.

Wiedertaufe ist genauso unmöglich wie die Wiederholung der leiblichen Geburt.

Belege: (1) Gr. Kat. (2) Kl. Kat. (3) Joh. 3,5 (4) 1. Kor. 12,13 (5) Mk. 10,14"[13].

Mit diesen Ausführungen ist die Katze bei den bekenntnistreuen Epigonen Luthers endgültig aus dem Sack gelassen. Wer es bis jetzt noch nicht ganz glauben konnte, muß es schwarz auf weiß lesen: Säuglingstaufe ist zugleich Wiedergeburt und Eingliederung in den Leib Christi.

Das hier so eindeutig Gesagte verblüfft derart, daß man sich als evangelischer Christ im Blick auf diese Lehrdokumentation über die Taufe fragen muß: Sind wir eigentlich noch evangelisch? Und worin besteht unser Evangelischsein? Nur darin, Luther zu zitieren, der an diesem Punkt gut katholisch denkt?

Offensichtlich hat sich seit der Reformation und durch die Reformation in Sachen Taufe nichts geändert! Was uns hier eine lutherische Bekenntnisgruppe im sogenannten Lutherjahr vorsetzt und als lutherisch-evangelisches Glaubensgut bezeichnet, ist eine eindeutige katholische Taufwiedergeburtslehre. Der einzige Unterschied besteht darin, daß die evangelische Taufe von Pfarrern vollzogen wird, die vom katholischen Standpunkt aus gesehen nicht unter apostolischer Sukzession stehen und deshalb nicht gültig ordiniert sind. Aber was die Lehre anbetrifft, stimmt das lutherische Bekenntnis mit dem römischen Katechismus grundsätzlich überein.[14] Luther war eben, wir haben es nur noch nicht gemerkt, in dieser Frage lediglich ein besserer Katholik.

Und dieser Tatsache hat letztlich auch der Pietismus und die evangelische Gemeinschaftsbewegung nichts entgegenzusetzen, trotz ihrer biblisch richtigen Betonung von Bekehrung und Wiedergeburt. Warum ist das so?

Letztlich deswegen, weil die deutsche Gemeinschaftsbewegung – allen voran ihre Vorsitzenden, allesamt lutherische Pfarrer – treu zu „Luthers Lehr'" hält und in der Tauffrage, und da auch bei der Taufwiedergeburtslehre, das nachspricht, was ihr dogmatisch vorgesagt wurde. Ein Beispiel dafür ist die Glaubenslehre von Theodor Haarbeck, dem Altmeister des „Johanneums", einer Ausbildungsstätte für Gemeinschaftsprediger in Wuppertal, der die Kindertaufpraxis voll bestätigt. Speziell zur Taufwiedergeburt sagt er: „Ferner werden mit der Taufe in Verbindung gebracht die Wiedergeburt, Johannes 3,5; Titus 3,5; und die Mitteilung des Heiligen Geistes, Apostelgeschichte 2,38; allgemein ausgedrückt: die Seligkeit, Markus 16,16; 1. Petrus 3,21."[15]

Hier ist auch der verstorbene lutherische Pfarrer Kurt Heimbucher zu nennen. Er hat den Gnadauer Verband als Vorsitzender 17 Jahre geleitet und hat durch seine vielen, zum Teil noch nach seinem Tode erschienenen Veröffentlichungen das Denken und die theologische Richtung des deutschen Pietismus weitgehend geprägt. In derselben Ausgabe von idea-spektrum, in der seine Todesanzeige erschien, wurde unter dem Thema der fortlaufenden Serie „Wie ich Christ wurde" ein Artikel abgedruckt, den er einige Tage vor seinem Tod geschrieben hatte. Er sagt dort: „Ich bin als Kind getauft, von daher habe ich den Namen

,Christ'. Heute danke ich Gott für meine Taufe und halte es mit Eberhard von Rothkirch (1852-1911), dem Vater der deutschen CVJM-Bewegung: ‚Bekehrt ist, wer Gott für seine Taufe danken kann.' Aber was nützt mir meine Taufe, wenn ich nicht zum lebendigen Glauben an den Herrn Jesus gekommen wäre!"[16] Hier bestätigt er seine früheren Taufaussagen und gibt in drei Sätzen die komplette pietistisch-lutherische Tauftheologie wieder. Ein volles Ja zur Kindertaufe, die aber durch eine spätere Bekehrung erst ihre Deckung erfährt. Zugleich bestätigt diese vielleicht letzte theologische Äußerung Heimbuchers meine bereits früher formulierte Kritik an ihm und anderen Führern des deutschen Pietismus, wie sie in diesem Buch niedergeschrieben ist.

Weiter ist zu denken an Pastor Rudolf Bäumer, den langjährigen Vorsitzenden der Bekenntnisbewegung „Kein anderes Evangelium", heute deren Stellvertretender Vorsitzender, der sich des öfteren dezidiert für die Kindertaufpraxis eingesetzt hat, oder an Pfarrer Rolf Scheffbuch und die württembergische „Ludwig-Hofacker-Vereinigung", „Evangelische Arbeitsgemeinschaft für Bibel und Bekenntnis". Pfarrer Scheffbuch hat erst im März 1986 im Informationsheft „Lebendige Gemeinde"[17] unter dem Thema „Taufe, Kindertaufe, Wiedertaufe, Segnung" deutlich gemacht, daß man beim lutherischen Bekenntnis bleibt, trotz ... ja eben trotz mancherlei berechtigter Anfragen, die er und andere Mitarbeiter offen aussprechen.

Diese Anfragen sind im Pietismus immer lebendig gewesen, weil man ja „mit Ernst Christ" sein will und die Nachfolge Jesu der Inhalt des Lebens bleibt. Das Entreebillett dazu ist für den Pietisten nicht die Kindertaufe, sondern die Bekehrung und Wiedergeburt. Da man aber zugleich am Bekenntnis der Kirche festhält, kommt es zu seltsamen Gedankengängen und Schlußfolgerungen. Das typische Beispiel dafür ist Philipp Jakob Spener (1635-1705) selbst, den viele „den Vater des Pietismus" nennen, obwohl er nicht direkt der historische Begründer dieser Bewegung gewesen ist. Als lutherischer Theologe hielt er an der Praxis der Kindertaufe und an der Taufwiedergeburtslehre fest. Da er aber auch mit Nachdruck die biblische Lehre von der Neuen Geburt vertrat, mußte er die Taufwiedergeburt zwangsweise relativieren, denn zweimal Wiedergeburt schließt sich aus. Darum sprach er davon, daß die Taufgnade allermeist wieder verlorengehe und jeder „eine einmalige Wiedergeburt" erleben müsse. In diesem Widerspruch ist der Pietismus bis heute steckengeblieben. Für ihn gibt es meines Erachtens nur eine einzige konsequente Lösung, die er aber wegen allzu starker Bekenntnisbindung nicht zu vollziehen wagt: die Kindertaufe aufzugeben und die biblische Taufe in den pietistischen Gemeinschaftskreisen einzuführen.

Dieses zweigleisige Hin und Her, das mit Spener beginnt, finden wir ähnlich auch bei Kurt Heimbucher. Er schreibt im „Gnadauer Materialdienst": „In der Taufe nimmt der Herr Jesus Christus uns mit hinein in sein Sterben und in seine Auferstehung, daß wir ‚in einem neuen Leben wandeln'. Die Taufe ist Einverleibung in die Gemeinde mit allen Konsequenzen, die sich für die Gemeinde und den Getauften daraus ergeben."[18] Dann jedoch schränkt er seine Aussagen ein und sagt: „Zunächst ist festzuhalten, daß Gott mir in der Taufe das volle Heil, das der Heiland für mich erworben hat, zuspricht. Sie ist damit eine Hilfe für Angefochtene, eine Verpflichtung und Ansporn für Leichtfertige. Wirklichkeit für mich wird das Heil aber erst dann, wenn ich es im Glauben ergreife."[18]

Wohin die Inkonsequenz der lutherischen Pietisten führt und welche seltsamen Blüten sie treibt, sehen wir am deutlichsten bei Pastor Bäumer, der zunächst ebenfalls daran festhält, daß die Taufe das „Bad der Wiedergeburt" sei. Dann aber unterscheidet er – unter der schon bekannten pietistischen Einschränkung – zwischen einer perfekten und einer unperfekten Wiedergeburt und wagt es schließlich sogar, von der Kindertaufe als von einer „Totgeburt" zu sprechen, wenn nicht der empfangende Glaube – später natürlich – hinzukommt. So glaubt er, das Problem lösen und die Kindertaufe beibehalten zu können. Bei ihm hat die Frage „Taufe – Wiedergeburt – Kindertaufe – Taufwiedergeburt" ihre größte Verwirrung erreicht. Im „Informationsbrief Nr. 79 der Bekenntnisbewegung"[19] sagt Bäumer: „Wohl setzt Gott den Anfang in der Taufe, aber sie ist eine Totgeburt ohne den empfangenden Glauben ... Unverantwortlich ist es aber, wenn in der Predigt so getan wird, als sei die Taufe schon ‚perfekte' Wiedergeburt – auch ohne die Erneuerung durch den Heiligen Geist (Joh. 3) und ohne gläubige Hinwendung zum Heiland."

So geht der pietistische Weg von Speners doppelter Wiedergeburt – die erste, die Taufwiedergeburt, kann ja verlorengehen – zu Bäumers Unterscheidung zwischen der unperfekten Taufwiedergeburt, die sich später entweder – beim ungläubigen Menschen – als Totgeburt herausstellt oder – bei dem Menschen, der zum Glauben kommt – zur perfekten, also richtigen Wiedergeburt wird. Die Frage bleibt, gibt es eine Taufwiedergeburt oder nicht? Dieser ganze fromme theologische Knoten ist nur da zu lösen, wo die Kindertaufe aufgegeben und die biblische Taufe an Glaubenden eingeführt wird. Doch genug der Beispiele aus dem Pietismus. Auf das Problem „Taufwiedergeburt" werden wir im nächsten Kapitel ausführlich zu sprechen kommen. Bisher sehen wir schon deutlich, auf welch schwachen Füßen die Frommen und Treuen in der Kirche stehen. Dies bekümmert uns deshalb um so mehr, als es sich hier um unsere evangelikalen Brüder und Schwestern handelt, denen wir im Glauben besonders verbunden sind. Doch müssen wir um der Wahrheit willen feststellen, daß auch sie – wie die im 6. Kapitel genannten Theologen – ein „Haus des Widerspruchs" sind.

Ich glaube fest daran, daß sich dieser Widerspruch in dem Augenblick auflösen wird, wo diese Brüder und Schwestern in der Tauffrage zur vollen Erkenntnis der Wahrheit gelangen. Dies wird aber erst dann geschehen, wenn sie das katholische „und", und damit verbunden das Festhalten an einem „Bekenntnis", das in der Tauffrage die biblische Wirklichkeit verfehlt, aufgeben. Sollten diese Brüder und Schwestern, die ja die sogenannte Kerngemeinde der Evangelischen Kirche in Deutschland bilden, bereit werden, diesen Schritt zu tun und zum reformatorischen *sola scriptura* – „allein die Schrift" – durchzubrechen, dann würde die abgebrochene und unvollendete Reformation der Kirche weitergeführt werden. Es käme zu einer ungeahnten Erneuerung des Gemeindelebens, das allerdings in den alten volkskirchlichen Strukturen nicht mehr zu fassen wäre.

Ein Traum? Eine Hoffnung? – Warum nicht? Die Grundlagen sind vorhanden! Was fehlt, ist nicht nur die logische Konsequenz, sondern vor allem der Gehorsam gegenüber dem biblischen Wort, dem man unter Berufung auf Galater 1,6 Treue schwört und doch die Treue nicht hält, weil sich Menschenweisheit unter dem Vorzeichen der frommen Tradition eingenistet hat.

Hoffen läßt unter anderem eine Aussage der bereits genannten Schrift der „Kirchlichen Sammlung um Bibel und Bekenntnis in Braunschweig". Zu Punkt 1 wird unter der Überschrift „Das Wort Gottes – Die Heilige Schrift" zunächst 2. Petrus 1,16 zitiert: „Wir sind nicht klugen Fabeln (Mythen) gefolgt ..., sondern wir haben seine Herrlichkeit selber gesehen." Dann ist zu lesen: „Die Gemeindeglieder dürfen nicht länger durch Theologen entmündigt werden, die den klaren Wortlaut der Heiligen Schrift umdeuten. Jeder Christ kann und soll die Heilige Schrift in ihrem schlichten Verstand lesen, denn alles, was zur heilsamen Erkenntnis Gottes und zur Erlangung der ewigen Seligkeit nötig ist, ist klar in der Bibel aufgezeichnet."[20]

Das klingt ganz ähnlich wie die Worte der ersten Schweizer Taufgesinnten, die 1524 schrieben: „Zwingli hat auch uns Nichttheologen die Bibel in die Hand gegeben und uns aufgefordert, uns in sie zu vertiefen; und wir sind seinem

Rat gefolgt; aber wir haben beim Lesen des Neuen Testamentes in einer bestimmten Hinsicht eine andere Lehre entdeckt, als sie uns Zwingli verkündigte; wir haben nämlich eine andere Sicht der Kirche gefunden; bisher war in Zürich wie in der ganzen übrigen christlichen Welt jedes neugeborene Kind getauft und daraufhin als Kirchenmitglied betrachtet worden; die Folge war, daß Kirche und Volk sich deckten; die Kirche war eine Kirche des Herrn Jedermann; nach dem Neuen Testament jedoch (Matthäus 7,14) ist die Kirche die Gemeinschaft nicht der vielen, sondern der wenigen, die recht glauben und richtig handeln."[21]

Und doch liegen Welten zwischen diesen Worten aus dem Jahr 1524 und jenen aus dem Lutherjahr 1983. Ein „garstiger Graben" hat sich zwischen ihnen aufgetan, weil die zwinglianischen Taufgesinnten die Bibel als einzigen Maßstab anerkannten, die Bekenntnischristen unseres Jahrhunderts aber in der Tauffrage auf beiden Seiten hinken.

Leider folgt auch bei den Braunschweigern auf den klaren Satz von der „heilsamen Erkenntnis Gottes" im „schlichten" Lesen der Schrift sofort die Rückversicherung an die Schriftgelehrten und an das Bekenntnis. Der Leser kann kaum fassen, was als Folgerung des vorausgegangenen Satzes gesagt wird: „Die Aufgabe der Theologie, Schriftauslegung und Predigt ist dies, diesen klaren Sinn in der Bindung an das Gesamtzeugnis der Bibel und das Bekenntnis der Kirche zu vertiefen und für unsere Zeit zu verlebendigen, ohne ihn zu verändern."

Es bleibt die quälende Frage: Kann denn keiner dieser bekenntnisfreudigen Brüder erkennen, daß das Bekenntnis der Kirche in der lutherischen Tauflehre den klaren biblischen Inhalt verändert hat? Als Kinder sagten wir oft: „Wenn das Wörtchen ‚wenn' nicht wär', wäre …". Im Blick auf die bisher geschilderte Situation könnte ähnlich formuliert werden: „Wenn das Wörtchen ‚und' nicht wär', dann …", ja, dann wären die Nachfahren Luthers keine Epigonen mehr. Sie wären ganz normale Christen, die sich mit der Bibel in der Hand im Neuland der Nachfolge Jesu bewegen würden – wie ihr Vorfahre Luther es versucht hatte zu tun. Das aber heißt, nicht nach links oder rechts zu schauen und nur dem Wort allein vertrauen. Aber das wollten die bekennenden Epigonen doch eigentlich auch.

Nun finden wir bei Heimbuchers Ausführungen über die Taufe eine hochinteressante Äußerung. Er nennt sie unter anderem „eine Hilfe für Angefochtene"[18]. Was er damit meint, wird leider nicht ganz deutlich, weil er diese Worte sofort durch den nächsten Satz einschränkt. Dort sagt er: „Wirklichkeit für mich wird das Heil aber erst dann, wenn ich es im Glauben ergreife."[18]

Wenn Heimbucher mit der „Hilfe für Angefochte" das Leben aus der Taufe meint, dann hat er recht. Es bleibt jedoch die Frage: Was für eine Taufe meint er? Denn nur die auf Grund des Glaubens vollzogene Taufe als Herrschaftswechsel macht ein wahres Leben aus der Taufe möglich und bietet Hilfe für Angefochtene.

Er aber meint die Kindertaufe. Zugleich kann er die Taufe nicht als das Heil selbst sehen – womit er wiederum im Recht ist, denn Taufe ist keine Wiedergeburt. Für ihn ist sie lediglich das verkündigte Angebot des Heiles Gottes, das zugesprochen wird. Das Heil selbst, die Erlösung durch den Tod Jesu auf Golgatha, muß erst noch im Glauben ergriffen werden. Das ist eine typisch pietistische Denkweise, die auf Bekehrung zielt. Wozu aber dann das „Zusprechen" des Heiles in der Taufe? „Zusprechen" heißt doch: „Es gehört dir!" Dazu noch der Zuspruch an einen Säugling, der gar nicht fähig ist, ihn im Glauben anzunehmen! Das eigentliche Zusprechen geschieht doch erst später durch das Angebot des Heiles im verkündigten Evangelium. Wozu also die Taufe an Säuglingen, wenn man die Lehre von der Taufwiedergeburt, die die einzige Berechtigung zur Kindertaufe darstellen würde, relativiert oder gar ignoriert? Wir sehen an diesem Beispiel noch einmal das ganze Dilemma, in dem gläubige Pfarrer stecken, die die liebgewordene Tradition, vielleicht auch aus kirchenpolitischen Gründen, nicht aufzugeben bereit sind und sich in ihren Erklärungen winden müssen wie eine Schlange.

Es wundert darum nicht, daß diese Taufe für „Angefochtene" keine Hilfe ist und die Frage nach der wahren und biblischen Taufe als Antwort auf das gehörte Wort vom Heil[22] mehr und mehr von ernsten evangelischen Christen gestellt wird.

Dies ruft jedoch wiederum die Tauf-Apologeten[23] auf den Plan, die verhindern wollen, daß die durch biblische Lektüre Angefochtenen die Sünde einer „Wiedertaufe" begehen. Der Mann, der sich vor einiger Zeit dieses Dienstes in volkstümlicher Weise angenommen hat, ist der pietistisch geprägte lutherische Pfarrer und Leiter der Diakonischen Anstalten „Lobetal" in Celle, Hansjörg Bräumer. Der Titel seines Büchleins „Die eine Taufe – Eine biblische Betrachtung für Angefochtene"[24] erhebt den Anspruch, erstens eine biblische Betrachtung, zweitens eine Hilfe für Angefochtene zu sein. Es bleibt nachzuweisen, ob der Inhalt dem Anspruch gerecht wird. Denn dieses Buch wird vermutlich eine weite Verbreitung in gläubigen Kreisen finden, oder es hat sie bereits gefunden. Es ist ein Musterbeispiel dafür, wie lutherisches und evangelikales Denken sich vereinen kann. Zudem enthält es den schärfsten Angriff auf die sogenannte Wiedertaufe, der mir in den letzten Jahrzehnten begegnet ist – und diese Theologie kann nicht unwidersprochen stehenbleiben.

Eine der Bibelstellen, auf die Bräumer sich gegen Ende des Buches am stärksten stützt, ist Epheser 4,5.6.[25] Das wundert nicht, denn diese Bibelstelle faßt als Titel des Buches – „Die eine Taufe" – sein Grundanliegen gewissermaßen zusammen. Dieses Grundanliegen läßt sich in etwa so darstellen: In Epheser 4,5.6 ist biblisch bezeugt, was in das Nicänische Glaubensbekenntnis aufgenommen wurde, nämlich daß es nur eine Taufe gibt. Darum ist eine zweite Taufe unmöglich. Diese Auffassung bringt Bräumer nun in einprägsamer Weise zum Ausdruck. Er sagt zum Beispiel: „Im Neuen Testament ist nur eine Taufe bezeugt (Epheser 4,5-6). Wer eine zweite Taufe fordert, erklärt Jesu Handeln für null und nichtig" (S. 73). Oder: „Es ist und bleibt ein Trauerspiel, daß die von Jesus eingesetzte und gebotene eine Taufe zum Spaltpilz des einen Leibes wurde (vgl. Epheser 4,5-6)" (S. 75). Und: „Nach dem Zeugnis des Neuen Testamentes ist sowohl die Praxis der Erwachsenen- als auch die der Kindertaufe möglich. Eine Wiedertaufe widerspricht der Einmaligkeit des Kreuzgeschehens, in das die Taufe den Täufling hineinstellt. Es gibt nur einen Leib, einen Geist, eine Hoffnung, einen Herrn, einen Glauben, eine Taufe, einen Gott und Vater (Epheser 4,5-6)" (S. 76). Doch, wie wir gleich sehen werden, diese Sätze stecken voller Irrtümer.

Es ist einfach nicht wahr, daß das Neue Testament, wie Bräumer Seite 73 sagt, nur eine Taufe bezeugt. Es unterscheidet sehr wohl zwischen der Johannestaufe und der Jesustaufe, ferner zwischen der Taufe vor Pfingsten und nach Pfingsten sowie der noch späteren Gemeindetauftheologie des Paulus. Es redet von einer Blutstaufe, von Wassertaufen und von dem Getauftwerden in oder mit dem Heiligen Geist. Das alles weiß Bräumer natürlich. Er spricht im ersten Teil seines Buches auf seine Weise ausführlich darüber. Aber nun braucht er gegen jede andere Tauffassung ein schlagkräftiges Argument, und so versteigt er sich in die kühne Aussage, das Neue Testament bezeuge nur eine Taufe. Sein biblischer Beleg dafür ist Epheser 4,5. Das zwingt uns zu fragen: Welche Taufe ist in Epheser 4,5 gemeint?

Ein weiterer Einwand erhebt sich gegen Bräumers Aussage auf Seite 73, daß der, der eine wiederholte Taufe fordere, „Jesu Handeln für null und nichtig" erkläre. Denn weil in der Taufe der zum Glauben gekommene Mensch in gehorsamer Antwort willig seine Hand in die Hand seines Herrn legt, kann er das Handeln Jesu für ihn am Kreuz auf

Golgatha gar nicht zunichte machen. Im Gegenteil, er bestätigt dieses rettende Handeln duch dankbaren Gehorsam und Glauben. Dies aber ist in der Kindertaufe nicht möglich. Also ist die Kindertaufe das Problem und nicht die neutestamentliche Glaubenstaufe, bei Bräumer als „zweite Taufe" bezeichnet.

Daß die Taufe zum Spaltpilz in der Christenheit wurde, ist in der Tat ein Trauerspiel. Ein Spaltpilz am Leib Christi aber, wie Bräumer Seite 75 behauptet, kann sie gar nicht werden. Denn die als Kinder sakral-magisch Getauften sind – sofern sie nicht zum Glauben und zu einer von Gott geschenkten Wiedergeburt kommen – gar keine Glieder am Leibe Christi. Sie wurden durch ihre Säuglingstaufe lediglich zu Mitgliedern der Kirchen und zu Steuerzahlern gemacht. In den Leib Christi jedoch wird man allein durch die Neue Geburt einverleibt, wobei die Taufe das sichtbare Zeichen des Hineintretens in den Herrschaftsbereich des Herrn Jesus Christus ist, wie wir im letzten Kapitel in der Auslegung von 1. Petrus 3,21 gesehen haben.

Damit kommen wir nun zu Epheser 4,5 selbst. Was dort geschrieben steht, bestätigt in einer großen harmonischen Einheit alle anderen Taufaussagen des Neuen Testamentes einschließlich 1. Petrus 3,21. Es läßt sich mit bestem Willen nicht dazu benutzen, die Kindertaufpraxis biblisch zu stützen.

Zunächst einmal müssen die zusammengehörenden Glieder der einzelnen Aussagen von Epheser 4,4-6 beachtet werden. In der Mitte steht die Trias[26]: „Ein Herr (Kyrios), ein Glaube, eine Taufe" (V. 5). Das gehört als Einheit zusammen. Diese Einheit in drei Teilen muß in der biblischen Reihenfolge gelesen werden, und die beginnt mit „Jesus ist der Herr!" Hier ist nicht davon die Rede, daß er der Retter, Heiland und Seligmacher ist, sondern davon, daß er der absolute Herr über unser Leben sein will, zu dem wir uns auf Grund des Glaubens bekennen. Dieser Glaube verbindet uns mit dem einen Herrn, denn es gibt keinen zweiten, und

„niemand kann zwei Herren dienen" (Matthäus 6,24). Durch diese Tatsache ist der Glaube an diesen Herrn derselbe Glaube, den auch der neben uns lebende fremde Bruder hat. Er bekennt sich zu demselben Herrn und hat sich Jesus ebenso übereignet wie wir, und mit ihm sind wir darum durch den einen Glauben an ein und denselben Herrn verbunden. Wo aber vollzieht sich diese Übereignung an Jesus, den Herrn, sichtbar und öffentlich? In der Taufe! Darum gehört die Taufe, die auf Grund des Glaubens vollzogen wird, als gottesdienstlicher Bekenntnisakt und Fahneneid – so Tertullian – als drittes zu der Dreiheit hinzu. Und so zeigt diese Dreiheit als Ganzes, in welcher Weise der eine Leib Christi sichtbar wird.

Epheser 4,5 bestätigt damit, daß Glaube und Taufe zusammengehören. Auch, daß der Glaube der Taufe vorangehen muß – wie es in der ganzen Bibel bezeugt wird – und daß die Taufe als Zeichen einer festen Bindung an den Herrn Jesus Christus den Leib Christi sichtbar werden läßt. Spätestens hier müßte jedem biblisch denkenden Menschen bewußt werden, daß diese Bibelstelle nicht dazu benutzt werden darf, eine eben „einmal" vollzogene Kinder- oder Säuglingstaufe mit der „einen Taufe" gleichzusetzen, wie Bräumer es in epigonenhafter Anhänglichkeit und vermeintlicher Bekenntnistreue zu Luther tut. Epheser 4,5 läßt sich nicht auf eine Säuglingstaufe hin deuten, denn in der Taufe auf den Namen des Herrn (Kyrios) Jesus unterstellt sich der Glaubende dem einen Herrn. Oder wie es Schnackenburg zu Epheser 4,5 sagt: „Der gemeinsame Glaube spricht sich im Taufbekenntnis aus ... und schließt die Glaubenden zu einer neuen Einheit zusammen (vgl. Gal 3,28; 1. Kor 12,13; Kol 3,11)."[27]

„Eine Taufe" heißt also: Taufe auf den Namen des Herrn Jesus; Bekenntnis zu ihm als dem einzigen Herrn; Eintritt in seinen Herrschaftsbereich durch diese Taufe. Die Besinnung auf die gemeinsame neutestamentliche Taufe – nicht Kindertaufe –, die mit dem Bekenntnis zu Jesus, dem

Herrn, verbunden ist, ist der von Bräumer erfragte, aber nicht erkannte Maßstab, an dem wir allein die Einheit des Leibes messen dürfen.

Damit sprechen wir zugleich aus, daß der Leib Christi nicht mit irgendeiner Konfessionskirche identifiziert werden kann, sei es eine der alten Traditionskirchen oder eine Freikirche. Die Formel „Kirche = Leib Christi", die von der Genfer Ökumene auf alle Mitgliedskirchen des „Weltrates der Kirchen" übertragen wird oder von der römischen Kirche für sich in Anspruch genommen wird, muß endgültig aufgegeben werden. Die Worte aus Epheser 4, Vers 5 zwingen uns dazu. Der Spaltpilz ist nicht die biblische Glaubenstaufe, fälschlicherweise „Wiedertaufe" genannt, sondern allein die unbiblische und auch durch Epheser 4,5 nicht zu begründende sakrale Säuglingsbesprengung, fälschlicherweise „Kindertaufe" genannt.

Wenn man von Epheser 4,5 überhaupt eine ökumenische Formel für Einheit ableiten will, dann müßte sie lauten: Der eine Glaube an den einen Herrn, der zu dieser einzigen Taufe und einzigartigen Lebensübergabe führt, ist allein die Basis, von der her sich alle Einheitsbemühungen messen lassen müssen, wenn es um den Leib Christi geht.

Wenn es jedoch nur um eine Einheit von Kirchen, Institutionen oder Religionen christlicher Prägung geht, dann mag das oben Gesagte keine Rolle spielen. Nur darf man dann nicht meinen, Epheser 4,5 zur Deutung der eigenen Existenz benutzen zu dürfen. Das hieße, sich mit fremden Federn zu schmücken. Die Schlußfolgerung, die der katholische Theologe Schnackenburg zieht, wenn er im Blick auf die Einheitsbemühungen sagt: „Die eine Taufe, die den einen Glauben verlangt und dem einen Herrn unterstellt ..."[28], ist eben nicht biblisch. Das genau ist die diabolische Verdrehung, die davon ausgeht, daß die Kindertaufe ein dem Glaubensleben vorangestelltes Sakrament ist. Dieses Denken finden wir auch bei Bräumer. Wenn es der Wirklichkeit entspräche, dann hätte – um einmal biblizistisch zu reden – Paulus die Taufe zuerst nennen müssen. Der Wortlaut von Epheser 4,5 gibt jedoch die Zuordnung: „Der eine Glaube, der sich in der einen Taufe dem einen Herrn unterstellt."

Solches trennt natürlich die biblisch konsequent denkenden Menschen von einer großen Schar der kirchlich anders informierten, geführten und auch verführten Christen. Sie erfahren damit zugleich, was es heißt, das Kreuz um Jesu willen auf sich zu nehmen und abgesondert zu werden, denn Taufe war schon immer Absonderung. Darüber im nächsten Kapitel mehr.

Gibt es denn nun für die Kindertaufe gar keine Chance? Leider nein. Auch das nächste Argument Bräumers trifft nicht zu, nämlich, daß nach dem Zeugnis des Neuen Testamentes sowohl die Erwachsenentaufe als auch die Kindertaufe möglich sei (S. 76). Weil Bräumer aber im Neuen Testament außer den von uns bereits in früheren Kapiteln untersuchten Bibelstellen von der Kindersegnung und den Haustaufen keine weiteren Aussagen findet, auf die er seine Darstellung aufbauen könnte – wie sollte er auch –, muß er auf andere Zeugen zurückgreifen. So beginnt das Büchlein auf Seite 7 mit einem äußerst fragwürdigen Zeugnis für die Kindertaufe in apostolischer Zeit, nämlich mit dem des Kirchenvaters und Häretikers[29] Origenes, geboren 185 und gestorben 253 oder 254 nach Christus. Warum Häretiker? Weil Origenes von der offiziellen Kirche, wenn auch erst 300 Jahre nach seinem Tod, als Irrlehrer verurteilt wurde.

Wie auch immer das einzuschätzen ist, Origenes ist in der Kirchengeschichte immer eine umstrittene Person geblieben. Durch ihn hat die spekulative Theologie bis zum heutigen Tag ihren Platz im kirchlichen Denken gefunden. Nun wird ja in Bräumers Büchlein eine Menge spekulativer Tauftheologie getrieben. Das heißt natürlich nicht, daß ich ihm die Haltung unterstelle, die einmal Vinzenz von Lerin zum Ausdruck brachte, als er sagte: „Lieber mit Origenes irren als mit den anderen recht haben."[30] Doch sollte man bedenken, daß Origenes immerhin der erste ist, der die Häresie ausgesprochen hat, daß jeder pneumatische Christ ein Christus geworden sei – eine Aussage, gegen die auch Bräumer sich ausdrücklich wendet. So gilt es zunächst zu beachten – und das auch im Blick auf die Taufauffassung des Origenes und sein sakral-magisches und gnostisches Denken –, daß in besonderem Maße durch ihn der griechische Geist in die Kirche eingeströmt ist, der in einer bestimmten Form von Gnosis[31] das göttliche Erkennen dem bloßen Glauben überordnet.

Ob er als Kind getauft wurde, läßt sich nicht beweisen. Das gilt auch für Bischof Polykarp, dessen angebliche Säuglingstaufe Bräumer erwähnt (S. 7). Es stimmt jedoch, daß Origenes vehement für die Kindertaufe eintrat, wobei er allerdings auf härtesten Widerstand stieß. Mit Origenes entstand ein Taufstreit, den es in dieser Form vorher nicht gab! Dieser Streit kam aber erst am Ende des 2., genauer am Anfang des 3. Jahrhunderts auf, weshalb er gar nicht so alt sein kann wie – so Bräumer – „die christliche Kirche selbst"[32].

Nun sagt Bräumer von Origenes, dieser nenne „die Kindertaufe einen in die apostolische Zeit zurückreichenden Brauch" (S. 7). Damit ist für ihn – ebenso wie für Professor Joachim Jeremias, den wir bereits im vorletzten Kapitel kennenlernten und dessen Argumente für die Kindertaufpraxis Bräumer übernimmt – ausreichend nachgewiesen, daß die Kindertaufe schon zu Lebzeiten der Apostel stattgefunden habe.

Professor Kurt Aland jedoch hat in einer ausführlichen wissenschaftlichen Untersuchung sämtliche Thesen Jeremias' zurückgewiesen. Er kommt nach genauester Quellenforschung zu dem Ergebnis, daß die Kinder- oder Säuglingstaufe „erst vom 3. Jahrhundert nach Christus an sicher nachweibar sei", was „vom Quellenbefund aus nicht bestritten werden könne."[33] Zu den Aussagen des Origenes nimmt Aland in folgender Weise Stellung:

„Etwas anderes ist es schon mit den Aussagen des Origenes. Sie kommen sämtlich aus der Zeit seines Aufenthaltes in Palestina, also aus den Jahren von etwa 231 bis etwa 250 ... Sieht man sich nämlich seine Stellungnahme zur Säuglingstaufe genauer an, so ist deutlich, daß sie sämtlich in Abwehrstellung gegen eine Auffassung stehen, welche die Taufe der Säuglinge eigentlich für unnötig hält, weil sie der Vergebung der Sünde nicht bedürfen, haben sie doch noch keine faktische Sünde begangen ... Wenn es sich bei der Säuglingstaufe wirklich um eine ab apostolis[34] übernommene Tradition gehandelt hätte, die dementsprechend angesichts ihrer langen Übung allgemein anerkannt gewesen wäre, hätte sich die Polemik des Origenes bei allen seinen Bezugnahmen auf die Säuglingstaufe erübrigt. Es muß doch Kreise gegeben haben – und zwar nicht kleine und einflußlose Kreise – die in Bezug auf die Notwendigkeit der Säuglingstaufe anderer Meinung als Origenes waren und dementsprechend handelten, das heißt, die Kindertaufe unterließen. Deshalb auch der Hinweis auf die traditio ecclesiae ab apostolis[35], das stärkste Argument, das Origenes besitzt. Mir scheint, daß Jeremias die Aussagen des Origenes absolut überinterpretiert, wenn er aus ihnen herausliest, daß ‚sein Zeugnis praktisch die ganze östliche Kirche seiner Zeit' umschließe."[36]

In der weiteren Auseinandersetzung wirft der Kirchengeschichtler Aland dem Neutestamentler Jeremias „eine romantische Vorstellung von der alten Kirche" vor. Doch solle damit nicht bezweifelt werden, daß die Kindertaufe in Teilen Palästinas möglicherweise zwischen 230 und 250 als sekundärer religiöser Brauch aufgenommen worden sei. Damit aber sei sie „noch nicht sehr alt". Dies erkläre die Äußerungen Origenes' vollständig. „Denn nur unter dieser Voraussetzung läßt sich verstehen, daß die Stimmen gegen die Säuglingstaufe noch so stark sind, daß Origenes sich immer wieder mit ihnen auseinandersetzen muß."[37]

Aus der Beweisführung Alands können wir unschwer erkennen, daß die geschichtlichen Fakten gegen die Behauptung des Origenes stehen. Origenes kann somit nicht als Kronzeuge für die angeblich in die Zeit des Neuen Testamentes hineinreichende Praxis der Säuglingstaufe aufgerufen werden. Gut lutherisch könnte man dem Lutheraner Bräumer entgegenhalten: Wer ein Buch über die Taufe mit Origenes beginnt, reiht sich selbst unter die „Schwärmer" ein. So jedenfalls bezeichnete Epiphanius von Salamis den Origenes. Nun ist allerdings auch Epiphanius von Salamis kein besonders guter Zeuge, denn er hat die zweifellos komplizierte Religionsphilosophie des Origenes kaum verstanden. Dennoch muß ihm, wie jedem anderen Christen, das Recht zugestanden werden, sich gegen die „Phantasiegebilde" des Origenes zu wehren, die er „als Wahrheit ins Leben einführte."[38]

Origenes zum Zeugen für die Kindertaufe zu machen, ist also nicht sehr hilfreich. Ebensowenig halte ich es für angemessen, Marcion[39] zum Vorbild und Ausgangspunkt für die sogenannte Wiedertaufe der Taufgesinnten der Reformation zu erklären und ihn allen täuferisch orientierten Christen als ihren Vater vorzustellen. Das um so mehr, als die kurze kirchengeschichtliche Darstellung der „Entstehung und Geschichte der Wiedertaufe" (S. 70ff.) bei Bräumer zeigt, daß sich der Autor nur sehr oberflächlich mit der Täuferbewegung der Reformationszeit und der Bildung der angeblich aus ihr entstandenen „zahllosen Kirchen und Freikirchen" beschäftigt hat. Das zeigt schon die immer wieder allen Täufern unterstellte, aber dennoch schlicht falsche, verunglimpfende und fast schon zum religiösen Rufmord führende Auffassung, bei ihnen müsse der Mensch zuerst „beachtliche Werke" vollbringen, von denen „Gottes Handeln ... abhängig gemacht" werde.[40]

Nun ist die Bekehrung zu Gott als freie Entscheidung des Menschen eine Frucht des Glaubens, den Gott durch den Heiligen Geist gewirkt hat und der dieses Menschenwerk, das zur Taufe führt, in Bewegung setzt. Letzten Endes geht es von Gott aus, denn er will es und macht es möglich. Und

Gott wirkt auch die andere Seite der Bekehrung, die Wiedergeburt, an der im Gegensatz zur Bekehrung – der Umkehr, der Hinwendung zu Gott – der Mensch keinen Anteil hat. Und nicht zu vergessen: Er wirkt auch, wovon bei dem Lutheraner Bräumer leider nicht die Rede ist, nämlich die Rechtfertigung, die als gottgewirkter Freispruch auf Grund der Erlösung durch das Kreuz Christi geschieht. Nach der Bibel geht dabei die Rechtfertigung jedoch der Taufe genauso voraus wie die Predigt dem Glauben. Der Mensch, der auf diese Weise von Gott durch den Glauben in Bewegung gesetzt worden ist und im neuen Gehorsam steht, fragt nun nach seiner Taufe als Akt der bekenntnishaften und öffentlichen Übergabe an den Herrn Jesus Christus und erkennt in ihr den von Bräumer richtig beschriebenen Herrschaftswechsel.

Was hindert's? Nichts hindert's! Warum? Weil der Glaube an Jesus da ist! Bekennst Du diesen Glauben? Dann laß Dich taufen und in das Heer der Christusnachfolger einreihen. Wo ist da ein beachtliches Menschenwerk, von dem Gottes Handeln abhängig gemacht wird, wie Bräumer meint?[41] Ist es nicht gerade umgekehrt so, daß die taufgesinnten Christen aller Zeiten – Ausnahmen bestätigen die Regel – das göttliche Werk, das an ihnen geschehen war, priesen und verherrlichten? Und zwar dadurch, daß sie in ihrem „gottesdienstlichen Menschenwerk", wie Karl Barth sagt,[42] im Glaubensgehorsam Gott Antwort gaben. Hier hätte Bräumer Tertullian zitieren müssen statt Marcion, weil dieser noch das wußte, was die Taufgesinnten des Mittelalters in der Reformation wieder ausgegraben haben und was von Marcion und anderen verdorben worden war.

Nun habe ich nicht die Absicht, dem Autor fortlaufend Irrtümer nachzuweisen. Wer sich jedoch das Ziel setzt „die Spuren der einmaligen Taufe von Erwachsenen und Säuglingen zurückzuverfolgen bis in die apostolische Zeit"[43], darf sich nicht einseitig auf die stützen, die ihre Untersuchungen zugunsten der Kindertaufe machten – wie die Professoren

Cullmann und Jeremias –, und sich schließlich von ihnen verführen lassen. Er muß sich auch mit der Literatur der Gegenseite auseinandersetzen, auch wenn dadurch das eigene Taufgebäude ins Wanken gerät. So ist die „ausgewählte Fachliteratur"[44] doch sehr einseitig ausgewählt und darum zwar diskussionswürdig, aber allein nicht akzeptabel. Warum erwähnt er in seinen Literaturangaben weder Karl Barth noch Markus Barth? Etwa, weil sie reformierte und keine lutherischen Theologen sind? Würde es sich zum soeben abgehandelten Thema nicht lohnen, auch einmal über einen Satz von Karl Barth nachzudenken, wie diesen: „Daß einer sich taufen läßt, ist nach der Darstellung des neuen Testamentes durchgehend ebenso gewiß der ihm widerfahrenden freien Erschließung des göttlichen Heilswerkes zu verdanken, wie es der Akt seines eigenen Entschlusses und Handelns ist, zu dem er sich durch jene Erschließung befreit und aufgerufen findet."[45]?

Bräumers Behauptung, daß neben der Erwachsenentaufe auch eine Kindertaufe für die neutestamentliche Zeit bewiesen werden könne, ist somit durch exemplarische Argumente zurückgewiesen worden. Nun sagte Bräumer weiter: „Eine Wiedertaufe widerspricht der Einmaligkeit des Kreuzgeschehens, in das die Taufe den Täufling hineinstellt" (S. 76). An anderer Stelle sagt er in seinen Thesen gegen die Wiedertaufe noch schärfer: „Eine zweite Taufe entspricht einer zweiten Kreuzigung Jesu Christi" (S. 74). Damit kommt er zum eigentlichen Kernpunkt seiner „Fünf Thesen zur Wiedertaufe".[46]

Mit dem, was zur Widerlegung dieser These zu sagen ist, möchte ich die Auseinandersetzung mit Bräumers Buch abschließen, auch wenn sie nur auszugsweise geschehen konnte. Eine ausführlichere Widerlegung unter Berücksichtigung aller Fehlschlüsse, Fehlaussagen und Fehldeutungen würde ein weiteres Buch fordern. Im Rahmen dieses Buches genügt es, an einigen wichtigen Beispielen – und die liefert Bräumer reichlich – nachzuweisen, in welcher Weise heute in bekenntnistreuen evangelischen Kreisen gedacht, argumentiert, gelehrt und verkündigt wird. Bräumers letzte These nun führt uns zu grundsätzlichen Ausführungen zum Thema Taufe und Wiedertaufe.

Wie gesagt, das Argument, eine zweite Taufe entspräche einer zweiten Kreuzigung Christi, führt in den Kern der Auseinandersetzung. Warum? Weil es ein in den evangelischen Kirchen allgemein übliches Argument ist, das sogar in den Lebensordnungen einiger Kirchen formuliert ist. So heißt es zum Beispiel in einer dieser „Ordnungen des kirchlichen Lebens": „Da die heilige Taufe das in Christus ein für allemal für uns geschehene Heil dem Täufling grundlegend zusagt, schließt sie ihrem Wesen nach eine Wiederholung aus. Kein Gemeindeglied soll sich darum einer nochmaligen Taufe unterziehen, da dies die Verachtung der ihm in seiner Taufe zugewandten Gnade Gottes bedeutet."[47] Eine andere, noch schärfere Formulierung lautet: „... zur Lehre und Praxis der reformatorischen Kirchen, wonach dem Täufling mit der Taufe das in Kreuz und Auferstehung Jesu Christi erworbene Heil ein für allemal zugeeignet wird. Das durch den Heiligen Geist erneuerte Leben der Christen ist nicht Voraussetzung, sondern Wirkung der Taufe."[48]

Wenn man die Kindertaufe aus diesem Verständnis theologisch deutet und darstellt, muß in der Tat eine nochmalige Taufe eine „Verachtung der Gnade Gottes" oder „ein Schlag gegen Jesu Erlösung"[49] sein. Damit ist aus der Sicht der Kinder taufenden Konfessionskirchen ein „zum zweiten Mal" getaufter Christ, der seine Kindertaufe nicht anerkennen will, ein irrender, ja sündiger und gotteslästerlicher Mensch. Im Mittelalter gab es für ihn nur den Ausschluß aus der christlichen Gesellschaft; entweder wanderte er aus, oder er wurde hingerichtet. Vieles davon schwingt in dem weiterhin im kirchlich-dogmatischen Sprachgebrauch benutzten Wort „Wiedertaufe" noch mit. Die Glaubenskämpfe und das Werben um die „irrenden" Brüder und Schwestern halten an. Dafür sind insbesondere idea-Pressemeldungen und die daraufhin veröffentlichten Leserstimmen, aber auch das Buch von Pfarrer Bräumer ein Zeugnis.

Die Sache wird nicht leichter, wenn man bedenkt, daß sich anscheinend alle christlichen Kirchen unserer Zeit – sowohl die Kinder taufenden Konfessionskirchen als auch die nur Erwachsene und gläubig gewordene Menschen taufendenden baptistischen Konfessionskirchen – darin einig sind, daß die Taufe einmalig und nicht wiederholbar ist.[50] Dennoch taufen die an der biblischen Taufpraxis orientierten baptistischen, pfingstlichen oder freien evangelischen Gemeinden und Kirchen auch gerade solche Menschen, die bereits als Kinder getauft worden sind. Sie tun dies, weil sie die Kindertaufe als eine nichtbiblische Taufe betrachten und deswegen zur Nichttaufe erklären. Damit fliegt der „Wiedertauf-Bumerang" zurück. Die Kinder taufenden Kirchen werden nun ihrerseits von den großtaufenden Kirchen in ihrem Lebensnerv empfindlich getroffen. Denn Kindertaufe ist für diese Kirchen ja nicht nur eine Glaubensfrage, sondern heute auch eine Frage ihrer zukünftigen Existenz.

Das aber heißt: Provokation und Verletzung auf beiden Seiten! Die Kindertaufpraxis provoziert die Glaubenstaufpraxis, und die Glaubenstaufpraxis provoziert die Kindertaufpraxis. Christen, die sich auf Grund ihres Glaubens ein zweites Mal taufen ließen, fühlen sich durch das Wort „Wiedertäufer" beleidigt und verletzt. Christen, die an ihrer Kindertaufe festhalten, fühlen sich durch die Wiedertaufhandlungen der anderen in ihrem Christsein beleidigt und verletzt, weil dadurch die Kindertaufe für nichtig erklärt wird. Bräumer reagiert entsprechend und sagt: „Die Ungültigkeitserklärung einer Taufe ist – abgesehen von der Schuld gegen Gott – eine unbarmherzige Tat unter Christen."[51]

Nur – es kann nichts für ungültig erklärt werden, was von der Bibel her nie Gültigkeit besessen hat! Und so kann auch dem Säugling und unmündigen Menschen nicht das Heil zugeeignet oder zugesprochen werden, es sei denn, man vertritt eine sakral-magische Taufauffassung, die *ex opere operato*[52] wirk. Dieses Verständnis ist in der katholischen Kirche üblich.

Was bleibt also? Die Dinge so zu sehen, wie sie in der Bibel dargestellt und verkündigt werden – und nicht so, wie man sie auf Grund einer unbiblischen Kindertauftradition in die Bibel hineingelesen und mit theologischen Argumenten in einem kirchlichen Taufkonsens festgeschrieben hat. Weil auf beiden Seiten mit dem biblischen Wort umgegangen wird und von ihm her theologische Schlußfolgerungen (Konklusionen) gezogen werden, gilt hier mehr denn je jenes gewichtige Lutherwort – mit dem allerdings auch Luther manchmal sehr eigenmächtig umging – „das Wort sie sollen lassen stahn!"[53]

Anstelle des Argumentes, daß in der Kindertaufe das in Kreuz und Auferstehung Jesu Christi erworbene Heil dem Menschen ein für allemal zugeeignet wird, sollte man mit den Texten des Neuen Testamentes besser sagen: Unser Heil hat der Herr Jesus Christus am Kreuz auf Golgatha ein für allemal erworben. „... wir [sind] geheiligt durch das ein für allemal geschehene Opfer des Leibes Jesu Christi" (Hebräer 10,10). Wenn man von einem objektiven Ort des Heils sprechen will, dann kann man nur von dem Ort sprechen, der Golgatha heißt. Niemals aber von einer Taufhandlung, die am falschen Ort und zur falschen Zeit im Leben eines Menschen vorgenommen wurde und in die man das Kreuzgeschehen sakral-magisch als „Wasser in Gottes Wort gefaßt"[54] hineinpressen will.

Das Neue Testament zeigt den Weg, auf dem das Heil wirklich zum Menschen gelangt. Nicht durch einen Ritus oder ein sogenanntes Sakrament wird das Heil vermittelt oder auch nur angeboten, sondern allein durch das gepredigte und gehörte Wort vom Kreuz. „... hat es Gott wohlgefallen, durch die Torheit der Predigt die Glaubenden zu erretten" (1. Korinther 1,21). „Alles aber von Gott, der uns mit sich selbst versöhnt hat durch Christus und uns den Dienst der Versöhnung gegeben hat ... und in uns das Wort von der Versöhnung gelegt hat. So ... bitten [wir] für Christus: Laßt euch versöhnen mit Gott!" (2. Korinther 5,18-20). „Denn Christus hat mich nicht ausgesandt zu taufen, sondern das Evangelium zu verkündigen" (1. Korinther 1,17). „Das ist das Wort des Glaubens, das wir predigen, daß, wenn du mit deinem Mund Jesus als Herrn bekennen und in deinem Herzen glauben wirst, daß Gott ihn aus den Toten auferweckt hat, du errettet werden wirst" (Römer 10,8.9). „Also ist der Glaube aus der Verkündigung, die Verkündigung aber durch das Wort Christi" (Römer 10,17). „Denn ihr seid wiedergeboren [oder: wiedergezeugt] nicht aus vergänglichem Samen, sondern aus unvergänglichem durch das lebendige und bleibende Wort Gottes" (1. Petrus 1,23). (Vgl. auch Epheser 5,26 und 1. Korinther 6,11.)

Das aber heißt: Das Angebot, dieses rettende Heil zu erkennen und anzunehmen, erfolgt in, durch und unter der christlichen Verkündigung, Lehre und Predigt. Durch das gehorsame Hören kann und wird Glaube entstehen. Die Annahme des Heils durch den Glauben geschieht in einer grundsätzlichen Entscheidung, kann jedoch einmal oder mehrmals erneuert werden. Letzteres liegt ganz an dem jeweiligen Menschen und seinem Lebensweg, den er als schwacher, verführter, zweifelnder, abgeirrter und wieder heimfindender, dabei allezeit von Gott erwarteter und geliebter Mensch geht. (Vgl. das Gleichnis vom verlorenen Sohn in Lukas 15,11-32.)

Was aber ist mit der biblischen Taufe, die als einmaliger Akt einer erfahrbaren und öffentlich bezeugten Verbindung mit dem Herrn des Heils verstanden werden muß?

Wenn, wie wir gesehen haben, die Bibel eine Taufe an Säuglingen ausschließt, weil diese auf das zuvor zu verkündigende Wort vom Heil – die Predigt, die Glauben erzeugt (vgl. Römer 10,14-17) – noch nicht reagieren können, dann muß die Säuglingstaufe eben als eine Nichttaufe angesehen werden. Eine später erfolgte biblische Glaubenstaufe ist darum keine Wiedertaufe.

Als Wiedertaufe ist allein die wiederholte Taufe an Menschen zu verstehen, die auf Grund ihres Glaubens schon einmal getauft wurden. Eine solche Taufe ist allerdings abzulehnen. Ein ungehorsam gewordener getaufter Christ kann jedoch dadurch, daß er Buße tut, „zurückkriechen in die Taufe", wie Luther einmal sagte. Gewiß hat Luther damit die Kindertaufe im Auge gehabt und sich somit geirrt. Aber für die Glaubenstaufe gilt dieses Lutherwort voll und ganz. Denn der wiederum umkehrende Mensch geht zu seinem Ausgangspunkt zurück, nämlich zu seinem Treueid auf Christus – zu dem Treueid, den er gebrochen hatte. Ein als Säugling getaufter Mensch jedoch hat diesen Eid überhaupt nicht abgelegt. Er weiß auch nichts von einer existentiellen Todes- und Lebensverbindung mit dem Heiland, auch wenn man sie ihm nachträglich – zum Beispiel im Konfirmandenunterricht – anzudichten versucht. Ich denke, das deutsche Wort „andichten" ist ein guter Ausdruck für eine an und für sich unmögliche Sache, die dennoch zum alltäglichen Lehrkonzept evangelischer Konfirmandenpädagogik gehört.

Ganz anders Paulus, der die römischen Christen folgendermaßen ansprechen kann: „Was sollen wir nun sagen? Sollten wir in der Sünde verharren, damit die Gnade überströme? Das sei ferne! Wir, die wir der Sünde gestorben sind, wie sollen wir noch in ihr leben? Oder wißt ihr nicht, daß wir, so viele auf Christus Jesus getauft wurden, auf seinen Tod getauft worden sind? So sind wir nun mit ihm begraben worden durch die Taufe in den Tod, damit, wie Christus aus den Toten auferweckt worden ist durch die Herrlichkeit des Vaters, so auch wir in Neuheit des Lebens wandeln" (Römer 6,1-4). Damit wußte der römische Christ: „Was er aber lebt, lebt er Gott" (Römer 6,10). Und so konnte Paulus auch die ganze Gemeinde ermahnen: „So auch ihr, haltet euch der Sünde für tot, Gott aber lebend in Christus

Jesus" (Römer 6,11). Der Ausgangspunkt dieser Lebenshaltung aber war die Taufe.

Er konnte so schreiben, weil er bei den Römern eine klare Basis voraussetzen konnte, die wir wegen unserer Kindertaufpraxis nicht mehr haben. Darum sind auch unsere Kirchengemeinden so tot, und deshalb gibt es so viele Namens- und Taufscheinchristen, deren Leben in krassem Widerspruch zu einer Existenz steht, in der ein Mensch „der Sünde gestorben" (Römer 6,10) ist und sich „Gott aber lebend in Christus Jesus" (Römer 6,11) hält. Man könnte die Ermahnungen, die Paulus im 6. Kapitel des Römerbriefes ausspricht – sie bringen das paulinische Taufverständnis deutlich zum Ausdruck –, mit folgendem Satz wiedergeben: „Ihr seid getauft, darum lebt das Leben eines Getauften."

Es liegt auf der Hand, daß heutige Christen, die eine Wiedergeburt oder auch eine geistliche Erneuerung erleben und mit staunenden Augen in der Bibel lesen, früher oder später das Bedürfnis haben, getauft zu werden. Dieses gehorsame Verlangen, das vom Wort Gottes geweckt worden ist, wird oftmals durch verständnislose Pfarrer abgeblockt. Man kann von ihnen zum Beispiel hören: „Was wollen Sie eigentlich mit Ihrer Bekehrung. Wir sind doch alle gläubig. Wir sind doch alle Christen. Wir sind doch alle getauft." Manche Gläubige geben sich damit zufrieden, andere nicht.

Nur wenige schaffen es, ihre Kindertaufe als – um mit Martin Luther zu sprechen – „eyn andere, fremde, unchristliche tauffe" anzusehen, die nicht die Bezeichnung Taufe verdient, weil ihr die Voraussetzung der biblischen Taufe gefehlt hat – nämlich der Glaube – aber auch das rechte Zeichen – nämlich das Untertauchen, das Begrabenwerden (siehe Römer 6), eben das eigentliche Taufen. Was aber ist nun die Kindertaufe? Sie ist bestenfalls eine Kindersegnung unter Gebrauch von etwas Wasser, mehr nicht! Auch die Tatsache, daß die bekannten Taufworte rite[55] dazu ausgesprochen werden, läßt die Segnung nicht zu einer Taufe werden. Die Kindertaufe nur eine „unordentliche" Taufe zu nennen, wie Karl Barth es tat,[56] genügt nicht.

Ein inzwischen pensionierter Pfarrer und früherer Kollege schrieb mir vor einiger Zeit ganz offen: „Daß ich anstelle der Kleinkindertaufe längst lieber die Kindersegnung praktiziert hätte, weißt du. Ich vermag auch, je länger je mehr, die bisher von uns geübte Kindertaufe faktisch nur im Sinne der Kindersegnung zu verstehen."

Solche Wassersegnungen gibt es in der katholischen Kirche reichlich. Sie werden an Personen und Sachen vollzogen. Menschen segnen sich selbst mit Hilfe des Weihwasserbeckens am Eingang ihrer Kirche. Oder der Priester segnet den Verstorbenen mit Wasser. Dasselbe geschieht mit Denkmälern, Gebäuden, Autos oder Äckern auf den sogenannten Flurprozessionen. In manchen Gegenden Deutschlands ist man mit dem Besprengen durch geweihtes Wasser schnell bei der Hand. Alles das sind Formen sakraler Segnung.

Da es bei der Taufe zunächst um die Bereitschaft zum Glauben gekommener erwachsener Personen geht, sollen hier zusammenfassend die Bibelstellen genannt werden, die bezeugen, daß das Neue Testament nur die Taufe von Gläubigen kennt: Markus 16,16; Apostelgeschichte 2,41; 8,12.36-38; 9,18; 16,31-34; 18,8. Aber auch Matthäus 28,19 gehört hierzu, denn wörtlich heißt es dort: „... macht alle Nationen zu Jüngern, sie taufend ..."; das heißt, die zu Jüngern Gemachten sollen getauft werden. Der alte Luthertext von 1914, der bei vielen konservativen Christen noch sehr beliebt ist und auch von den Bibelanstalten noch verkauft wird, läßt an dieser Tatsache keinen Zweifel. Er übersetzt das Zu-Jüngern-Machen entsprechend der lateinischen Vorlage mit: „Darum gehet hin und lehret alle Völker und taufet sie ..." Ein besonders gutes Beispiel ist Apostelgeschichte 10,44-48 und 11,15-18. Auch hier wird deutlich, daß der Empfang des Heiligen Geistes und das Gläubigwerden während des Hörens der Predigt geschieht und daß sich die Taufe dem anschließt. Dasselbe gilt für Apostelgeschichte 16,14.15. Denn das Urteil „deren Herz tat der Herr auf", das dort über Lydia gesprochen wird, läßt erkennen, daß der Heilige Geist sie während der Predigt zum lebendigen Glauben führte.

Alle diese Bibelstellen zeigen aber noch ein Zweites, nämlich daß diesen Taufen eine den Glauben erweckende Botschaft vorausging. Damit wird der biblische Dreierschritt sichtbar: Predigt – Glaube – Taufe; oder: Heilsangebot – Heilsannahme – Heilsbezeugung und Heilsbesiegelung. Diese Reihenfolge kann nicht umgekehrt werden.

Auch in ihrem äußeren Vollzug ist die bei uns praktizierte Säuglingsbesprengung keine echte Taufe. Es hat schon seinen Sinn, nach der richtigen Form der Taufe zu fragen. Auch Bräumer tut das und meint in Hesekiel 36,25.26 eine Bestätigung für die Säuglingsbesprengung gefunden zu haben. Er stellt dabei die Behauptung auf: „Die Besprengungstaufe war für die ersten Christen die typische Taufe der messianischen Zeit."[57]

Dem ist entgegenzuhalten, daß das neutestamentliche Taufverständnis nur eine mögliche Form der Taufe zuläßt, nämlich das Untertauchen des ganzen Menschen. Dies zeigt sich besonders im Blick auf Römer 6,3-11 und Kolosser 2,12. Martin Luther wußte noch etwas von dieser biblischen Taufform und sagte: „Ich wollte, man tauchte die, welche getauft werden sollen, ganz und gar in das Wasser, wie das Wort lautet."[58] Und: „Zu der Taufe gehört ... das Zeichen ..., das ist, die Eintauchung in das Wasser, daher sie auch den Namen hat."[59]

Luther beruft sich also auf den Begriff selbst, denn das deutsche Wort „taufen" bedeutet ursprünglich „tief eintauchen"[60]. Das entspricht den griechischen Worten für „Taufe" und „taufen" im Neuen Testament. Das Verb *baptizein* wird in seinen Varianten mit „eintauchen", „untertauchen" oder „versenken" wiedergegeben. In diesem Sinn wird es im klassischen Griechisch zum Beispiel dafür gebraucht, um das Versenken von Schiffen im Krieg zu bezeichnen.[61]

Daß „taufen" einen Menschen ganz unterzutauchen bedeutet und daß dies die einzig richtige Form biblischer Taufe ist, zeigt uns die Bibel unter anderem durch den oft übersehenen Hinweis, daß Johannes „zu Änon, nahe bei Salim" taufte, „weil dort viel Wasser war" (Johannes 3,23). Auch die Ausgrabungen von Baptisterien bzw. Taufbecken- und Taufanlagen bestätigen dies.

Freilich gab es nicht überall genug Wasser, deshalb gestattete man in Syrien schon recht früh auch das Taufen durch dreimaliges Begießen. Aber das ist, wie die „Didache" oder „Apostellehre", eine Kirchenordnung der nachapostolischen Zeit zu Anfang des 2. Jahrhunderts, sehr deutlich zu verstehen gibt, die Ausnahme und nicht die Regel. Die Regel gebietet sogar, wo es möglich ist, in fließendem Wasser, also in Bächen oder Flüssen zu taufen. Wo dies nicht möglich ist, mag es in stehenden Gewässern oder in einem Taufbehälter oder einer Badewanne geschehen. Wörtlich: „Hast du aber kein fließendes Wasser, so taufe in einem anderen Wasser; kannst du nicht in kaltem taufen, dann in warmem. Hast du aber beides nicht, so gieße dreimal Wasser auf das Haupt im Namen des Vaters, des Sohnes und des Heiligen Geistes."[62]

Sehr aufschlußreich ist auch der nächste Satz (Didache 7,4): „Vor der Taufe aber soll der Täufer und der Täufling fasten, und wenn es geht, noch einige andere. Und zwar laßt den Täufling ein oder zwei Tage vorher fasten." Diese Stelle reizt mich zu der Bemerkung: Lassen sie einmal einen Säugling ein bis zwei Tage vor der Taufe fasten! Allein aus dieser Aussage der Didache, der eine allgemeine Fastenvorschrift folgt, ist deutlich zu sehen, daß wir es am Anfang des 2. Jahrhunderts noch ganz und gar mit der Taufe von erwachsenen Personen zu tun haben. Aber auch aus der Belehrung über den rechten Weg, die in sechs Kapiteln den Ausführungen über die Taufe und der Beschreibung der Taufe vorausgeht, ist dies zu erkennen. Die „Lehre von den beiden Wegen" in Kapitel 1-6 wird von Theologen als „Taufkatechismus" verstanden, also als eine Belehrung der Taufanwärter (Katechumenen) vor ihrer Taufe. Auch hierin zeigt sich, daß die Täuflinge erwachsene Menschen sind. Dies wird noch einmal deutlich, wenn man sich den Text dieser Sittenlehre näher anschaut. Ein Textauszug aus dem 2. Kapitel mag genügen, um zu belegen, daß die (geistlichen) „Kinder" – so die Sprache der Didache (vgl. die Anrede der Christen in den Johannesbriefen) – Erwachsene gewesen sein müssen. „Du sollst nicht ehebrechen, du sollst nicht Knaben schänden, du sollst nicht huren, du sollst nicht stehlen, du sollst nicht Zauberei treiben, du sollst nicht Gift mischen, du sollst nicht die Leibesfrucht abtreiben, auch nicht das Neugeborene töten" und so weiter.[63]

Fassen wir die bisherigen Ausführungen zusammen, so kommen wir zu folgendem Ergebnis: Die Kindertaufe ist keine biblische Taufe, weil ihr vor allem zwei Dinge fehlen. Erstens fehlt der Kindertaufe die vorausgehende Buße und Bekehrung, das heißt die Umkehr und Hinkehr zu Gott, dem Vater, und Jesus Christus, dem Retter. Damit aber fehlt dem Täufling der Glaube. Die biblische Reihenfolge ist immer: Buße – Glaube – Taufe. Sie kann nicht umgekehrt werden, auch wenn Gott in seiner Barmherzigkeit durch die Jahrhunderte des Taufirrtums und der Irrwege gnädig war und sich auch aus den als Kinder Getauften gläubige Nachfolger seines Sohnes erweckte. Wir sehen vielmehr auch darin, daß die ganze Geschichte einer abgefallenen Kirche nicht nur der Weg der Dekadenz und der zunehmenden Entfernung vom biblischen Wort und Ursprung ist, sondern zugleich auch die Geschichte ständiger Erweckungen, Erneuerungen und kleinerer und größerer Reformationen. Doch dürfen wir diese Gnade, mit der Gott seine Christenheit erhält und erneuert, nicht mißbrauchen. Nachdem wir die biblische Wahrheit über die Taufe erkannt haben, dürfen wir nicht länger den Irrtum als Wahrheit vertreten und weiterhin Kinder taufen. Auch dürfen wir aus dieser geschichtlichen Tatsache keinen Beweis dafür ableiten, daß die Kindertaufe von Gott bestätigt, erlaubt oder sogar gewollt sei. Wir erinnern uns, daß Luther genau das im „Großen Katechismus" getan hat.

Zweitens fehlt der Kindertaufe das Zeichen, nämlich die Taufe selbst. Eine Säuglingsbesprengung ist eben keine Taufe. Taufen heißt untertauchen. Da aber die sogenannte Kindertaufe nur eine Kindersegnung mit etwas Wasser ist – auch wenn Tauformeln dazu gesprochen werden –, steht die Buß- und Glaubenstaufe, die bewußte Lebenshingabe an Jesus Christus, das Hineingetauftwerden des Gläubiggewordenen in den Tod Jesu Christi noch aus. Wir sollten uns darum nicht so verhalten wie die frommen und überlegenen Pharisäer, die meinten, bei ihnen wäre alles in Ordnung (Lukas 7,29-35). Wir sollten darüber nachdenken, was die Worte bedeuten: „Die Pharisäer aber und die Gesetzesgelehrten machten den Ratschluß Gottes für sich selbst wirkungslos, indem sie sich nicht von ihm taufen ließen" (Lukas 7,30).

Wenn wir nun gläubig geworden sind, aber bereits als Kinder getauft wurden und uns nicht im biblischen Sinn taufen lassen, sind wir dem Wort Gottes ungehorsam. Wir gehen zwar nicht verloren (Markus 16,16), weil der Grund unserer Erlösung ja nicht die Taufe, sondern das objektive Heilswerk Christi ist, das am Kreuz von Golgatha zur Errettung der Welt geschehen ist und von uns im Glauben ergriffen wurde. Doch stehen wir dann außerhalb des „Weges", den die Christen im Neuen Testament gegangen sind, und erklären unsere eigenen religiösen und von kirchlicher Dogmatik abgedeckten Wege für richtig oder doch möglich.

Wir müssen uns dann auch fragen lassen, wie wir unser Verhalten rechtfertigen wollen. Dabei sollten wir bedenken, daß aufgeschobener Gehorsam in der Bibel Ungehorsam und Sünde genannt wird. Ja, die Heilige Schrift vergleicht im Alten Testament diesen Ungehorsam und dieses Widerstreben den schlimmsten Sünden, die es gibt, nämlich der Zauberei, der Abgötterei und dem Götzendienst (1. Samuel 15,22-24).

Wenn nun im nächsten Kapitel eine biblisch gebotene Tauflehre entfaltet wird, muß dabei besonders der noch offenstehende Fragenkomplex der Taufwiedergeburt beachtet werden.

8.
Taufe als Heiligung des Lebens

Von Kapitel zu Kapitel wurde bisher eine immer deutlicher werdende neutestamentliche Tauftheologie entfaltet, die in diesem Kapitel unter der Frage: „Was bewirkt die Taufe?" ihren Abschluß finden soll.

Wir gehen zunächst von der bereits gestellten und zum Teil auch beantworteten Frage aus, ob die Taufe eine Abwaschung von Sünden ist. Dabei werden wir zu der noch nicht beantworteten Frage kommen, ob die Wiedergeburt in der Taufe geschieht. Ein dritter Schritt ist die Darstellung einer kurzen neutestamentlichen Tauflehre, die uns zeigt, daß Taufe Heiligung ist, und das heißt nach biblischen Texten eindeutig: Absonderung.

Daß Taufe keine Abwaschung und Reinigung von Sünden ist, wurde schon bei der ausführlichen Auslegung von 1. Petrus 3,21 im vorletzten Kapitel deutlich. Trotzdem wird in vielen kirchlichen Lehrbüchern ihre Wirkung auch in dieser Richtung beschrieben. Dabei stützt man sich hauptsächlich auf Titus 3,5, auf die Worte vom „Bad der Wiedergeburt" (LÜ). Es wird auch auf Apostelgeschichte 2,38 hingewiesen. Dort ist zu lesen, daß Petrus an Pfingsten zu den Bußwilligen sagt: „... jeder von euch lasse sich taufen auf den Namen Jesu Christi zur Vergebung eurer Sünden." Und auch Apostelgeschichte 22,16 wird angeführt. Paulus schildert dort, wie Ananias ihn – den reuigen Sünder – aufforderte: „Was zögerst du? Steh auf, laß dich taufen und deine Sünden abwaschen, indem du seinen Namen anrufst."

Nun bietet es sich für eine moderne Taufpädagogik, die sich gerne auf symbolträchtige Bilder stürzt, an, das Wasser als Reinigungsmittel, aber auch als notwendige Lebensgrundlage zu verstehen. Dazu kommt im ökumenischen Bereich die Bemühung um ein einheitliches Bekenntnis für alle Kirchen. Man glaubt, es im Nizänischen Glaubensbekenntnis[1] gefunden zu haben. Dort heißt es: „Ich bekenne die eine Taufe zur Vergebung der Sünden."

Man darf allerdings nicht vergessen, daß gerade das Nizänische Konzil unter dem Druck eines Kaisers zustande kam, der noch nicht getauft, aber den Christen freundlich gesinnt war und eine Staatskirche wünschte. Dieser Kaiser – Konstantin der Große – hatte dann auch den Vorsitz inne. Zweitens nahmen hauptsächlich östliche Bischöfe, aber kaum westliche Bischöfe daran teil. Drittens muß darauf hingewiesen werden, daß das Nizänische Glaubensbekenntnis bereits sakramentalistisch verfärbt ist und kaum noch die ursprüngliche Gemeinde-Taufauffassung der apostolischen Zeit wiedergibt, sondern bereits das Produkt einer entstehenden Einheitskirche im 4. Jahrhundert ist. Gerade in diesem Jahrhundert kam es ja wegen des einseitigen Verständnisses der Taufe als Reinigungsakt zum sogenannten Taufaufschub. Das heißt, man schob die Taufe so weit wie möglich bis an das Ende des Lebens auf – bösartige Zungen sagen, bis man sich ausgelebt und lebenssatt und ruhig geworden war –, damit man durch die Taufe ganz gereinigt sterben und in den Himmel kommen könne. Ich erlaube mir, noch ein Viertes hinzuzufügen. Die Akten des Nizänischen Konzils sind verschwunden oder vernichtet worden. Wir haben außer Sekundärberichten keine Unterlagen oder Originalquellen, um nachweisen zu können, was auf dem Konzil wirklich geschehen ist. Wir wissen jedoch, daß damals alles ordentlich protokolliert wurde.

Nun gilt es, noch ein anderes zu bedenken. Die erste neutestamentliche Taufe, sowohl die von Johannes als auch die von den Jesusjüngern vollzogene (zum Beispiel Markus 1,4-15; Matthäus 3,1-12; Lukas 3,1-18 sowie Johannes 1,19-34 und Johannes 3,22-4,3) war ja eine Bußtaufe zur Vergebung der Sünden, also eine Reinigungstaufe – äußerlich den jüdischen Reinigungsbädern ähnlich –, um zur eschatologischen Heilsgemeinde zu gehören, die den verheißenen Messias erwartete. Sie unterschied sich an einer Stelle allerdings sehr deutlich von den jüdischen Reinigungsbädern. Diese kultischen Bäder vollzog der Mensch an sich selbst, die Taufe konnte er nur durch einen anderen Menschen empfangen.

An Pfingsten wird diese messianische Taufe zunächst fortgesetzt. Nun aber nicht mehr als vorbereitende Heilstaufe, denn das Heil war ja inzwischen durch den Kreuzestod Jesu ein für allemal erwirkt worden und durch die Pfingstrede des Petrus den Menschen offenbart. Jetzt führte sie zur Eingliederung in die messianische Heilsgemeinde, die später „Leib Christi" genannt wird. Es findet zur Aufnahme in den Heilsbereich Jesu Christi eine Taufe „auf den Namen Jesu Christi" statt. Sie wird an Menschen vollzogen, die, wie wir annehmen dürfen, zum größten Teil schon einmal durch Johannes oder auch die Jesusjünger die Bußtaufe erhalten haben. Sie werden nun noch einmal getauft. Es findet also eine notwendige Wiedertaufe statt, weil diese Menschen ihr Heil jetzt endgültig bei dem gekreuzigten und auferstandenen Messias gefunden haben und festmachen wollen – es waren ja zum Teil genau jene Menschen, die diesen Messias mit ihrem Ruf „Kreuzige ihn!" trotz ihrer messianischen Bußtaufe abgelehnt und seinen Tod gefordert hatten. Ihn jetzt als den wirklichen Herrn und Gesandten Gottes anzunehmen und sich ihm in der Taufe zu übereignen, setzte darum dringend einen erneuten Bußakt voraus. Von hierher läßt sich die erste nachpfingstliche christliche Taufe in der Judenchristenheit als eine Übergangstaufe von der Johannestaufe zur späteren Gemeindetaufe in der Heidenmission verstehen. Das führt im Blick auf die Frage, ob in der Taufe eine Abwaschung von Sünden geschieht, zu folgenden Aussagen:

Die Situation des Paulus (Apostelgeschichte 22,16; 9,10-18) sowie die der Juden an Pfingsten in Jerusalem (Apostelgeschichte 2,38) ist eine andere gewesen, als die der Heidenchristen (Apostelgeschichte 8,36-38; 10,44-48; 11,18; 15,8.9; 16,30-34; 18,8; 19,1-6). Israel wurde wegen der Tötung, Saulus wegen der Verfolgung des Messias Jesus zunächst zu einer Bußtaufe, ähnlich der eschatologischen[2] Bußtaufe des Johannes und der Jesusjünger, geführt. Diese Bußtaufe war allerdings – da Pfingsten mit der Ausgießung des Heiligen Geistes geschehen war und der Tod, die Auferstehung und die Himmelfahrt Jesu vorausgegangen waren – zugleich eine Übereignung an Jesus, also eine Taufe auf den Namen Jesu. Das war das Neue bei dieser pfingstlichen Taufe, die auch noch die alte Tauftradition des Johannes und der Jesusjünger fortsetzte. Damit war sie zugleich die Brücke zur Gemeindetaufe, wie wir sie in Antiochien oder in den heidenchristlichen Gemeinden finden, die durch die paulinische Mission entstanden waren.

Die Abwaschung von Sünden geschieht bei den Heidenchristen – zu denen auch wir gehören – bereits vor der Taufe, und zwar in dem Augenblick, wo der Mensch durch den Glauben Jesus als seinen Retter annimmt und die Veränderung seines Lebens durch die Wiedergeburt erfährt. Auch für die an Pfingsten Getauften gilt grundsätzlich: Als sie an Jesus gläubig wurden, empfingen sie Reinigung von den Sünden, doch dies geschah bei ihnen durch die Taufe als traditionellen Bußakt, also in der Form der oben geschilderten Einschränkung. Hierzu könnte bereits Titus 3,5-7 angeführt werden, wobei natürlich vorausgesetzt werden muß, daß das Wort von der „Waschung der Wiedergeburt und Erneuerung des Heiligen Geistes" nicht als Taufe (Luther übersetzt „Bad der Wiedergeburt") gesehen wird, sondern so zu verstehen ist, wie es dasteht. Es sagt nämlich aus, daß wir bei unserer Wiedergeburt – also im Geschehen von Bekehrung, Gläubigwerden und Rechtfertigung – die Abwaschung von unseren Sünden erfahren haben als Werk des Heiligen Geistes, der allein erneuert.

Diese Wiedergeburt oder neue Zeugung (Johannes 3,3-9) ist Gottes Werk und geheimnisvolles Wirken. Sie geschieht durch das gehörte Wort und durch den Heiligen Geist (1. Petrus 1,23; Epheser 5,26; Titus 3,5; Hebräer 10,22). Sie wird mitunter „bildlich" als Abwaschung – siehe obige Bibelstellen – oder als Reinigung (Apostelgeschichte 15,8.9), nicht aber als Taufe beschrieben.

Daraus ergeben sich folgende Thesen:

1. Die Taufe bewirkt nicht die Wiedergeburt. Damit bewirkt sie auch keine Abwaschung von Sünden. Die Wiedergeburt muß nach der Heiligen Schrift der Taufe vorausgehen. Die Vorstellung von einer Taufwiedergeburt ist heidnisches und sakramentalistisches Denken aus den Mysterienreligionen und leider eine weitverbreitete christliche Irrlehre.

2. Die Abwaschung von den Sünden (Jesaja 1,18; Psalm 51,9; Apostelgeschichte 15,8.9) erfolgte am Kreuz auf Golgatha durch das Blut Jesu Christi (Offenbarung 1,5; 1. Johannes 1,7; Hebräer 9,11-26; 1. Petrus 1,2.19).

3. Im Glauben, der der Taufe vorausgeht, nehmen wir an, was Jesus für uns erworben hat (Galater 3,26.27). So werden wir „durch den Glauben an sein Blut" (Römer 3,25) gerettet und vor Gott gerecht (Römer 5,8-10; Epheser 1,7).

4. Erst der Glaubende läßt sich in der Schrift „auf den Namen Jesu" und „auf seinen Tod" taufen (Römer 6,3; Apostelgeschichte 2,38 u.a.). Auf den Namen Jesu getauft werden bedeutet, auf das Konto Jesu getauft werden, so daß man von da ab ihm zur Verfügung steht.

5. Die Beziehung der Taufe zu diesem Heilsgeschehen besteht darin, daß die Taufe alles abbildet, was wir in Christus

bereits haben (1. Petrus 3,21). Die Taufe selbst jedoch „bewirkt" nicht diese am Kreuz erfolgte und im Glauben bereits angenommene Abwaschung der Sünden, die durch die Wiedergeburt zu einem neuen Leben führte.

6. Würde die Taufe all dies bewirken können, dann wäre sie ein Sakrament, eine sakral-magische Handlung, durch deren Vollzug etwas Objektives bewirkt würde. Das Neue Testament kennt in diesem Sinne keine Sakramente.

Diese sechs Thesen sind zum Teil negative Thesen. Sie wollen hauptsächlich zeigen, was die Taufe nicht bewirkt und nicht ist. Positive Thesen über die Taufe werden dieses Kapitel und dieses ganze Buch beschließen.

Zunächst muß durch eine ausführliche Auslegung von Titus 3,5 und Johannes 3,3-9 nachgewiesen werden, daß die obigen Thesen gültig sind. Diese beiden Bibelstellen nämlich sind für verschiedene Kirchen der Anlaß, die sogenannte Taufwiedergeburtslehre zu vertreten. Die Prüfung und Auslegung der beiden Bibelstellen Titus 3,5 und Johannes 3,3-9 ist deshalb von besonderer Bedeutung für uns, weil der Einfluß der traditionellen Taufvorstellungen auf Grund gerade dieser Bibelworte bis in die tiefgläubigen Kreise unserer pietistischen und evangelikalen Gruppen hineinreicht.

Um die Worte in Titus 3,5 recht zu verstehen, müssen sie im Textzusammenhang gelesen werden. Aus diesem Grund knüpfen wir bei Titus 2,14 an. Dort wird uns gesagt, daß Jesus Christus uns durch seinen Tod am Kreuz aus dem Bereich der Gesetzlosigkeit losgekauft hat, indem er „sich selbst für uns gegeben" hat und „sich selbst ein Eigentumsvolk reinigte".

Diese Worte zeigen uns, wozu Christus uns erlöst hat. Nicht zu einer privaten Glückseligkeit; denn mit den Erretteten, die ein Volk, eine Gemeinde und ein Leib sind, sammelt sich Jesus auf dieser Erde vielmehr eine Schar von

Menschen, die seinen Willen und damit den Willen des Vaters im Himmel tun. Gerade weil sie frei geworden sind von allen Strukturen menschlicher und religiöser Gesetze, auch ihre Erlösung nicht mehr durch eigene Anstrengung oder Werke und das Halten von strengen Gesetzen suchen, sind sie fähig und eifrig gemacht worden für „gute Werke". Jeder Versuch, seit Adams Fall in der Geschichte und Verwaltung der Erde gute Werke zu vollbringen, endete trotz vieler sittlicher Anstrengungen stets in bösen Werken. Durch gute Werke aber will Gott von seinen geliebten Menschenkindern vor der ganzen Schöpfung gepriesen sein (vgl. Matthäus 5,13-16; Johannes 15,1-17, besonders Vers 8 und Vers 16).

Das aber heißt: in Titus 2,14 ist sowohl von unserer Rechtfertigung als auch von unserer Heiligung die Rede. Die Befreiung „von" ist eine Befreiung „zu". Es wird uns nicht nur gezeigt, auf welche Weise die Grundlage unserer christlichen Existenz geschaffen wurde, es wird uns auch gesagt, wie wir in der Nachfolge Christi und unter seiner Herrschaft leben sollen, wozu wir Christen also berufen sind.

Auf das alles nimmt nun Kapitel 3 Bezug, wo von dem „Danach" die Rede ist, von dem Verhalten des Christen oder Jesusjüngers in der Welt. Dieses Danach darf nicht übersehen werden! Es ist ein absolut gesetztes Danach, denn an das, was vorausgegangen war, wurde ja mit „Nachdruck" (Titus 2,15b) erinnert. Dieses „Nach" ist ein Leben in der Gesellschaft (Titus 3,1) nach der Rechtfertigung, Erlösung, Annahme des Heils und auch nach der Taufe, in der der neue Mensch sich seinem Herrn Jesus übergeben hat und nun in seiner Gemeinde und in seinem Herrschaftsbereich lebt.

Die erste Ermahnung gilt, wie bereits gezeigt, dem gesellschaftlichen und politischen Verhalten der Christen (Titus 3,1.2). Dabei wird im nächsten Vers (Vers 3) noch einmal ihr früheres Verhalten angesprochen. So werden den sieben

Tugenden in Vers 1 und 2 in Vers 3 sieben Laster gegenübergestellt.³

Wir haben hier die typische Gegenüberstellung des „Einst" und des „Jetzt" vor uns, die wir auch aus anderen paulinischen Briefen kennen – wenn auch in umgekehrter Reihenfolge, was im ersten Augenblick verwirrt. Sie zeigt, bei aller Ursache zur Ermahnung, letzten Endes den Standpunkt an, an dem sich der Gläubige auf Grund seiner Wiedergeburt und seiner Taufe befindet: er lebt im Leib Christi, oder nach Titus 2,14, im Lebensbereich des Eigentumsvolkes. Ganz allgemein: Es geht um das pneumatische „In-Christus-Sein", von dem Paulus immer wieder spricht.

Das aber heißt, in Titus 3,1-3 ist zu Menschen geredet, die eine Erneuerung ihres Lebens erfahren haben, sonst hätte ja das „einst" keinen Sinn. Es sind Menschen, die von Gott wiedergeboren worden sind. Sie haben sich nach ihrer Wiedergeburt taufen lassen. In der Taufe haben sie auf Gottes Wirken Antwort gegeben und sich gehorsam in das Haus Gottes einordnen lassen, haben auch bewußt und endgültig die eigene Vergangenheit hinter sich gelassen. Ihr alter Mensch (Römer 6,1-11), und das heißt, der tote Adam – der Leichnam, denn nur ein Leichnam kann beerdigt werden – wurde ins Wassergrab der Taufe gelegt.

Wie aber aus allen neutestamentlichen Ermahnungen hervorgeht, steht der neue Mensch in einem ständigen Streit zwischen Geist und Fleisch (vgl. zum Beispiel Römer 7 und 8; Galater 3,3; 5,16-6,1; 1. Korinther 3,1-3), und auch die Gemeinde hat mit sündigen Rückfällen ihre Last (vgl. Korintherbriefe). Weil die Taufe aber als Beginn eines neuen Lebensabschnitts zugleich einen Prozeß eingeleitet hat, der als Leben in und aus der Taufe sehr konkrete Auswirkungen haben sollte, stellt sich die Frage nach der Erneuerung des geistlichen Lebens.

Das aber ist die Frage nach der Buße und Wiederherstellung derer, die von Jesus Christus erkauft wurden und nun und immer noch zu ihm gehören, aber nicht mehr in der

Heiligung, und das heißt Absonderung, leben. Eine Frage, die sich seit der frühkatholischen Zeit durch die Jahrhunderte hindurchzieht und zum Beispiel in Luthers „95 Thesen" ihren Niederschlag findet – Luther sagt darin, daß „das ganze Leben der Gläubigen Buße sein soll"[4] –, aber auch in Wesleys Aussagen zur „Buße der Gläubigen" oder „zweiten Buße", wie er es nennt, oder in der gegenwärtigen „geistlichen Erneuerung" der Kirchen.

Und genau da setzt Titus 3,4 ein und verweist auf das vollbrachte Werk der Barmherzigkeit eines die Menschen liebenden (lat.: „humanen", gr.: „philanthropen") Retter-Gottes. Er will an seinen geliebten Menschen das „angefangene Werk" durch geistliche Erneuerung und Wiederherstellung des Verlorengegangenen „vollenden" (vgl. Philipper 1,6). „Als aber ... erschien" (Titus 3,4) – das ist, wie im folgenden noch ausführlich dargelegt wird, kein Rückblick in die Vergangenheit, weder auf die traurige, die in Titus 3,3 beschrieben wird, noch auf das Ereignis der in Titus 2,14 genannten Rettung, sondern ein Hinweis „auf die segensreiche Gegenwart ..., deren Früchte die Gläubigen noch fortwährend genießen"[5], auch wenn sie diese Worte an die geschichtlichen Heilsereignisse von Bethlehem, Golgatha und Pfingsten erinnern, die natürlich den Hintergrund zu jedem jetzt wirkenden Heil bilden.

Das aber bedeutet, daß Titus 3,4.5 nicht nur eine Wiederholung des in 2,14 Gesagten ist, also nicht nur von unserer grundsätzlichen Errettung und Erlösung durch Jesus Christus und unserer Rechtfertigung durch Gott und damit von der Basis unserer christlichen Existenz spricht. Dieses Bibelwort verweist im Blick auf ethische Probleme und das Verhalten des Christen in der Welt, das anscheinend auch bei den Christen, mit denen Titus zu tun hatte, nicht so funktionierte, wie es sollte, auf die ständige Reinigung des Eigentumsvolkes durch das Wirken des „reichlich" ausgegossenen Heiligen Geistes (Titus 3,6). Dabei spricht es unter Hinweis auf die geschehene und bleibende Rettung und

Reinigung des Eigentumsvolkes (Titus 2,14) von einer erneuten oder ständigen Waschung, Wiederherstellung oder Erneuerung, die den Christen zuteil wird, die sich, wenn sie gesündigt haben, wieder Christus zuwenden (Titus 3,5).

Das ist eine mögliche Auslegung des Textes. Sie geht von dem im folgenden dargestellten Überlegungen und Voraussetzungen aus; dabei steht im Hintergrund aller bisherigen und folgenden Auslegungen die exegetische Bedeutung des zentralen Verbs *sozein* im Sinne von „unversehrt erhalten", „bewahren", „erretten" und damit zum ewigen Leben hinführen. Das aber geschieht durch den menschenfreundlichen Gott, und zwar als ein gegenwärtiges Heilsereignis. Es wird sowohl durch die Waschung der Wiedergeburt als auch durch die ständige Erneuerung des Lebens durch den Heiligen Geist auf der Basis der bereits erschienenen, rettenden Gnade Gottes in Jesus Christus und dem Heilsgeschehen auf Golgatha vollzogen.

1. *Lutron* (gr.), in den Bibelübersetzungen meistens mit „Bad" wiedergegeben, heißt „Waschung" und meint eine Abwaschung des ganzen Körpers, wie sie zum Beispiel in einem Bad geschieht. Es entspricht dem lateinischen Verb *lavare* bzw. dem Substantiv *lavacrum*. Keineswegs kann man die Bedeutung auf „Bad" beschränken. Wir sollten darum mit der Elberfelder Bibel den Text mit „Waschung" übersetzen. „Waschung der Wiedergeburt" hieße dann: die neue Geburt ist bleibend und bedarf keiner Wiederholung, aber das neue Leben – die Wiedergeburt – ist befleckt und muß gewaschen werden (vgl. auch 1. Johannes 1,9). Es geht also um eine Waschung, wie sie schon in der Fußwaschung in Johannes 13,1-11 angedeutet ist. Dort sagt Jesus: „Wer gebadet ist, hat nicht nötig, sich zu waschen, ausgenommen die Füße, sondern ist ganz rein; und ihr seid rein" (Johannes 13,10). Vorher hatte Petrus zu ihm gesagt: „Du sollst nimmermehr meine Füße waschen!" (Johannes 13,8). Doch „Jesus antwortete ihm: Wenn ich dich nicht wasche, so hast du kein Teil mir" (Johannes 13,8).

Von der Übersetzung „Bad", die auch möglich wäre, ist deshalb abzusehen, weil hier an ein Untertauchen im Sinne der Taufe gedacht werden kann. Dieser Gedanke muß aber von 1. Petrus 3,21 her ausgeschlossen werden, denn dort wird ausdrücklich bestätigt, daß die christliche Taufe keine Abwaschung und Reinigung vom Sündenschmutz ist. Dazu kommt, daß *lutron* kein Fachausdruck für die Taufe ist. In allen einschlägigen Taufstellen nämlich wird der Begriff „untertauchen" (gr. *bapto, baptizo;* und *baptisma* = „Taufe") gebraucht. *Lutron* dagegen schließt „jede Art von Waschung" ein, sei sie nun ein Befeuchten, Benetzen, Wegspülen, Abwaschen oder Baden.

Nun ist aber nach der Bibel die Reinigung von Sünden nur durch Blut möglich. Ohne auf das Alte Testament näher einzugehen, wo dieser Sachverhalt im Kult der Stiftshütte und des Tempels eindeutig zum Ausdruck kommt und sowohl geistlich als auch technisch-funktional dargestellt ist, sei lediglich auf die neutestamentliche Entsprechung in Hebräer 9,22; Offenbarung 1,5 und 1. Johannes 1,7 hingewiesen. Das bedeutet einerseits, daß es nur eine grundsätzliche Reinigung und Abwaschung gibt, nämlich durch das Blut Jesu am Kreuz. Andererseits heißt das aber, daß auf Grund dieser „ein für allemal" geschehenen Abwaschung die immer wieder notwendige Teil-Reinigung von konkreten Sünden dort vollzogen wird, wo ein Mensch sein Leben durch den Heiligen Geist erneuern und reinigen läßt. Das jedoch geschieht nicht durch ständig neue Tauf- oder Waschbäder wie in den rituellen Reinigungen des Judentums, sondern dadurch, daß Christus seinen Leib nach Epheser 5,26 durch das „Wasserbad im Wort" reinigt. Dies ist eine wichtige Parallelstelle zu Titus 3,5.

2. Unsere Auslegung setzt ferner voraus, daß das mit „Wiedergeburt" übersetzte griechische Wort *palingenesia* eigentlich eine „Wiederherstellung" oder auch im weitesten kosmischen Sinn „Welterneuerung" meint. Es wurde ursprünglich nicht für die persönliche Wiedergeburt des Men-

schen verwendet. Deshalb darf es auch nicht im Sinn der griechischen Mysterienreligionen benutzt werden, in denen dieses Wort für die persönliche Wiederherstellung des Menschen im Sinne einer Wiedergeburt gebraucht wurde. Im Judentum dagegen meint der Begriff „Wiederherstellung" eine neue Gottesschöpfung. Weil diese Bedeutung dem biblischen Denken des Paulus näherliegt als der griechische Wiedergeburtsbegriff der Mysterien – dessen literarische Verwendung zudem erst viel später aufkommt und erst nach den paulinischen Briefen nachweisbar ist –, sollten auch wir diesen Begriff als eine „Wiederherstellung" der verdorbenen und aus dem Gleis geratenen Dinge unseres Lebens verstehen.

Auch die Verbalformen der griechischen Verben, die im Deutschen mit „er hat gerettet" (Titus 3,5) und „er hat ausgegossen" (Titus 3,6) zu übersetzen sind, weisen darauf hin, daß der Apostel hier „von einem die ganze Christenheit angehenden geschichtlichen Ereignis"[6] redet. „Dann haben wir aber an die Ausgießung des Heiligen Geistes am Pfingsttage und die dadurch bewirkte Neugeburt des Menschen zu denken."[6] Damit wäre an dieser Stelle jeder Gedanke an die Wassertaufe ausgeschlossen, der Gedanke an die Geistestaufe wäre möglich, doch im jüdischen Sinn muß die „Wiederherstellung" auf die ganze Gemeinde oder das ganze Volk Gottes bezogen werden. Damit sind wir in die Nähe von Apostelgeschichte 1,6 und Apostelgeschichte 3,21 geraten, wo in der Frage der Jünger und der zweiten Predigt des Petrus die Wiederherstellung des Reiches als Endziel des Weges Gottes aufgezeigt ist. – Verstehen wir dieses Wort also besser als persönliche Wiederherstellung des aus dem Gleis Geratenen, zumal uns der ermahnende und ethische Probleme anrührende Gemeindetext in Titus, Kapitel 2 und 3 in diese Richtung weist.

3. Dazu kommt noch eine dritte Begründung. Markus Barth macht in seiner Untersuchung zum Text darauf aufmerksam, daß das griechische Wort *anakainosis,* das in Titus

3,5 mit „Erneuerung" wiedergegeben wird, als „Erneuerung des Heiligen Geistes" oder „Erneuerung durch den Heiligen Geist" sowohl „die Wiederherstellung der Menschen oder der Welt durch den Heiligen Geist umschreiben" als auch „die erneute Verleihung des Heiligen Geistes bezeichnen" kann.[7] (Markus Barth meint wohl hier eine neue Erfüllung mit dem Heiligen Geist nach Apostelgeschichte 4,31; Epheser 5,18 u.a.) Beides ist für unsere Textauslegung möglich. Ich empfehle die zweite, stärkere Deutungsform, weil diese uns in besonderer Weise hilft, das dogmatische Problem bzw. die lehrmäßige Festlegung der meisten Pfingstkirchen zu überwinden, die die Geistestaufe immer noch einseitig als „eine von der Wiedergeburt zu unterscheidende Erfahrung als Kraftauswirkung zum Dienst"[8] sehen. Dies läßt sich auch durch Zeugnisse aus der Apostelgeschichte bestätigen, die davon berichten, daß die Geistgetauften eine neue Erfüllung mit dem heiligen Geist unter denselben Auswirkungen und Zeichen wie an Pfingsten erfahren (vgl. Apostelgeschichte 4,31). Für die Auslegung von Titus 3,5 würde das bedeuten, daß die Wiederherstellung des durch Sünde fleischlich gewordenen Christseins zu einem neuen geistlichen Christsein als eine Reinigung und Wiederherstellung durch den Heiligen Geist, verbunden mit neuer Geisterfüllung, und als lebendiger Prozeß des christlichen Lebens im Alltag dieser Welt zu sehen ist.

4. Von einer Taufwiedergeburt im traditionellen Verständnis vieler Kirchen kann kaum die Rede sein. Wenn überhaupt, dann auf keinen Fall im Zusammenhang mit einer sakramental vollzogenen Säuglingstaufe. Das läßt weder der Textzusammenhang noch die benutzten Begriffe zu. In Kittels „Theologischem Wörterbuch" schreibt sogar Oepke, der dazu neigt, fast alle Texte über Waschungen im Neuen Testament in Verbindung mit der Taufe zu sehen: „Jede sakral-magische oder ritualistisch-legalistische Hochschätzung einer äußerlichen Reinigung wäre ein Zurücksinken hinter die Grundvoraussetzung des Neuen Testamentes."[9]

5. So ist also bei diesem sogenannten Badetext in Titus 3,5 von einer „Reinigung" die Rede, wobei der Begriff „Waschung" entweder als Bild für die geistliche Wiedergeburt und Erneuerung des Menschen oder die täglich notwendige Reinigung des Menschen zu sehen ist, wobei der Heilige Geist der ist, der dieses alles bewirkt.[10] Mit anderen Worten: Dieser Text kann sowohl die mit der Wiedergeburt verbundene Geistestaufe als auch die geistliche Erneuerung des Menschen unter erneuter Geisterfüllung meinen.

6. Dabei ist zu beachten, daß es sich um einen paulinischen Text handelt und Paulus die „Taufe nie ausdrücklich als Waschung bezeichnet"[11]. Warum sollte er es gerade hier tun, wo es sakramentalistisch mißverstanden werden kann? Gerade ihm kann man weder Sakramentsdenken noch mystisches Denken nachweisen, obwohl man beides versucht hat.[12] Daß eine leider sehr früh von der Gnosis und den hellenistischen Mysterienkulten beeinflußte Kirche sich diesen Text dann als sakramentalen Taufwiedergeburts- und christlichen Kulttext angeeignet hat, läßt sich an der Auslegungsgeschichte von Titus 3,5 erkennen, von Justin, Origenes und Tertullian angefangen bis hin zu Luther und Calvin, und dann in der Gegenwart zum Beispiel bei Oskar Cullmann und Gerhard Barth. Für Paulus jedoch war die Taufe ein Begräbnis (Römer 6,1-11) – woran alle Taufgesinnten bis zum heutigen Tag festgehalten haben – und nicht ein „Sakrament der Wiedergeburt", weder im Sinne heidnischer Mysterien noch im Sinne einer christlichen Dogmatik.

7. Schließlich spricht auch das Wörtchen *kainos* (= „neu"), das in dem Begriff „Erneuerung" enthalten ist, für diese Auslegung. Auch wenn in Christus durch die neue Schöpfung der Errettung aus dem alten Äon[13] ein Neues geworden ist (2. Korinther 5,17), so bleibt doch dem Menschen die Aufgabe, in diesem Neuen zu „wandeln" (Römer 6,4). Dies ist für Paulus, der sowohl das Verb „erneuern" als auch das Substantiv „Erneuerung" immer wieder verwendet, ein besonders wichtiges Anliegen, denn Erneuerung ist ein

Prozeß, der sich täglich vollzieht und wohl nie aufhört, solange wir auf dieser Erde sind. Er stellt demnach ein Ereignis dar, das sich von Tag zu Tag wiederholt (2. Korinther 4,16). Auch der neue Mensch, der in der Taufe Christus angezogen hat (Galater 3,27), bedarf weiterhin dieser Erneuerung (Kolosser 3,10). Er steht in einem ständigen Prozeß der Umgestaltung und des Umdenkens – Luther spricht von einem Bußprozeß –, der Verwandlung durch „die Erneuerung des Sinnes" (Römer 12,2).

8. So ist die in Titus 3,5 genannte ständige Erneuerung als Wirkung des Heiligen Geistes die andere Seite der Reinigung zur Wiederherstellung des von Gott ursprünglich vorgesehenen und nun durch Gottes Tat in Christus tatsächlich geretteten und erneuerten Menschen, die nun auch im Sinne der johanneischen Wiedergeburt gesehen werden kann. Sie wird in Johannes 3,3-8 als ein Geborenwerden „von neuem" oder „von oben", ein Geborenwerden durch den Geist, beschrieben. Hier wie dort ist übrigens, trotz des Wortes „Wasser" in Johannes 3,5, von der alleinigen Wirkung des Geistes die Rede.

9. Wenn man schon das Wort „Taufe" mit diesen Bibelstellen in Verbindung bringen will, dann kann man bestenfalls von einer Geistestaufe reden. Doch weil diese Verse fälschlicherweise sehr leicht auf die Wassertaufe bezogen und als Belege für eine Taufwiedergeburt verstanden werden können, sollten wir mit dem Begriff „Taufe" vorsichtig umgehen, denn von einer Taufe oder einer Taufwiedergeburt durch die Wassertaufe ist hier nicht die Rede. Auch Markus Barth sagt zu Titus 3,5: „Die Erneuerung bedarf der Fortsetzung und täglichen Übung; sie geschieht ‚von Tag zu Tag' (2. Kor. 4,16); die Erkenntnis Christi will eingeübt sein und soll wachsen (Kol. 3,10)." Er bleibt wegen des schwierigen und nicht eindeutig zu klärenden Textes zurückhaltend und sagt als Fazit seiner Untersuchung: „Weil nicht nur die Begriffe ‚Bad' und ‚Wiedergeburt', sondern auch der Begriff der ‚Erneuerung' umstritten sind, kann der Sinn der ganzen

sogenannten Taufdefinition einstweilen nicht eindeutig interpretiert werden."[14]

In der Tat läßt sich dieser Text nicht eindeutig festlegen, auch wenn er bis in modernste Textdeutung hinein immer wieder als angeblich „eindeutiger" Wiedergeburtstext verstanden wird. Weil damit aber die durch den Heiligen Geist bewirkte Erneuerung und Wiedergeburt endgültig an die Wassertaufe angebunden wird, bleibt es dann gleichgültig, ob es sich bei dieser Taufe um eine Kindertaufe oder Erwachsenen- bzw. Glaubenstaufe handelt. Das Ergebnis ist die alte Taufwiedergeburtslehre, die wir nirgends in der Bibel finden und die im Blick auf die Praxis der Säuglingstaufe geradezu als ein gotteslästerlicher Greuel bezeichnet werden muß.

Auch Bräumer nennt die Taufwiedergeburtslehre einen „unchristlichen Aberglauben", ein „Gedankengut aus heidnischen Kultgemeinschaften", wodurch „die Taufe im Sinne eines Zaubers" dargestellt wird.[15] Dennoch benutzt er eine moderne Übersetzung, in der es heißt: „In der Taufe wurde uns eine neue Geburt zuteil; wir sind zu neuen Menschen geboren durch den Heiligen Geist."[16] Die pietistische Inkonsequenz, die daraus entsteht, daß man sich von der kirchlichen Tauflehre nicht trennen will, finden wir auch bei ihm, denn er sagt später: „Paulus kann in seinen Briefen an Titus zwar die Taufe das ‚Wasserbad der Wiedergeburt' nennen, aber so, daß die Erneuerung im Heiligen Geist hinzutritt."[17] Das heißt, indirekt bestätigt er, was er vorher bekämpft hat, und glaubt durch die gesonderte Benennung des Heiligen Geistes einer Taufwiedergeburtslehre, die er ja als Pietist verwerfen muß, entronnen zu sein.

Im Grunde genommen sagt er dasselbe, was Gerhard Barth – nicht zu verwechseln mit Karl Barth oder Markus Barth – in seiner Taufstudie zu Titus 3,5 schreibt: „Geist als Gabe der Taufe und Geist als wirkende Kraft bei der Taufe sind hier eng miteinander verbunden." Und zu Johannes 3,5 sagt Gerhard Barth: „Deutlicher aber ist, daß sich das

Wasser dabei nur auf die Taufe beziehen kann und das Vonneuem-geboren-Werden als ein Geborenwerden aus Wasser und Geist interpretiert und also an die Taufe gebunden ist."[18]

Auch wenn dies die allgemeine und alte kirchliche Lehre ist, ist sie ganz und gar nicht eindeutig, nicht bei Titus 3,5 und schon gar nicht bei Johannes 3,5. Eindeutig ist lediglich, daß die „Wiedergeburt" das Werk des Heiligen Geistes ist. Insofern kann auch Titus 3,5 nicht nur von der Wassertaufe her ausgelegt werden. Es ist durchaus möglich, wie wir gesehen haben, diesen Text allein auf die „Wiedergeburt" des Menschen zu deuten, die unabhängig von der Wassertaufe geschieht, aber in Verbindung mit der Geistestaufe zu sehen ist und Gottes Werk und Handeln allein bleibt.[19] In diesem Fall müßte Titus 3,5 in folgender Weise in die Gesamtkonzeption einer Wiedergeburtslehre hineingestellt werden:

Vom biblischen Gesamtzeugnis her ist zunächst einmal rein lehrmäßig zu sagen, daß die Wiedergeburt zugleich mit der Rechtfertigung und durch die Rechtfertigung des sündigen Menschen erfolgt. Sie ist, wie die Rechtfertigung, ein Werk Gottes und des Heiligen Geistes. Rechtfertigung und Wiedergeburt sind zwei Seiten des einen Handelns Gottes, wodurch der Mensch freigesprochen und in ein neues Leben versetzt wird. Mit der Wiedergeburt geschieht zugleich die Einverleibung in den Leib Christi. Die menschliche Seite der Wiedergeburt heißt Bekehrung (so u.a. die orthodoxe lutherische Dogmatik).[20] Das heißt, Bekehrung und Wiedergeburt sind zwei Seiten desselben Geschehens. Die Wiedergeburt ist dabei die göttliche Seite, das Werk Gottes. Die Bekehrung aber ist die menschliche Seite, die Tat des Menschen. Hinter allem steht jedoch das Wirken des Heiligen Geistes, der auch die menschliche Tat möglich macht – ein Geheimnis, das wir nicht weiter aufschlüsseln können.

Obwohl sich das von der Schrift her so sicher sagen läßt, ist es schwierig, auf Grund von Beobachtungen und Erfahrungen die Wiedergeburt zu lokalisieren und dogmatisch festzumachen. Deshalb mag man einem so schwierigen Text wie Titus 3,5 verschiedene Deutungen zugestehen, nur eine Deutung nicht, nämlich daß er ein Text über die Wassertaufe sei, noch dazu einer, der von einer sakramentalen Taufwiedergeburt von Säuglingen redet.

Eins steht fest: Die Wiedergeburt erfolgt wie die Rechtfertigung allein auf Grund des durch den Heiligen Geist geschenkten Glaubens als Gabe Gottes („von oben", Johannes 3,3) und wohl vor der biblischen Glaubenstaufe, obwohl letzteres umstritten ist.

So folgert zum Beispiel Beasly-Murray im Blick auf Johannes 3,5 und Titus 3,5: „An beiden Stellen geht die Wirkung des Heiligen Geistes voraus."[21] Wenn aber die Wiedergeburt als Wirkung des Heiligen Geistes der Taufe vorausgeht, dann ist Titus 3,5 bestenfalls ein Wiedergeburtstext, und die Reinigung (Waschung, Bad der Wiedergeburt) ist eben als das in der Wiedergeburt sich vollziehende Werk des Heiligen Geistes zu sehen, nicht aber als ein Geschehen im Wasserbad der Taufe, an dem der Heilige Geist auf sakralmystische Weise teilnimmt und bei dem er dieses Wasser zum Arznei- oder Heilmittel macht.

Es bleibt also dabei, daß das Wort „Waschung" nicht als geistliches Bad im Sinne der Wassertaufe verstanden werden darf, weil, wie Markus Barth mit Recht feststellt, im Text weder „ausdrücklich" noch „eindeutig" von der Taufe die Rede ist.[22]

Aber trotz der Interpretationen von Titus 3,5 als Text von der Wiedergeburt, der Geistestaufe oder auch der Wiederherstellung im Sinne täglicher Erneuerung – immerhin drei verschiedene Möglichkeiten der Auslegung – ist das Problem der Taufwiedergeburt noch nicht gelöst. Es gilt noch zu klären, was das Wort „Wasser" im Begriffspaar „Wasser und Geist" in Johannes 3,5 bedeutet – eine Bibelstelle, die oft herangezogen wird, um eine auf Titus 3,5 basierende Taufwiedergeburtslehre zu stützen. Denn hier erscheint, wenn auch nur einmal, so doch eindeutig das Wort „Wasser" und wird in ein Verhältnis zum Geist gesetzt, das nicht zu übersehen ist, auch wenn im weiteren Verlauf des Textes nur noch von der Wiedergeburt durch den Heiligen Geist die Rede ist.

Hat Jesus in seinem Gespräch mit Nikodemus die Taufe gemeint, als er von „Wasser" sprach? Eine naheliegende Frage, wenn man bedenkt, daß im nächsten Kapitel (Johannes 4,1.2) davon die Rede ist, daß Jesus oder vielmehr seine Jünger in jenen Tagen mehr Menschen tauften als Johannes der Täufer!

Redet nicht auch eine streng biblisch orientierte evangelikale Theologie im Blick auf Johannes 3,5 davon, daß „zur Wiedergeburt" beides gehört, „das Wasser der Taufe und die Verleihung des Geistes",[23] obwohl unsere pietistischen Brüder hier ihre besonderen Schwierigkeiten haben, wie wir bereits im vorhergehenden Kapitel gesehen haben? Gerhard Maier, den ich soeben zitierte, weiß davon. Er sagt deshalb auch, man dürfe bei Johannes 3,5 „nicht die moderne Taufdiskussion eintragen", auch wenn die Wassertaufe „ein handgreiflicher Ausdruck für Reinigung, die Gott an uns (Hesekiel 36,25!) vollzieht"[24], ist. Er fährt fort: „Weder Hesekiel noch Jesus dachten beim ‚Wasser' an die Kindertaufe. Sie gingen von einem Menschen aus, der Reinigung und neues Leben wünscht und dies im Glauben annimmt."[25]

Pietisten wissen, daß es mit der Kindertaufe in all diesen Texten schwierig wird. Da haben es die Baptisten leichter. Sie taufen nur gläubige Erwachsene oder doch gläubige Herangewachsene – wenn auch diese oft zu früh. Sie können, man höre und staune, mit ihrem Professor Johannes Schneider an einer traditionellen katholischen Wiedergeburtslehre festhalten und stehen damit besser ausgerüstet im theologischen Einheitsgespräch um einen ökumenischen Konsens als die evangelikalen Christen. So sagt Schneider in seinem für den deutschen Baptismus klassi-

215

Babtistische Tauflehre

schen Büchlein „Die Taufe und Gemeinde im Neuen Testament"[26]: „Tit 3,5 wird die Taufe das Bad der Wiedergeburt und Erneuerung des Heiligen Geistes genannt. Die enge Verbindung von Taufe und Geistverleihung kommt auch Joh 3,5 zum Ausdruck, wo gesagt ist, daß Wasser und Geist die Wiedergeburt bewirken."[27] Zwei Seiten später folgt die Entfaltung seiner baptistischen Taufwiedergeburtslehre. Dabei verlagert Schneider das Heil genauso in die Taufe, wie die römisch-katholische oder evangelisch-lutherische Kirche. Markus Barth hat mit Recht nachgewiesen, daß nahezu alle Theologen, vom liberalen bis zum evangelikalen und in diesem Fall sogar baptistischen Theologen, an einem sakramentalen Taufverständnis festhalten.[28] Schneider sagt so: „Als Bad der Reinigung von den Sünden ist die Taufe das Bad der Wiedergeburt (Tit 3,5). Der Taufe kommt somit soteriologische Bedeutung zu. Eph 5,26 wird die Taufe in Beziehung gesetzt zu dem Erlösungswerk Christi, und zwar in dem Sinn, daß Christus selber es ist, der in der Taufe den Ertrag seines Erlösungswerkes für den Glaubenden realisiert. ... Das heißt: Die Taufe, in der Christus als der Handelnde wirksam ist, stellt die grundlegende Reinigung von den Sünden dar." Schließlich: „Die Taufe ist heilwirkendes Geschehen", und: „Die Taufe bewirkt die ganze und vollkommene Reinigung des Menschen."[29]

In diesen Zug können Pietisten nicht ohne weiteres einsteigen. Sie können ihre Wiedergeburt nicht an die Kindertaufe binden. Infolgedessen müssen sie die Kindertaufe, an der sie in kirchlicher Treue festhalten, von der späteren Wiedergeburt, die bei der Bekehrung erfolgt, trennen. Da man aber auch beim biblischen Text bleiben will, muß man mit Johannes 3,5 auch daran festhalten, daß auch das Wasser zur Wiedergeburt gehört. Man tut das aber nur mit Vorbehalt, denn die Gleichung „Wasser und Geist = Wiedergeburt" will und kann man auf Grund anderer Bibelstellen so nicht ziehen.

So trägt man seine pietistische Theologie an den Text

heran und kommt zu einem verblüffenden Ergebnis: „Was bedeutet Johannes 3,5 heute? Kurzgefaßt handelt es sich um folgendes: a) Keine menschliche Anstrengung bringt die Wiedergeburt zustande. Hier tritt die totale Abhängigkeit von Gott zutage. b) Gott schenkt beides: Reinigung vom alten und das neue Leben. c) Das neue Leben beginnt also hier, nicht erst nach dem Sterben. Wir müssen es vielmehr beim Sterben schon mitbringen. d) Die Taufe allein rettet nicht. Der gläubige Empfang des Heiligen Geistes muß hinzutreten. e) Gott schafft den völlig neuen Menschen, so neu, daß dieser Vorgang nur mit einer Geburt vergleichbar ist. Alle Versuche, auf unserer irdischen Ebene den neuen Menschen zu schaffen, sind zum Scheitern verurteilt."[30]

Damit aber will Maier, den ich soeben zitiert habe, sagen: Die Kindertaufe und das Wasser als [angeblich] „endzeitliche" Gabe (so Maier nach Hesekiel 36,25) ist nur ein Teil des Ganzen und rettet nicht ohne die neue Geburt, die beim Empfang des Heiligen Geistes – also Geistestaufe – geschieht. Wann und in welcher Reihenfolge, ist ohne Interesse. Alles ist Gottes Tun. Daß der als Kind getaufte Mensch ohne den Geistesempfang bzw. die Wiedergeburt auf halber Strecke, bei einem halben Heil („Die Taufe allein rettet nicht") steckenbleibt und nicht zum Ziel kommt, ist auch nicht erwähnt. Hier setzen jedoch die evangelistischen Aktionen ein, die zur Bekehrung und damit zum ganzen Heil führen sollen. Sie ist doch eine eigenartige evangelische Theologie, die pietistische Theologie des halben Heils, das seine spätere Ergänzung durch die Bekehrung finden soll. Sie entsteht zwangsweise aus der Untreue gegen Gottes Wort, das keine Kindertaufe kennt, und aus der Treue gegenüber einer evangelisch-lutherischen Tradition und Lehre, die an der Kindertaufe als endgültige Taufe festhält. Dann eher die Konsequenz der baptistischen Tauflehre, auch wenn sie als Taufwiedergeburtslehre falsch ist und an diesem Punkt ebenfalls verworfen werden muß. Hier hat

Bräumer, der wie Maier in seiner pietistischen Tauftheologie die Hürden ebenfalls nicht schafft, immerhin eines deutlich erkannt: „Weder die Kinder- noch die Erwachsenentaufe kann allein durch ihren Vollzug Bekehrung und Wiedergeburt ersetzen."[31]

Nun will aber die Taufe auch gar nicht Bekehrung und Wiedergeburt ersetzen. Sie kann sie auch nicht ersetzen, denn Taufe ist keine Wiedergeburt. Würden die Brüder bei der biblischen Reihenfolge – erst Glaube, dann Taufe – bleiben und nicht wegen der Kindertaufpraxis die Aussagen der Bibel relativieren oder verändern, kämen sie nicht in den Zugzwang dieser Argumentation. Sie bräuchten dann nicht zu fragen: „Was bedeutet Johannes 3,5 heute?"[32] Bedeutet denn Johannes 3,5 heute etwas anderes als zu der Zeit, da Johannes 3,5 geschrieben wurde? Will der fundamentalistisch orientierte Theologe Maier das Wort umdeuten, nur weil es nicht in die gegenwärtige kirchliche Wirklichkeit einer Kindertaufpraxis hineinpaßt? Weil hier keine biblische Klarheit herrscht, verschiebt er die Akzente und kommt zu dem seltsamen Satz: „Die Taufe allein rettet nicht. Der gläubige Empfang des Heiligen Geistes muß hinzutreten."[32]

Er müßte es als evangelikaler Theologe eigentlich besser wissen. Die Taufe als solche rettet überhaupt nicht, auch nicht halb, wie er meint. Es rettet uns allein Jesus Christus. Das am Kreuz für uns vergossene Blut Jesu bewirkt nach dem Neuen Testament unsere Reinigung und damit die Errettung aus dem Zustand der Sünde und der Todverfallenheit. Das aber heißt, im Heilsgeschehen auf Golgatha allein liegt das objektive Heil. Dieses Heil wird im Glauben angenommen. Das Heil wird angenommen, nicht der Heilige Geist! Doch damit ein Mensch dieses Heil annehmen kann, braucht er den Heiligen Geist. Der Heilige Geist nämlich bewirkt dieses Annehmen, diesen Glauben in uns. Er macht ihn erst möglich. Der Heilige Geist aber ist Geschenk Gottes an uns. Genauer: im Heiligen Geist schenkt sich uns Gott und mit ihm sein Heil. Insofern ist der Heilige

Geist die Gabe Gottes, die neben der Gnadengabe des Retters und Heilandes Jesus Christus steht, der die „Gabe aller Gaben" ist (vgl. Römer 5,15.17; 6,23).[33]

Mit solchen Ergebnissen würde man dem Text aus Johannes 3,5, dem biblischen Gesamtzeugnis und auch der reformatorischen und der pietistischen Theologie gerecht. Eines fehlt in dieser Darstellung allerdings, nämlich die Taufe. Die aber soll ja im Blick auf das Heil des Menschen ihren festen Platz behalten; so wünschen es Maier und andere auf Grund der lutherischen Bekenntnisschriften. Das scheint deshalb auch möglich, weil Johannes 3,5 das Wort „Wasser" neben das Wort „Geist" stellt. Auf diese Weise kommt es aber zu den höchst unbefriedigenden Aussagen pietistischer Theologie, die wir in diesem Kapitel bisher dargestellt haben. Doch auch wir müssen vor dem Wort „Wasser" stehenbleiben und es deuten.

Der einfachste Weg wäre der der geistlichen Schriftauslegung, der gerade auch im Pietismus und in vielen evangelikalen Kreisen gegangen wird. In diesem Fall wäre „Wasser" ein Symbol für „Gottes Wort". Daß „Wasser" als geistlicher Begriff für „Wort Gottes" zu verstehen ist, wird in vielen Bibelstellen bestätigt. Wasser kann dabei unter anderem eine Reinigung, die durch das Wort Gottes geschieht, bedeuten. Zum Beispiel in Epheser 5,26, wo vom „Wasserbad im Wort" die Rede ist. Oder in Johannes 15,3, wo Jesus sagt: „Ihr seid schon rein um des Wortes willen, das ich zu euch geredet habe" (vgl. auch 1. Petrus 1,22-24).

Es ist besonders das vierte Kapitel des Johannes-Evangeliums, das uns zu einer symbolischen oder geistlichen Schriftauslegung – Wasser = Wort Gottes – ermutigt. „Jesus antwortete und sprach zu ihr: Wenn du die Gabe Gottes kennen würdest und wer es ist, der zu dir spricht: Gib mir zu trinken, so hättest du ihn gebeten, und er hätte dir lebendiges Wasser gegeben. Sie spricht zu ihm: ... Woher hast du denn das lebendige Wasser? ... Jesus antwortete und sprach zu ihr: Jeden, der von diesem Wasser trinkt, wird wieder dürsten; wer aber von dem Wasser trinken wird, das ich ihm geben werde, den wird nicht dürsten in Ewigkeit; sondern das Wasser, das ich ihm geben werde, wird in ihm eine Quelle Wassers werden, das ins ewige Leben quillt" (Johannes 4,10-15). Dazu kommen die vielen Psalmstellen oder prophetischen Bibelworte, die alle in die Richtung zielen, „Wasser" als Symbolwort für das Wort Gottes zu nehmen. Ich nenne Psalm 23,2.3: „Er führt mich zu stillen Wassern. Er erquickt meine Seele." Psalm 42,2: „Wie eine Hirschkuh lechzt nach Wasserbächen, so lechzt meine Seele nach dir, o Gott." Sprüche 18,4: „Tiefe Wasser sind die Worte aus dem Mund eines Mannes, ein sprudelnder Bach, eine Quelle der Weisheit." Jesaja 12,3: „... mit Freuden werdet ihr Wasser schöpfen aus den Quellen des Heils." Jesaja 44,3: „... ich werde Wasser gießen auf das durstige und Bäche auf das trockene Land. Ich werde meinen Geist ausgießen auf deine Nachkommen ..."

Gerade das letzte Bibelwort zeigt die enge Verbindung der Begriffe „Wasser" und „Geist", wie sie uns auch im dritten Kapitel des Johannesevangeliums begegnen. Die Väter der geistlichen Schriftauslegung – dazu gehört auch der Umgang mit Symbolbegriffen und Zahlenwerten –, zu denen Rabbiner, Kirchenväter der alten Zeit und Bibellehrer der Neuzeit gehören, sagen darum: Wo die Bibel von „lebendigem Wasser" spricht, also von Quellwasser im Gegensatz zum Zisternenwasser, sei die Rede vom wirkenden Heiligen Geist.

Diese Schriftauslegung erlaubt im Blick auf Johannes 3,3-9 folgende Deutung: Der Heilige Geist und das ins Leben rufende Wort Gottes (vgl. 1. Mose 1,2.3; Psalm 33,9; Jesaja 48,12.13; Johannes 6,68; Römer 4,17; Hebräer 11,3) wirken die Geburt von oben, die neue Geburt, auch Wiedergeburt genannt. Wort und Geist korrespondieren miteinander. Von Wassertaufe kann hier nicht die Rede sein.

Nun ist es uns aus Gründen der Fairneß gegenüber den Christen, die anders denken und mit anderen Methoden die

Bibel auslegen, nicht möglich, bei dieser schlichten Schriftdeutung zu bleiben. Wir werden darum einen beschwerlicheren Weg gehen müssen. So stehen wir weiter vor der Frage: Was ist mit dem Wort „Wasser" im Begriffspaar „Wasser und Geist" gemeint? Ist mit Wasser die Taufe, mit dem Geist die Wiedergeburt gemeint? Daß es um die Wiedergeburt geht, steht außer Zweifel. Daß dem Heiligen Geist dabei eine entscheidende Rolle zukommt, auch. Aber ist das Wasser tatsächlich, wie es auch bei Maier anklingt, das andere Vehikel oder die zweite Hälfte des Transportmittels, durch das die Wiedergeburt geschieht? Diese Fragen sind von grundsätzlicher Bedeutung, und die Antworten darauf entscheiden die Tauffrage endgültig.

Bei der Beantwortung folgen wir zunächst der Erklärung von Markus Barth, der darauf hinweist, daß es für den Stil des Johannes typisch ist, Begriffspaare zu gebrauchen. So handelt es sich auch bei diesen Worten zur Wiedergeburt oder, genauer, zu der Zeugung „von oben" (Johannes 3,3) „aus Wasser und Geist" (Johannes 3,5), um ein typisch johanneisches Begriffspaar. Dabei ist zu beachten, daß „das zweite Glied jedes Begriffspaares" das erste jeweils „exegesiert[34], definiert und pointiert. ... Es sagt aus, was mit dem ersten Glied eigentlich gemeint ist. Es macht deutlich, daß das erste Glied mißverstanden wäre, wenn es nicht genau das ist, was das zweite Glied sagt, oder wenn es nicht genauso verstanden wird, wie es durch das zweite Glied erklärt wird."[35]

Das aber heißt im Blick auf Johannes 3,5: „Nur der Geist ist das rechte Wasser", denn das zweite Glied gibt ja die Erklärung des ersten. Oder: Die Zeugung aus dem Geist ist „die rechte, wahre, eigentliche Zeugung aus dem Wasser ... so ist die Geistestaufe die wahre, einzige und rechte Taufe, welche die Zeugung von oben bewirkt."[36] Die Geistestaufe allein bewirkt also die Wiedergeburt. Das geht nicht nur aus dem Begriffspaar „Wasser und Geist" hervor, das erklärt auch der ganze folgende Text, wo von Wasser nicht mehr die

Rede ist. Sind damit die Worte Jesu Christi, der allein in und mit dem Heiligen Geist tauft (Johannes 1,33; Matthäus 3,11; Apostelgeschichte 1,5; 11,16; 1. Korinther 12,13), richtig verstanden und gedeutet worden?

Schauen wir uns andere Begriffspaare aus dem Johannes-Evangelium an, und vergleichen wir die Beziehung ihrer Einzelworte zueinander mit der Deutung für das Begriffspaar „Wasser und Geist", die wir soeben kennengelernt haben und die dem Bibelleser zunächst fremd sein dürfte.

Markus Barth nennt als weitere Begriffspaare unter anderem „Geist und Wahrheit" (Johannes 4,23); „Auferstehung und Leben" (Johannes 11,25); „Blut und Wasser" (Johannes 19,34); „Zeichen und Wunder" (Johannes 4,48); „Hören und Lernen" (Johannes 6,45); „Hören und Glauben" (Johannes 5,24); „Sehen und Glauben" (Johannes 6,30.36.40 u. a.); „Fleisch und Blut" sowie „Essen und Trinken" (Johannes 6,53-56).

In allen diesen Begriffspaaren liegt der Akzent auf dem zweiten Begriff, denn „nur die Erkenntnis, die Erfüllung oder Aneignung des zweiten gibt der Bejahung des ersten recht; denn das erste ist nutzlos ohne das zweite – das erste kann nach dem Eintritt oder Vollzug des zweiten erfüllt sein. – Es nutzt nichts, Jesus zu hören, ohne von ihm zu lernen. Deshalb spricht das Evangelium von ‚Hören und Lernen'. Der Sinn des Sehens Jesu und seiner Wunder ist nur erfüllt, wo geglaubt wird. Deshalb wird von ‚Sehen und Glauben' gesprochen. Das Essen des Fleisches Christi wird nur dort wahrhaft vollzogen, wo das Blut Christi getrunken wird. Deshalb ist vom ‚Essen und Trinken', von ‚Fleisch und Blut' die Rede. Christus ist nur dort als Lebensbrot erkannt, bejaht und geehrt, wo sein Tod als Quelle des Lebens bejaht wird."[37]

In Zusammenhang mit diesen Beispielen zieht Markus Barth für Johannes 3,5 den Schluß, daß im Begriffspaar „Wasser und Geist", weil auch hier die Betonung auf dem zweiten Begriff liegt, „die Bedeutung" und „die Wirksamkeit des Geistes stärker als die des Wassers" ist. „Hätte das Johannesevangelium sagen wollen, daß die Zeugung von oben gerade durch Wasser bzw. durch eine Wassertaufe geschieht, veranstaltet oder vollzogen werde, so hätte das Wasser nach dem Geist genannt werden müssen. Wenn aber Johannes 3,5 überhaupt eine Taufe verherrlichen und als notwendiges Instrument der Wiedergeburt kennzeichnen will, so ist die Taufe die Geistestaufe."[38]

Mit dieser Deutung steht Markus Barth nicht allein.[39] Wir dürfen uns ihr ebenfalls anschließen, weil sie noch auf andere Weise belegt wird. Denn abgesehen von ihrer bestechenden Logik stimmt diese Erklärung mit dem gesamtbiblischen Zeugnis überein. Gerade darauf ist zu achten, auch wenn damit eine Korrektur der kirchlichen Taufwiedergeburtslehre nötig wird. Aber wir haben inzwischen ja schon an vielen Beispielen gesehen, daß sich in Sachen Taufe vieles, ja allzu vieles nicht mehr halten läßt, was bisher mehr oder weniger intensiv gelehrt und auch geglaubt wurde.

In Übereinstimmung mit dem gesamtbiblischen Zeugnis und speziell dem Zeugnis des Johannes-Evangeliums ist damit zunächst festgestellt, daß es im ganzen Neuen Testament kein sakrales Taufverständnis im Sinne eines Sakramentes gibt. Das Neue Testament kennt keine Sakramente. Die Lehre von den Sakramenten stammt aus der späteren Kirche und hat ihren Ursprung in den heidnischen Religionen, genauer gesagt in den griechischen Mysterienkulten.

Die Deutung des Begriffspaars „Wasser und Geist", die Markus Barth gibt, entspricht dem Zeugnis vom Geist, das im Johannes-Evangelium folgendermaßen entfaltet wird:

Das in Jesus Fleisch gewordene Wort (Johannes 1,14) ist nicht nur der Geistträger (Johannes 1,33b), sondern auch der Geistspender (Johannes 1,33c). Damit wird der „bezeugte" Sohn Gottes (Johannes 1,34) als der bezeichnet, der im Gegensatz zu Johannes dem Täufer nicht die Wassertaufe spendet (Johannes 1,33a; 4,2), die eine Reinigungs-

und Bußtaufe entsprechend den bisher bekannten jüdischen Reinigungsbädern (Johannes 3,25) war, wenn auch nun mit endzeitlichem Akzent und der vorbereitenden Heiligung auf den Messias. Der gekommene Messias tauft jedoch mit Feuer und Geist. Das war eine uralte Erwartung (Johannes 1,25.26; Matthäus 3,11; Apostelgeschichte 1,5; Maleachi 3,1.2). Seine Reinigung ist also qualitativ anderer Art und hat auch einen anderen Inhalt (zum Beispiel Johannes 1,30; 2,19; 3,14-18). Maier sagt deshalb zu Johannes 1,33: „Die Taufe mit dem Geist ist natürlich der Wassertaufe überlegen, weil sie nicht nur die Reinigung, sondern auch die Erfüllung mit dem neuen Leben bedeutet."[40] Da Jesus der Messias ist (Johannes 1,41; 3,27-35), der sich im Johannes-Evangelium durch die entsprechenden Zeichen und Wunder ausweist (zum Beispiel Johannes 2,11 oder das messianische Zeichen der Tempelreinigung, Johannes 2,13-23; vgl. Maleachi 3,1; Sacharja 14,21b), versteht es sich von selbst, daß es im Rahmen dieser Messiasbekundungen der ersten Kapitel des Johannes-Evangeliums auch zu einer Darstellung der Geistestaufe und zu Aussagen über die geistliche Geburt kommen muß. Dies findet in einem Lehrgespräch (Johannes 3,1-21) und eingebettet in andere Taufaussagen (Johannes 1,29-34; 3,22-4,3) statt und zielt darauf, ein Leben in der Anbetung Gottes „in Geist und Wahrheit" (Johannes 4,14.23.24) zu verkündigen.

Diese Aussagen stellen ein Evangelium vor, das große Betonung auf den Geist legt. Trotzdem wird das äußerliche Werk der Wassertaufe auch im Johannes-Evangelium nicht verachtet (Johannes 3,22; 4,1.2). Die Wassertaufe wird vielmehr, auch durch die anderen Evangelien und den Taufbefehl Jesu (Matthäus 28,19; Markus 16,15.16), in das rechte Verhältnis zur Wiedergeburt und Geistestaufe gesetzt, dem rettenden Wirken Jesu durch den Heiligen Geist. Dabei ist zu beachten, daß sie in keiner Weise die Geistestaufe ersetzen kann, denn die Wassertaufe bleibt einem ganz bestimmten Bereich zugeordnet, den wir bereits kennengelernt haben und über den am Schluß dieses Buches noch einmal Entscheidendes gesagt werden muß. Die Aussagen Jesu über die Wiedergeburt aus dem Geist in Johannes 3,1-21 zeigen nun ganz eindeutig, daß die Wassertaufe gerade nicht das Heil ist und ohne das Heil in Christus und die Gabe des neuen Lebens aus dem Geist keine Bedeutung hat.

Damit sind wir an den Punkt gekommen, wo nach mancherlei Auseinandersetzung um Lehre und Leben der christlichen Gemeinde durch die Jahrhunderte hindurch eine biblisch begründete Tauflehre entfaltet werden soll.

Sie wird für uns ein Versuch sein, obwohl die Erkenntnis über die Taufe so alt ist wie die christliche Gemeinde selbst. Viele Sätze dieser Lehre wurden in dieser oder jener, manchmal recht unreifen Form bereits vor 450 Jahren in der Reformation der Taufgesinnten entdeckt und gelehrt. Ein Versuch bleibt sie deshalb, weil jede Lehre, die Erklärung und Deutung biblischer Wahrheiten sein will, wie alles menschliche Erkennen auch in geistlichen Dingen unter der Prämisse[41] steht, vorläufig und bruchstückhaft zu sein (1. Korinther 13,9-12). Doch was wir erkennen, genügt, um zu handeln und um des Erkannten willen kompromißlos zu leben.

Kommen wir also nach den Abgrenzungsthesen zu den Aussagen, die die Taufe beschreiben sollen. Wir fragen dazu:

Erstens: Was ist die Taufe? – Oder: Welche Bedeutung hat die Taufe?

Zweitens: Was bewirkt die Taufe?

Was sie nicht ist und nicht bewirkt, ist uns in diesem Buch durch die Auseinandersetzung mit den verschiedenen Tauflehren und vor allem durch die Auslegung der neutestamentlichen Tauftexte deutlich geworden. Wir können diese Ergebnisse in drei kurzen Sätzen zusammenfassen:

▶ Die Taufe bewirkt nicht das Heil!
▶ Die Taufe gibt nicht die ewige Seligkeit!
▶ Die Taufe ist darum nicht heilsnotwendig!

Denn nach dem Neuen Testament werden wir allein durch den Glauben an Jesus Christus gerettet. Das ist die wahre reformatorische Position. Deshalb ist auch das „vierfache Allein" der Reformation als Maßstab an jede Tauflehre anzulegen.

Dieses „vierfache Allein" heißt:
solus Christus – „allein (Jesus) Christus (ist der Retter)",
sola gratia – „allein die Gnade (Gottes rettet uns)",
sola fide – „allein der Glaube (ist der Weg zur Erlangung des Heils)",
sola scriptura – „allein die Schrift (bezeugt uns das)".

Wir evangelischen Christen meinen, daß in diesem „vierfachen Allein" die ganze Rechtfertigungslehre, die Paulus entfaltet, in einer leicht faßbaren Weise enthalten ist. Sie geht aus von dem Geschenk Gottes, das uns in Jesus Christus gegeben worden ist, nämlich unsere Gerechtigkeit, Heiligung und Erlösung (1. Korinther 1,30). Damit ist Jesus von Anfang an allein in den Mittelpunkt gestellt. Denn „mit der Gnadengabe verhält sich's nicht wie mit der Sünde. Denn wenn durch die Sünde des Einen die Vielen gestorben sind, um wieviel mehr ist dann Gottes Gnade und die Gnadengabe des einen Menschen Jesus Christus den Vielen überreich zuteil geworden" (Römer 5,15 LÜ). „Denn der Lohn der Sünde ist der Tod, die Gnadengabe Gottes aber ewiges Leben in Christus Jesus, unserem Herrn" (Römer 6,23).

Durch Jesus Christus allein wird uns Befreiung und ewiges Leben, Gerechtigkeit und Heil zuteil. Darum liegt die erste Betonung der Rechtfertigungslehre der Reformatoren auf dem *solus Christus!* – „allein Christus". „Der unserer Übertretungen wegen dahingegeben und unserer Rechtfertigung wegen auferweckt worden ist" (Römer 4,25). Und wenn „wir nun gerechtfertigt worden sind aus dem Glauben, so haben wir Frieden mit Gott durch unseren Herrn Jesus Christus" (Römer 5,1), der für uns „Gottlose gestorben" ist (Römer 5,6) zu einer Zeit, als „wir noch Sünder waren" (Römer 5,8). Dies ist der Weg der Liebe Gottes (Römer 5,8).

Dieses Geschenk der Liebe Gottes ist uns aber „allein aus Gnaden" – *sola gratia* gegeben worden. Es kann von keinem durch ein Werk verdient oder vermittelt werden, auch nicht auf Wegen priesterlicher oder kirchlicher Rituale – einschließlich eines angeblich heilsvermittelnden Kindertaufrituales, das dem religiösen Menschen verfügbar wäre. Es ist und bleibt unverdientes und darum unverfügbares Geschenk, und wird deshalb die „Gnadengabe", „Gabe der Gnade", „Gabe in Gnade" oder nur „Gabe" oder „Gnade" genannt. Diese Ausdrücke stehen im 5. Kapitel des Römerbriefes, das wir auch das „Rechtfertigungskapitel" nennen könnten, allein zehnmal geschrieben. Der zweite Schwerpunkt unseres Heils liegt also ganz auf den Worten „Geschenk" oder „Gabe" und „Gnade".

Ein Geschenk kann jedoch angenommen oder abgelehnt werden. Das Geschenk unseres Heils und unserer Errettung kann ebenfalls angenommen oder abgelehnt werden. Es kann aber auf keinen Fall, wie wir bereits gesehen haben, verdient oder auf andere Weise beschafft werden. Auf welche Weise geschieht nun diese Annahme? Sie geschieht „allein" durch den Glauben. Darum das *sola fide* als drittes Merkmal unserer Rechtfertigung, durch das die einzige Möglichkeit zur Erlangung unseres Heils angezeigt wird. Weil es keinen anderen Weg gibt, darum ist Paulus beauftragt, den „Glaubensgehorsam" (Römer 1,5) aufzurichten. „Denn Gottes Gerechtigkeit wird darin geoffenbart aus Glauben zu Glauben, wie geschrieben steht: ‚Der Gerechte aber wird aus Glauben leben.'" (Römer 1,17). Es gilt also, daß nur die Erretteten „mittels des Glaubens auch Zugang erhalten haben zu dieser Gnade" (Römer 5,2), „denn wir urteilen, daß ein Mensch durch Glauben gerechtfertigt wird, ohne Gesetzeswerke" (Römer 3,28). Deutlicher kann es nicht mehr ausgesprochen werden.

Und es wird nicht nur ausgesprochen. Das ausgesprochene und verkündigte Evangelium von der Rechtfertigung als Leben aus dem Glauben (Römer 1,16.17) ist ja inzwischen in den Schriften des Neuen Testamentes fixiert, so wie es in den Schriften des Alten Testamentes ebenfalls schon bezeugt und in Bundesschlüssen testamentarisch festgelegt (Römer 3,21; Korinther 15,3.4) und als Ziel Gottes verheißen war, zum Beispiel durch Abraham, den Vater des Glaubens (Römer 4,17; Hebräer 11,17.18, vgl. 1. Mose 17,5). Nicht nur der Glaube, auch der Retter ist dort bezeugt. „Ihr erforscht die Schriften", sagt Jesus zu den Juden, „denn ihr meint, in ihnen ewiges Leben zu haben, und sie sind es, die von mir zeugen" (Johannes 5,39). Doch gibt es nicht nur das „prophetische Wort" (2. Petrus 1,19), nämlich die „Weissagung der Schrift" (2. Petrus 1,20), von der es heißt: „... niemals wurde eine Weissagung durch den Willen eines Menschen hervorgebracht, sondern von Gott her redeten Menschen, getrieben vom Heiligen Geist" (2. Petrus 1,21). Es gibt auch Worte, Lehren und Taten des Fleisches, „Weisheit der Welt", die Gott „zur Torheit gemacht" hat (1. Korinther 1,20), ebenso religiöse Verführung (2. Timotheus 3,13.14; Kolosser 2,8.9; Galater 3,4.5; Römer 16,17.18 u.a.). Darum wußten unsere Väter sehr wohl, warum sie diese große Neuentdeckung der Reformation bei dem *sola scriptura* – „allein die Schrift" festmachen mußten. Denn die Schrift bezeugt uns solches. Was bezeugt sie?

Daß wir allein durch den Glauben an Jesus Christus gerettet werden! „... damit jeder, der an ihn glaubt, nicht verloren gehe, sondern ewiges Leben habe" (Johannes 3,16). „Wer aber nicht gläubig geworden ist, wird verdammt werden" (Markus 16,16). „Glaube an den Herrn Jesus, und du wirst errettet werden" (Apostelgeschichte 16,31). Jesus Christus spricht: „Wer mein Wort hört und glaubt dem, der mich gesandt hat, der hat ewiges Leben und kommt nicht in das Gericht, sondern er ist aus dem Tod in das Leben übergegangen" (Johannes 5,24).

Viele weitere Stellen der Heiligen Schrift bezeugen und

bestätigen diese Lehre von der Rechtfertigung durch Jesus Christus, der das Liebesgeschenk Gottes ist, das aus Gnaden gegeben wird und nur durch den Glauben ergriffen werden kann und die einzige Grundlage unseres Heils, und das heißt unseres Christseins und aller Jesusnachfolge, ist. Zu diesen Bibelstellen gehören – um nur einige, bisher noch nicht genannte Schriftstellen anzuführen – zum Beispiel: Johannes 14,6; 1. Petrus 1,5; Römer 3,21-28; 4,16; 1. Korinther 1,21.30; 3,11; 6,11; 2. Korinther 5,19-21; Galater 2,16.17; 3,11.26; Epheser 1,7; 2,8; Kolosser 1,20; Titus 3,7; Hebräer 1,3; 9,2-16; 10,10; 1. Johannes 4,9.10.

Und die Taufe? Wohin gehört die Taufe? Ist sie bedeutungslos? Nein, auf keinen Fall! Sie ist von Jesus Christus angeordnet (Matthäus 28,19; Markus 16,15.16) und gehört zum evangelistisch-missionarischen und zum Gemeinde gründenden Dienst, somit zum Aufbau des Leibes Christi. Denn sie bestätigt, wohin wir gehören und was mit uns geschehen ist (Apostelgeschichte 2,37-47; 10,44-48; 16,30-34; Galater 3,24-29; Hebräer 6,2; 1. Petrus 3,18-22). Aber sie vermittelt nicht das Heil, das nur durch den Glauben allein als unverdientes Geschenk angenommen werden kann.

Es ist eine erstaunliche Tatsache, oder sagen wir nach 2. Petrus 1,21, eine Fügung und Führung durch den Heiligen Geist, daß sich an Römer 5, das Rechtfertigungskapitel, sofort Römer 6, also das Taufkapitel, anschließt. Paulus stellt aber nicht nur in der äußerlichen Reihenfolge seine Taufehre hinter seine Rechtfertigungslehre, er zeigt auch deutlich den Ort, an dem die Taufe ihrer geistlichen Bedeutung nach ihren Platz hat. Nicht vor oder in der Heilsannahme, sondern nach der Annahme des Heiles. Das ist ihr Ort. Nach dem Glauben, nach der Rechtfertigung und Wiedergeburt bestätigt die Taufe, daß ein neues Leben (2. Korinther 5,17) in der Nachfolge Christi begonnen hat. So kann sie nur als Durchgangsstation und als Dokumentation einer ungeheuerlichen Veränderung bezeichnet werden.

Damit stimmt die paulinische Taufehre mit allen anderen

biblischen Aussagen und Taufzeugnissen überein. Erst der Glaube, dann die Taufe. Eine Vorwegnahme der Taufe, gar noch auf die Gefahr hin, daß ihr kein Glaube folgt – wie in der Kindertaufe – ist nicht biblisch und darum nicht möglich. Auch eine sakramentale Tauflehre, die über Gott verfügt und sein rechtfertigendes Handeln in den Taufvollzug hineinverlegt – wie ebenfalls die kirchliche Lehre der Kindertaufe – ist nicht möglich. Taufe ist, wie wir gesehen haben, nicht heilsnotwendig und kann das Heil nicht liefern.

Nun gibt es noch die Auffassung, man könne durch das Wort, das zum Wasser kommt und geglaubt werden muß, wie es in Luthers „Kleinem Katechismus" heißt, dem Baby-Täufling die rechtfertigende Gnade als vorlaufende Gnade anbieten und über ihm aussprechen – ebenfalls in der evangelischen Kirche gelehrt und verkündigt. Das ist entweder absurd, weil der Säugling weder hören noch antworten, noch glauben kann, oder es ist ein magischer Umgang mit dem Wort, wie er sich speziell im Protestantismus entwickelt hat.

Ganz anders bei Paulus in Römer 6. Hier ist die Taufe die Beerdigung des „alten Adams", der zu Grabe getragen wird. Ins Grab, auch ins Wassergrab der Taufe, kann aber nur gelegt werden, wer gestorben ist, also ein Leichnam. „So auch ihr, haltet euch der Sünde für tot" (Römer 6,11). „Oder wißt ihr nicht, daß wir, so viele auf Jesus Christus getauft wurden, auf seinen Tod getauft worden sind? So sind wir nun mit ihm begraben worden durch die Taufe in den Tod" (Römer 6,3.4). Das heißt, der alte Mensch der Sünde existiert kraft des Rechtsspruches in der Rechtfertigung auf der Basis des Kreuzestodes Jesu nicht mehr. Christus ist ja für ihn in den Tod gegangen. Damit ist er tot. Die Taufe auf den Tod Christi nach Römer 6 bestätigt dieses Gestorbensein und erinnert jeden so Getauften daran, nun auch im neuen Leben zu wandeln. Und zwar in der Gegenwart, nicht erst in einer zukünftigen Auferstehung, die uns durch die Auferstehung Jesu Christi verheißen ist und die wir auf

Grund dieses Begrabenseins in den Tod Christi ebenfalls erwarten dürfen. Das Zeichen für das neue Leben jetzt und später ist die Taufe als das Begräbnis des alten Menschen. Sie bestätigt und hält es dem neu sündigen wollenden Menschen immer wieder vor Augen! Er soll und muß seinen Ort erkennen, den er, als er im Glauben zu Jesus kam und das Heil annahm, betreten hat. Die Taufe erinnert ihn, wenn er erneut sündigen will, daran, daß ein auf den Tod Christi Getaufter der Sünde gestorben ist und somit nicht mehr in den Herrschaftsbereich der Sünde gehört, sondern im Herrschaftsbereich des Herrn Jesus Christus lebt. Wir können auch so sagen: Der zum Glauben gekommene, gerechtfertigte und wiedergeborene Mensch ist in der Taufe mit seinem Herrn Jesus Christus für alle Zeit durch einen sichtbaren Akt verbunden worden. Nicht, daß er nicht schon vorher mit Christus verbunden gewesen wäre. Aber der sichtbare Akt, der zugleich ein Glaubensschritt des Gläubiggewordenen ist, ist im Leben dieses Menschen ein einschneidendes Ereignis, eine Grenzüberschreitung, die er bewußt vollzieht. Gerade durch die Taufe erkennt und erlebt er, was ihm zuteil geworden ist, wohin er sich bewegt hat und wohinter er nie mehr zurück kann. So gilt nun nur noch das Neue, das Leben aus der Gnade, das Leben in Christus.

Damit aber erhält die Taufe ihre große Bedeutung. Weil sie eine Grenzmarkierung ist, können wir nicht mehr hinter sie zurück, es sei denn, wir werden zu Deserteuren und schwören ab. So ernst ist das, wenn Paulus sagt, wir seien in der Taufe gestorben und hätten uns damit ganz und gar Christus als dem Herrn ausgeliefert (vgl. dazu auch 1. Petrus 3,21.22). Das Neue nach der Taufe aber ist eben das Leben, das es zu leben gilt in der Nachfolge Jesu unter der Leitung des Heiligen Geistes – ein Leben in Gerechtigkeit und Heiligkeit (Römer 6,18).

„Denn wenn wir verwachsen sind mit der Gleichheit seines Todes, so werden wir es auch mit der Auferstehung sein" (Römer 6,5). Mit diesen Worten zeigt Paulus die Grundlage dafür an, daß wir „in Neuheit des Lebens wandeln" (Römer 6,4) und uns „Gott ... lebend in Christus Jesus" halten (Römer 6,11). Dieses Wandeln im Neuen Leben, von dem auch Galater 3,27; 5,24.25 und Kolosser 2,12 reden und das auch in Galater 5,16-26 und Kolosser 1,10-14 weiter entfaltet wird, wird in Römer 6 folgendermaßen gekennzeichnet: „Frei gemacht aber von der Sünde, seid ihr Sklaven [oder: dienstbar] der Gerechtigkeit geworden ... so stellt jetzt eure Glieder zur Verfügung als Sklaven der Gerechtigkeit zur Heiligkeit (oder: zur Heiligung; oder: zum Geheiligtsein)" (Römer 6,18.19). „So seid auch ihr, meine Brüder, dem Gesetz getötet worden durch den Leib des Christus, um eines anderen zu werden ... so daß wir in dem Neuen des Geistes dienen" (Römer 7,4 a.6c). „Was sollen wir nun sagen? Sollten wir in der Sünde verharren, damit die Gnade überströme? Das sei ferne! Wir, die wir der Sünde gestorben sind, wie sollten wir noch in ihr leben? Oder wißt ihr nicht, daß wir ... auf seinen Tod getauft worden sind?" (Römer 6,1-3).

Weil die Schrift aus sich heraus redet, ist es nicht immer notwendig, eine Auslegung zu geben. So wurden eben nur einige Bibelstellen nebeneinandergestellt. Das müßte genügen. Sie zeigen, was die Taufe ist und was sie bewirkt. Trotzdem müssen wir die Aussage des Bibelwortes noch einmal formulieren und wiederholen, um damit zu bezeugen, daß wir das Wort verstanden und angenommen haben. Darum sei erneut gesagt, was Taufe ist.

Taufe ist der Schlußstrich unter ein altes Leben und der Anfang eines neuen Lebens. Sie bestätigt öffentlich sichtbar, was bei Bekehrung und Wiedergeburt, bei der Rechtfertigung und der Annahme des Heils im Glauben bereits geschehen ist, nämlich unsere Veränderung unter der sündenvergebenden Kraft des Blutes Jesu und der Wirkung des Heiligen Geistes, „der uns gegeben worden ist" und durch den „die Liebe Gottes ... ausgegossen [wurde] in unsere Herzen" (Römer 5,5). Damit bildet sie alles ab, was wir in

Christus schon haben. Sie bestätigt das Heil, aber sie bewirkt es nicht.

Markus Barth sagt es so: „Nicht eine mysterienhafte Vergegenwärtigung, sondern ein nachträglicher Akt der Anerkennung dessen, was in Christi Tod schon wahrhaft, kräftig und gültig am Täufling geschehen ist, muß dann als Wasser der Taufe bezeichnet werden."[42]

Emil Brunner, ein anderer Theologe, sagt in derselben biblischen Richtung: „Von einer selbständigen Bedeutung des Taufaktes kann bei ihm [Paulus] keine Rede sein. Die Taufe ist wie ein Siegel, das beidseitig, vom Glaubenden und vom Verkündigenden, als ‚Konstatierung' des inneren Geschehens aufgedrückt wird ... Im Taufakt geschieht sichtbar, was unsichtbar schon geschehen ist durch Wort und Glaube. Die innere Zugehörigkeit zum Christusleib wird sichtbar in diesem Zeichen. Ausgeschlossen aber ist bei Paulus, daß dieses Zeichen selbst etwas bewirke, das nicht schon durch das Wort bewirkt wäre. Die Taufe ist nicht selbst Heilsfaktor, außer insofern, als das Sichtbarmachen des unsichtbaren Geschehens, das sichtbare Hineingenommenwerden und Hinzutreten in die Gemeinde, als der letzte Punkt dieses inneren Geschehens zu diesem selbst gehört."[43]

Wir sehen, daß die Taufe einen besiegelnden, konstatierenden und damit bestätigenden Charakter hat. Auch Brunner macht deutlich, daß sie nicht das Heil bewirkt. Und doch bewirkt sie etwas, und zwar gerade durch diesen sichtbaren und öffentlichen Charakter eines Bekenntnisses und einer Glaubensfestlegung, durch den Akt des Untergetaucht- und wieder Herausgeholtwerdens aus der Sintflut des Todes (1. Petrus 3,20.21) und durch die zeichenhafte Darstellung des „mit ihm [Christus] begraben"- und „mitauferweckt"-Werdens (Kolosser 2,12): Sie bewirkt nämlich „durch den Glauben an die wirksame Kraft Gottes" (Kolosser 2,12) eine vom gläubigen Menschen bewußt erbetene und von Gott längst vorbereitete Positionsänderung, die als

Herrschaftswechsel, als Lebensübergabe oder als Fahneneid und Eintritt in das Heer des Herrn Jesus Christus (so Tertullian)[44] bezeichnet werden kann. (Gemeint ist in all diesen Ausführungen natürlich immer nur die biblische Glaubenstaufe.)

Mit anderen Worten:

Die Taufe bewirkt Absonderung und Heiligung des Lebens.

Genau in diese Richtung zielen die Aussagen des Römerbriefes im 6. Kapitel! Jeder, der dieses Kapitel aufmerksam liest, wird erkennen, daß es uns damit behaftet, daß wir in den Lebens- und Herrschaftsbereich des Herrn Jesus Christus getreten sind. Weil wir getauft sind auf den Namen und in den Tod unseres Herrn Jesus Christus, darum können wir, sagt Paulus, nicht mehr leben, wie wir wollen, denn wir gehören ja nicht mehr uns selbst. Wir gehören Jesus, dessen Sklaven oder dessen Eigentum wir geworden sind. Und wir wollen auch nicht mehr in der Sünde leben, der wir gestorben sind, weil Christus für uns am Kreuz gestorben ist, denn wir haben ja „die Gnadengabe Gottes", nämlich „ewiges Leben in Christus Jesus, unserem Herrn" (Römer 6,23) empfangen.

Wer sich in der Taufe öffentlich auf die Seite Jesu und damit auf die Seite des Reiches Gottes stellt, bezeugt zugleich seinen Austritt aus dem Herrschaftsbereich dieser Welt mit seinen Normen und Ideologien. Nachdem am Kreuz von Golgatha Gott gegen alles böse und gottwidrige Wesen des Menschen das Nein gesprochen hat, wird in der Taufe das Todesurteil über das Fleisch (Galater 5,19-21) gesprochen, das unfähig ist, das Gute zu tun und das Reich Gottes zu erben. Insofern ist Taufe Absonderung und Heiligung.

Hier sind auch zu nennen: 1. Korinther 1,26-31; 2. Korinther 6,14-7,1; Epheser 2,1-22; Offenbarung 5,9.10; der 1. Johannesbrief, aber auch Johannes 17,13-19, ebenso Hebräer 12,22-24 und 13,13.14. Das alles ist, bewirkt und gehört zu der biblischen Glaubenstaufe und ihrem Taufbefehl aus Matthäus 28,19 vom „Jüngermachen" für das Reich des Herrn!

In diesem Zusammenhang wird nun ein ganz neues Kapitel aufgeschlagen. Es ist das Kapitel vom Leib Christi, also von der Gemeinde. Es ist das Kapitel eines Weges, der mit der Taufe beginnt und als Leben in der Taufe weiterführt. Dieses Leben in der Taufe ist ein Leben in der Heiligung und ein Leben in der Gemeinde Jesu. Es ist ein Leben mit Jesus auf Grund des Gestorben- und Mitauferstandenseins. Es ist die Nachfolge.

In welcher Weise Taufe als Nachfolge verstanden werden darf, zeigt ein Ausschnitt aus einem evangelikalen Lehrbüchlein. Dort heißt es: „Wir bekennen uns zur Taufe von Menschen, die gläubig geworden sind. Wir sehen in der Taufe den öffentlichen Ausdruck für die Tatsache, daß wir mit Christus gekreuzigt sind (Gal. 2,20; Gal. 6,14; Rö. 6, 3-4), daß wir daraufhin in einem neuen Leben wandeln wollen und können (2. Kor. 5,17; Gal. 5,16; Rö. 6,4). – Wir glauben, daß die Taufe mit der Taufe anfängt, daß wir in dem Bekenntnis der Taufe bleiben müssen. ‚In Christus bleiben' (Joh. 15,5) setzt ‚in der Taufe bleiben' voraus."[45]

Damit ist die Bedeutung der Taufe als Bekenntnis- und Gehorsamsakt und somit als „gottesdienstliches Menschenwerk"[46] ganz klar geworden.

Fassen wir zusammen:

1. In der Taufe gibt der im Glauben gehorsame Mensch Antwort darauf, daß ihm von Gott das Heil in Christus und das neue Leben unter der Kraft und Leitung des Heiligen Geistes geschenkt worden ist (Römer 8,9-16; 1. Petrus 3,21; Apostelgeschichte 8,12; 8,36.37; 10,46.47; 18,8; 22,16; Galater 3,27; Offenbarung 22,14).

2. Damit bestätigt er in einem öffentlichen Bekenntnis, daß Jesus sein Herr geworden ist. Diese in der Taufe sichtbare Form des Herrschaftswechsels ist insofern ein öffentliches

Bekenntnis, als sie vor der sichtbaren und unsichtbaren Welt geschieht (Lukas 15,10; Hebräer 12,22.23; 12,1; Römer 8,38; Epheser 1,3; 2,2; 6,12; Offenbarung 5,11; Matthäus 18,10).

3. Dieses Bekenntnis zu Jesus, dem man in Ewigkeit gehören will, ist mit einem „Fahneneid" (Tertullian)[47] oder einem Bundesschluß zu vergleichen.

4. Der treue Gott selbst macht durch die Gabe des Heiligen Geistes und des Glaubens dieses Bekenntnis erst möglich (vgl. dazu Philipper 2,13: „Denn Gott ist's, der in euch wirkt beides, das Wollen und das Vollbringen ..." LÜ 84). Gott und Mensch sind auch beim Bundesschluß durch die Taufe keine gleichberechtigten Partner. Der Bund, um den es geht, ist von Gott schon längst am Kreuz von Golgatha gestiftet worden. Darum ist die Taufe, auch wenn wir sie als menschliche Tat, als Bekenntnis- und Gehorsamsakt bezeichnen müssen, Gottes Werk. Der aktiv zur Taufe kommende Mensch erfährt passiv an sich ein Geschehen, das nicht wiederholbar ist und für sein ganzes Leben entscheidend bleibt.

5. Dieses Geschehen in der Taufe, das zur Absonderung und Heiligung des Menschen führt, besteht darin, daß der alte Mensch im Wassergrab der Taufe beerdigt und so mit dem Tode Jesu verbunden wird. Dadurch, daß der Mensch anschließend aus dem Taufwasser herausgehoben wird, wird seine Anteilhabe an der Auferstehung Jesu Christi und dessen neuem Leben sichtbar bezeugt. (Der wiederholte Versuch, die Taufe als Abbild der Vereinigung mit dem gestorbenen und auferstandenen Jesus Christus und als Erinnerung an diese Vereinigung zu beschreiben, zeigt nur unsere Verlegenheit, unser „In-Christus-Sein" und somit unsere Absonderung zu ihm hin begrifflich erfassen zu können.)

6. Die sittliche Konsequenz der Taufe wird in der Heiligung des Lebens sichtbar. Denn wer der Sünde gestorben ist,

muß sich von der Macht der Sünde nicht mehr beherrschen lassen. Das Leben des Getauften ist ein Leben, das unter der Herrschaft des Herrn Jesus Christus steht und deswegen von jeder anderen Herrschaft frei ist. Das aber heißt: Ein Leben in der Nachfolge Jesu Christi ist nur als ein Leben aus der Taufe möglich.

7. So ist Taufe der Anfang eines lebenslangen Prozesses. Die Erinnerung an die Taufe wird zum Gegenstand des Trostes oder der Ermahnung. Taufe gehört somit zu den Haken, an denen sich, wie Luther einmal sagte, unser Glaube aufhängen kann. Sie ist wie ein Korsett für den schwachen Leib. Eine Hilfe für Angefochtene. Taufe ist sichtbare Gnade.

Wollte man nach all dem bisher Erkannten noch eine Kindertaufe, besser gesagt eine Säuglingsbesprengung gutheißen, würde man das Wort der Bibel nicht ernstnehmen. Es versteht sich nun von selbst, daß die Taufe bald nach der Bekehrung und Wiedergeburt vollzogen werden sollte. Doch darf sie auch später noch zu jeder Zeit nachgeholt werden. Entscheidend ist allein, daß der Mensch sich dessen bewußt ist, was er mit der Taufe begehrt und was ihm dann in der Taufe geschieht. Darum sollte nicht zu schnell getauft werden. Aber es sollte bald getauft werden, und es sollte bewußt getauft werden.

Der Missionsauftrag an einer verlorenen Welt bleibt weiterhin bestehen. Gemäß den Worten Jesu: „... machet zu Jüngern alle Völker: taufet sie ..." (Matthäus 28,19 LÜ 84) verbindet er sich mit dem Taufauftrag; denn die Missionierung des Ungläubigen setzt mit der Verkündigung des Evangeliums ein, die Frucht der Verkündigung aber führt zur Taufe. Mit der Anweisung „... lehret sie ..." (Matthäus 28,20 LÜ 84), die Jesus nach dem Taufbefehl gibt, verbindet sich der Gemeinde bildende und aufbauende Auftrag, der das geistliche Wachstum der Getauften im Blick hat. Nun geht es darum, daß wir uns als „lebendige Steine" (1. Petrus

2,5) in den Christusleib seiner Gemeinde einbauen lassen und dort zu einem reifen Christsein heranwachsen (Epheser 2,20.21; 4,13-16; 2. Petrus 3,18; 2. Korinther 9,10 u.a.).

Mit einem Hinweis auf dieses neue Thema, nämlich „wie man sich verhalten muß im Hause Gottes, daß die Gemeinde (oder: Versammlung) des lebendigen Gottes ist, der Pfeiler und die Grundfeste (oder: Stütze) der Wahrheit" (1. Timotheus 3,15), schließt dieses Buch. Möge der treue Herr es schenken, daß auch heute noch viele zu seiner Gemeinde hinzugetan werden (Apostelgeschichte 2,47; 5,14), weil sie „sein Wort aufnahmen" und „sich taufen" ließen (Apostelgeschichte 2,41)!

Anmerkungen

1. Die Taufgesinnten der achtziger Jahre

[1] Karl Barth, Die Kirchliche Dogmatik IV/4. Die Taufe als Begründung des christlichen Lebens, Zürich 1967.

[2] idea 43/1987, Lutherische Weltbund Informationen 26, in: „Kreuz im Süden" e.V. (Arbeitsgemeinschaft Bekennender Christen) (Hrsg.), ProTEST.Informationsdienst 6/1987.

[3] Informationsbrief Nr. 111 der Bekenntnisbewegung „Kein anderes Evangelium", S. 30.

[4] Vgl. Wolfgang Huber – Gerhard Liedke, Was nützt meinem Kind die Taufe? In: Roman Roessler (Hrsg.), Themenstudien für Predigtpraxis und Gemeindearbeit, Bd. 4, Stuttgart 1980, S. 121ff.

[5] Helmut Hild (Hrsg.), Wie stabil ist die Kirche? Berlin/Gelnhausen 1974, S. 86.87.

[6] Theo Sorg, Christus vertrauen – Gemeinde erneuern, Stuttgart 1987, S. 86.

[7] Vgl. Theo Sorg, a.a.O., S. 84.85; ferner: Ortwin Schweitzer, Zur Frage der Wiedertaufe, in: Mitarbeiterhilfe 6/1984, Hinweis zur Praxis, S. 27.28; Gerhard Henning, Die christliche Taufe, in: Das missionarische Wort, Zeitschrift für Verkündigung und Gemeindeaufbau, hrsg. von der Arbeitsgemeinschaft Missionarischer Dienste, Stuttgart, Beilage Studienbriefe A 19, Neukirchen-Vluyn, Nr. 2/1986; Männerarbeit der Evangelischen Kirche in Hessen und Nassau, Darmstadt, (Hrsg.), Taufe, in: Männerarbeit-Info Nr. 4/1985, S. 25ff.; Ludwig-Hofakker-Vereinigung in Württemberg (Evangelische Arbeitsgemeinschaft für Bibel und Bekenntnis), Korntal-M.,

(Hrsg.), Lebendige Gemeinde. Information und Orientierung, 1/1986, Thema dieses Heftes: Taufe, Kindertaufe, Wiedertaufe, Segnung; auch verschiedene Veröffentlichungen in: Unser Auftrag, Zeitschrift für Mitarbeiter in der Kirche, München; Leuchtturm, Mitarbeiterzeitschrift des CVJM-Westbundes, Wuppertal, usw.

8 Zum Verständnis und zur Praxis der Taufe, Votum der Theologischen Kammer der Evangelischen Kirche von Kurhessen-Waldeck, Kassel 1984 (Didaskalia. Schriftenreihe für die Evangelische Kirche von Kurhessen-Waldeck, Heft 29).

9 Der Landesbischof der Evangelisch-lutherischen Kirche in Bayern, Brief an die Gemeinden, Februar 1986, S. 3. (Der Brief wurde vom Autor dieses Buches durchnumeriert.)

10 A.a.O., S. 10.

11 Sorg, a.a.O., S. 88.

12 A.a.O., S. 104.

13 A.a.O., S. 88.

14 Siegfried Großmann, Haushalter der Gnade Gottes. Von der charismatischen Bewegung zur charismatischen Erneuerung der Gemeinde, Kassel 1977, S. 87.88.

15 Erich Dinkler, in: RGG VI, 636 (Die Religion in Geschichte und Gegenwart, 3. Aufl., Tübingen 1957-1965, 6 Bände und ein Registerband; zitiert als RGG mit Bandnummer und Spaltenzahl).

16 RGG VI, 636.

17 CA XIII = „Augsburgische Konfession" von 1530, lat. *Confessio Augustana,* abgekürzt CA, Artikel XIII „Vom Gebrauch der Sakramente", in: Die Bekenntnisschriften der evangelisch-lutherischen Kirche, 5. Aufl., Göttingen 1963, S. 68.

18 CA IX, a.a.O., S. 63 („Von der Taufe"). Dort heißt es: „Von der Tauf wird gelehret, daß sie notig sei, und daß dadurch Gnad angeboten werde; daß man auch die Kinder taufen soll, welche durch solche Tauf Gott uberantwort

und gefällig werden. – Derhalben werden die Wiedertaufer verworfen, welche lehren, daß die Kindertauf nicht recht sei."
[19] *norma normans* (lat.) = „maßgebende Norm"
[20] *sola scriptura* (lat.) = „allein die Schrift"
[21] „Dogmatik" wird oft mit „Glaubenslehre" wiedergegeben. Es handelt sich um eine theologische Disziplin, die die kirchliche Lehre in wissenschaftlich geschlossener Form zur Darstellung bringt.
[22] Vgl. Kurt Aland, Die Säuglingstaufe im Neuen Testament und in der alten Kirche, München 1961, S. 44; desgleichen Karl Heussi: „Bis zum Ende des 5. Jahrhunderts dauerte der Brauch, die Erwachsenen zu taufen, neben der immer häufiger werdenden Kindertaufe fort. Aber erst seit dem 6. Jahrhundert kam allmählich die Kindertaufe zur Herrschaft." (Zitiert nach: Siefer, Die Taufe, S. 16); vgl. auch Heussi, Kompendium der Kirchengeschichte, 10. Aufl., Tübingen 1949, §§ 18d und 27g.
[23] EKL III, 1304 (Evangelisches Kirchenlexikon. Kirchlich-theologisches Handwörterbuch, Göttingen 1956-1961, 4 Bände; zitiert als EKL mit Bandnummer und Seitenzahl): „Weil sich die Kindertaufe nur dogmatisch rechtfertigen läßt, darum darf sich die Kirche einer kritischen Infragestellung ihrer gegenwärtigen Taufpraxis nicht entziehen."
[24] Manfred Seitz, Erneuerung der Gemeinde, Göttingen 1985, S. 35.

2. Der Mann mit der spitzen Feder

[1] Es gehört viel Mut dazu, ein Buch unter dem Titel „Was Luther wirklich sagte" zu veröffentlichen. Der Autor, Professor an der evangelisch-theologischen Fakultät der Universität Wien, bringt darum auch auf 208 Seiten nur eine subjektive Auswahl, eben seinen Luther, wie er ihn sieht. Wie könnte es auch anders sein bei 450 Druck-

schriften, 3000 Predigten und 2600 Briefen des Reformators? (Gottfried Fitzer, Was Luther wirklich sagte, Wien 1968.)

2 Ein typisches Beispiel für das Herausarbeiten eines katholischen Luther finden wir zum Beispiel bei Peter Manns, Amt und Eucharistie in der Theologie Martin Luthers, S. 68ff., in: Peter Bläser (Hrsg.), Amt und Eucharistie, Paderborn 1973.

3 *corpus Christi permixtum* (lat.) = „der gemischte Leib Christi", d.h., die Kirche sieht sich nach 1. Korinther 12,27 und anderen Bibelstellen als "Leib Christi", in dem aber auch Unheilige und sogar Ungläubige sind. Dieser Ausdruck ist das Gegenstück zum Begriff der „reinen Gemeinde".

4 Dazu: Reinhart Weber, Reformation der Taufe, 2. Aufl., Selent 1986. Derselbe, Alarm um die Taufe – Babytaufe oder Biblische Taufe, Selent 1983.

5 Als wissenschaftliches Beispiel aus der Lutherforschung: Peter Manns, a.a.O. Er sagt: „Die durch das Thema gestellte Frage gehört angesichts der vielschichtigen und weithin verwirrenden Äußerungen Luthers sowie nach Ausweis einer reichen, stark kontroversen Sekundärliteratur zu einem der schwierigsten Sachbereiche der Lutherforschung." Hier geht es zwar nicht um die Taufe. Aber die Äußerung Manns zu einem anderen, ähnlichen Problembereich zeigt, wie schwierig es ist, mit Luther ins Gespräch zu kommen.

6 So der Titel eines Buches des anglikanischen Bischofs Robinson. Hier ist im Blick auf Luther mit diesem Zitat die persönliche Ehrlichkeit und Ehrfurcht Gott gegenüber gemeint.

7 Vgl. dazu EKL I, 926ff.

8 Martin Luther, Deutsche Messe und Ordnung des Gottesdienstes 1526, in: Luther Deutsch, hrsg. von Kurt Aland, 2. Aufl. 1966, Bd. VI, S. 89.

9 Freilich können diese Denkstrukturen und ihre praktischen Umsetzungen in einem Volk, wie schon Luther in

seinen Schriften gegen die Wiedertäufer erkannte, zugleich gesellschaftsauflösend sein. Als bedrohlich erscheinen sie besonders dann, wenn man am konstantinisch geprägten Bild vom christlichen Abendland, der absoluten Identifikation von Staat und Religion, kleben bleibt. Wir wissen, daß dieses Bild spätestens durch die französische Revolution und die nachfolgende Säkularisierung zerstört wurde, obwohl seine Strukturen bei uns ständig „fröhliche Urständ" zu feiern versuchen. Desgleichen wissen wir, daß die zur Vielfalt führende absolute Freiheit in Sachen Religion durchaus nicht gesellschaftsauflösend sein muß, wie es am Beispiel der Vereinigten Staaten von Amerika zu erkennen ist. Freilich braucht es dazu einen stabilisierenden Überbau gemeinsamer Werte, eine „religion civile", wie es schon Jean Jacques Rousseau in seinem „Gesellschaftsvertrag" erkannt hat – und sei es nur „The American Way of Life".

[10] Johannes Slök, Sören Kierkegaard, in: Klassiker der Theologie, Bd. II, München 1983, S. 207.
[11] Sören Kierkegaard, Gesammelte Werke, hrsg. von Emanuel Hirsch, 34. Abteilung, Der Augenblick – Aufsätze und Schriften des letzten Streites, Düsseldorf 1950 ff., S. 164.165.
[12] Kierkegaard, a.a.O., S. 166.
[13] A.a.O., Titel einer Flugschrift vom 24.5.1855.
[14] A.a.O., S. 227.228.
[15] Sorg, a.a.O., S. 42.
[16] *horribile dictu* (lat.) = „furchtbar zu sagen"
[17] Kierkegaard, a.a.O., S. 250.
[18] Sorg, a.a.O., S. 18.19.
[19] A.a.O., S. 29.
[20] A.a.O., S. 102.
[21] Kierkegaard, a.a.O., S. 250, 246, 242.
[22] A.a.O., S. 238, 246.

23 Karl Jaspers, Der philosophische Glaube angesichts der Offenbarung, München 1962, S. 519.
24 A.a.O., S. 516.
25 A.a.O., S. 524.
26 A.a.O., S. 524.
27 A.a.O., S. 524, 523, 526 und nochmals 524 (Seitenzahlen in der Reihenfolge dieses Abschnittes.)
28 *homo faber religiosus* (lat.) = gemeint ist der nicht nur seine Umwelt technisch bewältigende Mensch, sondern derselbe Machermensch, der auch das Göttliche, seine Religion, ja Gott selbst in den Griff kriegt. Schlicht gesagt: „der religiöse Macher".
29 Jaspers, a.a.O., S. 521.
30 Matthäus 7,13.14.
31 Vgl. dazu die ausführliche Bibelauslegung (Exegese) zu Römer 6, in: Markus Barth, Die Taufe ein Sakrament?, Zürich 1951.
32 Martin Luther, Kleiner Katechismus, Viertes Hauptstück. Zum Vierten. – Der „Kleine Katechismus" kommt in jeder Landeskirche als eigenes Druckerzeugnis für den Konfirmandenunterricht heraus. Stellen, auf die verwiesen wird oder die zitiert werden, sind darum ohne Angabe der Seitenzahl nach den angegebenen Gliederungspunkten in allen Ausgaben zu finden.
33 Kierkegaard, a.a.O., S. 246.
34 A.a.O., S. 246.
35 A.a.O., S. 245.246.
36 Hans-Jürgen Goertz, Die Täufer. Geschichte und Deutung. München 1980, S. 22.
37 Text nach Otto Dietz, Luther-Agende, Kassel 1928, S. 175.
38 Vgl. Watchmann Nee, In der Welt – nicht von der Welt, 4. Taschenbuch-Aufl., Wuppertal 1987, S. 31ff.
39 Vgl. Das Taufbüchlein (1526) in: Luther Deutsch, hrsg. von Aland, a.a.O., Bd. VI, S. 163. Auch bei Dietz, a.a.O., Nr. 34.

3. War Luther ein Kompromißler?

[1] Der Umgang mit Luthers Dogmen bildenden Worten, Meinungen, Thesen und Antithesen, Bibeldeutungen und Lehren ist nicht leicht. Das gilt auch für seine neuen, die reformierte katholische Kirche, die sich dann evangelisch nannte, formenden, bestimmenden und prägenden Maßnahmen. Folgende Buchtitel legen davon Zeugnis ab:
„Zugänge zu Luther" (Veröffentlichungen der Luther-Akademie e.V. Ratzeburg, Bd. 6, Erlangen 1984),
„Was Luther wirklich sagte" (Gottfried Fitzer, Wien – München – Zürich 1968),
„Luther kontrovers" (Hans Jürgen Schultz [Hrsg.], Stuttgart 1983),
„Wrestling with Luther" (John R. Loeschen, St. Louis 1968), wörtlich übersetzt: „Ringkampf mit Luther",
und schließlich:
„Angst vor Luther?" (Kurt Ihlenfeld, Witten 1967).
Dann ist da die Rede von einer „Flucht vor Luther", „Abkehr von Luther", aber auch „Hinkehr zu Luther". Da kommt Luther zur Debatte als „Brutus der Kirche", als „der große Unbekannte", der „Schöpfer der göttlichen Änäis", als „Begründer des Gottesdienstes im Geist" oder als „Mensch im Widerspruch" und „Grobian". Man spricht ihn einfach an als „Zeitgenossen", „Rebell", „Doktor der Theologie", „homo politicus" (politischen Menschen), „Familienvater", „Dichter" oder „Prediger". Das Lutherbild wechselt, je nachdem, aus wessen Sicht es gesehen wird. Das Kaleidoskop wird noch bunter, wenn wir große Schriftsteller oder Philosophen über Luther befragen, zum Beispiel Thomas Mann, Jochen Klepper, Rudolf Alexander Schröder, Heinrich Heine oder Gottfried Benn; Karl Marx und Ernst Bloch nicht zu vergessen. Aber die zuletzt Genannten hielten es ja eher mit Thomas Müntzer und nicht mit Luther.

Von den Theologen und Lutherforschern, den amtlich bestallten Universitätsprofessoren und ihrem Wissen um Luther ganz zu schweigen. Wie beachtlich und doch verschieden akzentuiert sind mitunter ihre Forschungsergebnisse. Hier schreibt durchaus nicht einer vom anderen ab, wie es manchmal in der Theologie leider üblich ist. Natürlich kann der Zwerg nur weiter sehen als der Riese, wenn er auf der Schulter des Riesen steht. Das aber gelingt nicht jedem. Nun hat ja „Gott starke Schultern", um mit Hermann Augustin zu sprechen, und das ist gut so. Wo kämen wir sonst hin mit dem lieben „Bruder Martin", der erst seine Kutte nicht ablegen und seinen Stand auch als „Dissident" – als ein von der Kirche Getrennter – nicht verraten wollte, dann aber doch urplötzlich ein Weiblein in der geflohenen und ach so zarten Nonne Katharina von Bora nahm!

Dazu kommt das Problem, daß sich das „Lutherbild im Spiegel der Lutherjubiläen" immer wieder wandelt und daß auch die Frage nach dem rechten Verständnis von Luthers Rechtfertigungslehre ein Dauerbrenner bleibt. (Vgl. Bengt Hägglund, Was ist mit Luthers „Rechtfertigungs"-Lehre gemeint?, in: Veröffentlichungen der Luther-Akademie e.V. Ratzeburg, Bd. 6, Erlangen 1984, S. 110-120.)

Dann werden wieder neue „Thesen über Martin Luther" aufgestellt. Diesmal zum 500. Geburtstag, und man höre und staune, von einer Arbeitsgruppe von Gesellschaftswissenschaftlern in einem sozialistischen Staat, in: Zentralkomitee der SED (Hrsg.), Einheit. Zeitschrift für Theorie und Praxis des wissenschaftlichen Sozialismus, Nr. 9/1981; s. auch: Sonderdruck zur Martin Luther Ehrung 1983 der DDR, 1981.

So könnte man fröhlich fortfahren und zum Beispiel darauf hinweisen, daß auch die allgemein übliche und bisherige evangelisch-lutherische Auffassung über Erasmus von Rotterdam und Luthers Streit mit ihm wegen des

„freien" oder doch so „unfreien Willens" anläßlich eines Symposions in überraschender Weise durch neue Forschungserkenntnisse sehr in Frage gestellt wurde (Manfred Hoffmann, Erasmus im Streit mit Luther, in: O.H. Pesch (Hrsg.), Humanismus und Reformation – Martin Luther und Erasmus von Rotterdam in den Konflikten ihrer Zeit, München – Zürich 1985, S. 91ff.) – Es ist wirklich eine Geschichte ohne Ende.

2 Confessio Augustana, abgekürzt: CA = Die Augsburgische Konfession (Bekenntnis der Evangelischen vor Kaiser und Reich im Jahr 1530), in: Bekenntnisschriften der evangelisch-lutherischen Kirche, 5. Aufl., Göttingen 1963.

3 Der berühmte Schweizer Kirchengeschichtler Walter Nigg, der ein Buch über die Ketzer und eines über die Heiligen veröffentlicht hat, ordnet Luther unter die Ketzer ein, wobei man allerdings berücksichtigen muß, daß sein Ketzerverständnis ein sehr positives, wenn auch kritisches ist. Nigg, Das Buch der Ketzer, Zürich 1949, S. 327 ff.

4 *sola scriptura* (lat.) = allein die (heilige) Schrift.

5 Martin Brecht, Martin Luther, Bd. 2: Ordnung und Abgrenzung der Reformation 1521-1532, Stuttgart 1986, S. 326: „Vermutlich hatte Luther jedoch keine genaue Kenntnis von Hubmaiers Schriften gegen die Kindertaufe. ... Genaue Informationen über die Theologie der Täufer besaß Luther nach wir vor nicht." (Das war im Jahr 1528!) S. 327: „Den Täufern wurde er damit nicht in jeder Hinsicht gerecht. Dazu waren schon seine Kenntnisse ihrer Theologie zu dürftig und die gestellten Anfragen zu gewichtig. Dennoch blieb ‚Von der Wiedertaufe' seine einzige größere Schrift gegen die Täufer."

6 Erich Geldbach, Freiheit des Geistes – Treue zum Wort, in: Im Lichte der Reformation, Jahrbuch des Evangelischen Bundes, Bd. 28, Göttingen 1985, S. 121.122.

7 A.a.O., S. 114.

[8] *norma normans* (lat.) = (die Bibel) als maßgebende Norm (der kirchlichen Lehre).
[9] Karl Barth, a.a.O., S. 214.
[10] A.a.O., S. XI und XII.
[11] *placet* (lat.) = wörtl. „es gefällt", „es wird genehmigt". Eine Zustimmungsformel.
[12] Vgl. Anm. 2 in diesem Kapitel.
[13] Der große Katechismus 1529, in: „Luther Deutsch", hrsg. von Kurt Aland, 3. Aufl., Stuttgart – Göttingen 1961, Bd. 3, S. 117ff. („Von der Taufe").
[14] Martin Luther, Sermon von der Buß, in: D. Martin Luthers Werke. Kritische Gesamtausgabe, Bd. 1; S. 322ff., Weimar 1883-1983 (künftig zitiert als WA mit Bandnummer und Seitenzahl).
[15] In: De captivitate Babylonica ecclesia – Von der babylonischen Gefangenschaft der Kirche, WA 2,237. – Die Lehre, daß die Sakramente „kräftige Zeichen der Gnade seien", wird von Katholiken und orthodoxen Lutheranern auch heute noch gelehrt.
[16] WA 6,533.
[17] Zitiert nach Reinhart Weber, Alarm um die Taufe, a.a.O., S. 67.
[18] *parvulus fides infusa* = „Der Glaube wird den Kleinkindern eingegossen". Diese Lehren und Anschauungen gehen zurück auf den Kirchenvater Augustinus, der von 354 bis 430 lebte.
[19] Zum Verständnis und zur Praxis der Taufe ..., a.a.O., S. 21.
[20] Sophisterei = von Sophismus (gr.): „das listig Ersonnene", ein Trugschluß oder Scheinbeweis.
[21] Dr. Joh. Georg Walch, Dr. Martin Luthers sämtliche Schriften, dtsch., Nachdruck, Groß Oesingen 1987, Bd. VI, Sp. 2603. (Künftig zitiert als „Walch" mit Bandnummer und Spaltenzahl.)
[22] Walch, Bd. VI, Sp. 2602.2603.
[23] Kurt Aland (Hrsg.), Luther Deutsch, Taschenbuchaus-

gabe, Stuttgart – Göttingen 1969, Bd. 10, S. 112ff. („Die Briefe").
[24] WA Briefe 2,425,52-54. Weil diese wichtige Schlüsselstelle oft mit Akzentsetzungen übersetzt wird – auch Weber überträgt sie sehr frei – fühle ich mich verpflichtet, meine eigene Übersetzung in diesem Buch mit dem lateinischen Originaltext aus dem Brief an Melanchthon vom 21. Januar 1522 zu belegen: „... *quam si statuere non possumus, nihil disputandum est reliquum, sed simpliciter damnandus baptismus parvulorum.*"
[25] Reinhart Weber spricht in allen seinen Veröffentlichungen bewußt provozierend vom „Babyglauben" und der „Babytaufe". Näheres über Weber siehe Anm. 17 und 42 in diesem Kapitel.
[26] Siegfried Zimmer, Luther und die Kindertaufe, Referat, Darmstadt 1968, S. 5. – Die Zusätze in den Klammern wurden um des besseren Verständnisses willen vom Autor hinzugefügt.
[27] Man empfindet dies besonders stark, wenn man das bereits mehrmals erwähnte Lehrgebäude der Theologischen Kammer der Evangelischen Kirche von Kurhessen und Waldeck durchliest. Siehe in diesem Kapitel Anm. 19 und in Kapitel 1 Anm. 8.
[28] Zimmer, a.a.O., S. 5.
[29] Walch, Bd. XI, Sp. 1523.
[30] Aland, a.a.O., Bd. 8, S. 339.340.
[31] WA 17,2, S. 79ff.
[32] Walch, Bd. XI, Sp. 492.493.
[33] WA 52, S. 102.
[34] Walther Koehler, Dogmengeschichte als Geschichte des christlichen Selbstbewußtseins. Von den Anfängen bis zur Reformation, 3. Aufl., Zürich 1951, S. 43. Der griechische Wortlaut: *pharmaka tes athanasias.*
[35] A.a.O., S. 212.
[36] Reinhart Weber, Warum denn taufen? Ein Brief an junge Eltern, Selent 1987, S. 6.7.8.

[37] Vgl. hierzu u.a. den Versuch Brechts, den Einfluß Luthers auf die Taufvorstellungen der Zürcher Täufer nachzuweisen. Martin Brecht, Herkunft und Eigenart der Taufanschauung der Zürcher Täufer, in: Archiv für Reformationsgeschichte 64/1973, S. 147-165.

[38] WA 17,2, S. 79ff.

[39] Quelle bei Fritz Blanke, Täufertum und Reformation, in: Guy F. Hershberger (Hrsg.), Das Täufertum. Erbe und Verpflichtung (TEV), Stuttgart 1963, S. 57.58.

[40] Quellengeschichte der Täufer in der Schweiz, Bd. I, Zürich 1952, S. 17.18.

[41] Heinold Fast, (Hrsg.), Der linke Flügel der Reformation, Bremen 1962, S. 21.

[42] Reinhart Weber, Reformation der Taufe, Selent 1983, 2. verbesserte Aufl. 1986, Ichthys-Selbstverlag, 2319 Selent, Am Schmiedehof 7, 294 Seiten, S. 147.

[43] *status quo* (lat.) = „gegenwärtiger Zustand"

[44] Weber, a.a.O., S. 153.

[45] A.a.O., S. 194.

[46] A.a.O., S. 196.

[47] A.a.O., S. 214.

[48] A.a.O., S. 197. Weber sieht sich von dieser Frage her veranlaßt, alles ihm Mögliche zu tun, um die Taufdebatte in dieser Richtung vorwärtszutreiben. U.a. veröffentlichte er neben der oben genannten Schrift: Alarm um die Taufe; Der andere Geist – Ein Beitrag zum Taufgespräch, Selent 1986.

[49] Goertz, a.a.O., S. 127.

[50] Zum Toleranzproblem vgl. Manfred Hoffmann, Toleranz und Reformation, in: Texte zur Kirchen- und Theologiegeschichte, Heft 24, Gütersloh 1979.

[51] WA 26,145.146.

[52] Dieser und alle folgenden Texte aus dem „Großen Katechismus" sind zitiert nach Aland (Hrsg.), Luther Deutsch, a.a.O., Bd. 3, S. 124ff.

[53] Aus: Philadelphia Briefe, 38. Jg. Nr. 359, Juli/August 1986, S. 7.

[54] „Großer Katechismus", a.a.O., S. 125.
[55] A.a.O., S. 125.
[56] Viertes Hauptstück. Das Sakrament der Heiligen Taufe. Zum Dritten.
[57] „Großer Katechismus", a.a.O., S. 125.
[58] A.a.O., S. 126.
[59] Man hat Luthers zwiespältiges Verhalten aus einem widerspruchsvollen Charakter zu erklären versucht. Daß begriffliches Denken nicht seine Stärke war, wird inzwischen allgemein anerkannt, wie auch seine Unfertigkeit und Unduldsamkeit, die manchen erschreckt. Man muß schon einen besonderen Zugang zu widerspruchsvollem Denken haben, um Luthers Aussagen nachvollziehen zu können, besonders, wenn sich dieses Denken „nach allen Seiten" und „mit überwältigender Sprachkraft" entfaltet. Vgl. Nigg, a.a.O., S. 347.343.348.331. Ihn allerdings zum Vater evangelischer Dialektik zu machen, wie einige es versuchen, geht doch zu weit. Was Luther zum Beispiel unter dem nur paradox in dieser Welt erscheinenden Evangelium versteht, hat nichts mit sprachlicher Dialektik zu tun, sondern mit dem Widerspruch unserer unerlösten Existenz gegenüber dem uns fremd erscheinenden und darum unverständlichen Wort des Gerichtes und der Erlösung.
[60] Aland, a.a.O., Bd. 3, S. 126.
[61] Vgl. Martin Brecht, Martin Luther, Bd. 2, a.a.O., S. 380.
[62] Apologie = Verteidigungsschrift (Melanchthons). – Alle im folgenden zitierten Texte aus der Apologie der Augsburgischen Konfession sind zu finden in: Die Bekenntnisschriften der evangelisch-lutherischen Kirche, 5. Aufl., Göttingen 1964, S. 246ff.
[63] Bibeltext nach der revidierten Fassung der Lutherbibel von 1984. – Alle anderen Bibelzitate in diesem Buch, ausgenommen Bibelzitate fremder Autoren und wörtliche Übersetzungen aus dem Griechischen, die auch als solche gekennzeichnet sind, sind – wenn nicht anders ange-

geben – der Revidierten Elberfelder Bibel von 1985 entnommen.
[64] Kontext (lat.) = Begleittext; Textzusammenhang
[65] homogen (gr.) = gleichgerichtet oder gleichartig
[66] Attribut (lat.) = wörtl.: „Kennzeichen", „Zugefügtes". Auch Merkmal oder Eigenschaft eines Gegenstandes. So sind zum Beispiel „Christus", „Messias", „Herr", „Hirte" usw. Attribute für Jesus, nicht einfach Beinamen (Christus = „der Gesalbte", hebr.: „Messias").
[67] Zum Beispiel die Grabinschrift: Parbulus innocens, infanti innocentissime ...
[68] Heinold Fast (Hrsg.), a.a.O., Bremen 1963, S. 8.9.
[69] Goertz, a.a.O., S. 138.
[70] Edmund Broadbent, Gemeinde Jesu in Knechtsgestalt, 3. Aufl., Neuhausen-Stuttgart 1987, S. 164.
[71] A.a.O., S. 169.
[72] A.a.O., S. 160.
[73] *mandatum* (lat.) = Auftrag, Befehl.
[74] Vulgata (lat.) = wörtl.: „die allgemein Verbreitete"; in der katholischen Kirche seit dem Tridentinischen Konzil 1590 offiziell genehmigte lateinische Bibelübersetzung des Hieronymus (geb. ca. 350 n.Chr.), schon im Mittelalter als hauptsächliche Übersetzung benutzt. Die lateinische Bibel der katholischen Kirche schlechthin.
[75] Evangelisches Kirchengesangbuch, Nr. 146, Vers 5.
[76] In: Brecht, a.a.O., S. 395.
[77] Nigg, a.a.O., Nr. 12, S. 339.340.
[78] Broadbent, a.a.O., S. 144.

4. Der unbekannte Tauf-Reformator

[1] Aus: Bullinger, Reformationsgeschichte I, S. 294-296; zitiert bei Hillerbrand, Brennpunkte der Reformation. Eine Quellensammlung, Göttingen 1967, S. 247. Es ist interessant, daß genau diese Aussage über 400 Jahre Zeit- und Theologiegeschichte überlebt hat und 1987 in einem

Taufbuch „für Angefochtene" erneut erscheint. Siehe Hansjörg Bräumer, Die eine Taufe, Eine biblische Betrachtung für Angefochtene, Stuttgart 1987, S. 74: „Eine zweite Taufe entspricht einer zweiten Kreuzigung Jesu Christi." – Bullinger, dessen Worte wir im Kapitel zitiert haben, war Zwinglis Nachfolger und verfaßte 1566 eine Schweizer Bekenntnisschrift mit dem Titel „Confessio Helvetica posterior". Zuvor war er an der Abfassung anderer Bekenntnisschriften bereits mitbeteiligt.

[2] Marginalien = von lat. *margo* = „Rand", Randbemerkungen.

[3] Zitat nach G. Rosseau, in: Alfred Kuen, Gemeinde nach Gottes Bauplan, Wuppertal 1975, S. 189.

[4] Zitiert bei: Sondheimer, ... und ließen sich taufen, Kreuzlingen 1981, S. 96.

[5] Art. 18, Zwinglis Thesen zum Zürcher Religionsgespräch 1523; zitiert nach G. Rosseau, Le drame anabaptiste, S. 12.13.

[6] Goertz, a.a.O., S. 11.

[7] Alfred Kuen, a.a.O., S. 195.

[8] „Der Heidelberger Katechismus" in Anlehnung an die ersten Ausgaben von 1563, 6. Aufl., Neukirchen-Vluyn, 1963, S. 28.

[9] W. Ninck, Christliche Gemeinde heute, S. 221.222; zitiert in: Kuen, a.a.O., S. 188.

[10] Zitiert in: Broadbent, a.a.O., S. 150.

[11] Hubmaier, Von dem Schwert (1527), in: Goertz, a.a.O., S. 201.

[12] Vgl. Manfred Bärenfängers Aussage: „Hubmaier ist der überragende Theologe der ersten Täufergeneration. Noch lange nach seinem Tode wurden seine Schriften von Freunden und Gegnern gelesen. Was er über Taufe, Abendmahl und Gemeindezucht schrieb, ist die beste Darstellung täuferischen Glaubens geblieben. Baptisten finden darin ihre Lehre und die Praxis des Gemeindelebens weithin vorgezeichnet." In: J.C. Wenger, Die Täu-

ferbewegung, Wuppertal und Kassel 1984, S. 150. Vgl. auch die Worte Wengers auf Seite 110: „Die heutigen Baptisten sind Anhänger der Wahrheit, die Hubmaier gelehrt hat."

[13] Balders (Hrsg.), Ein Herr, ein Glaube, eine Taufe – 150 Jahre Baptistengemeinden in Deutschland 1834-1984, Festschrift, S. 176.

[14] Vgl. Bärenfänger, Die Entstehung der Baptistengemeinden, in: Balders, a.a.O., S. 268.

[15] Bildabdruck zum Beispiel auch bei: Hanns Lilje, Martin Luther, Eine Bildmonographie, Hamburg 1964, S. 57; Joachim Rogge, Martin Luther, Eine Bildbiographie, Berlin 1982, S. 105.

[16] J.C. Wenger, Die Täuferbewegung, Wuppertal 1984, S. 110.

[17] Broadbent, a.a.O., S. 151.

[18] Hillerbrand, a.a.O., S. 232.

[19] A.a.O., S. 233.

[20] Bärenfänger, in: Wenger, a.a.O., S. 134.

[21] A.a.O., S. 133.

[22] Goertz, a.a.O., S. 85.

[23] A.a.O., S. 85.

[24] A.a.O., S. 171.

[25] Zitiert nach Bärenfänger, in: Wenger, a.a.O., S. 136.

[26] Goertz, a.a.O., S. 27.

[27] Hubmaier, Von der christlichen Taufe 1525, in: Gunnar Westin – Torsten Bergsten (Hrsg.), Hubmaier, Schriften, Gütersloh 1962, S. 122.123.

[28] Martin Brecht, Martin Luther, Bd. 2, a.a.O., S. 326.

[29] A.a.O., S. 327.328.

[30] A.a.O., S. 328.

[31] Man vergleiche u.a. als Beispiel die periodisch stattfindende Taufdiskussion in idea-spektrum, dem wöchentlich erscheinenden Informationsdienst der Evangelischen Allianz.

[32] Der Landesbischof der evangelisch-lutherischen Kirche in Bayern, ... a.a.O., S. 3.10.

[33] Balders, a.a.O., S. 10: „Dankbar sind wir ... auch dafür ..., daß Hans Luckey die Arbeitsgemeinschaft Christlicher Kirchen (1948) mitgestaltete."
[34] Balders, a.a.O., S. 29.
[35] A.a.O., S. 29-33.
[36] A.a.O., S. 28.
[37] J.G. Oncken, Licht und Recht, Kassel 1901, S. 247, auch bei Balders, a.a.O., S. 20.
[38] Balders, a.a.O., S. 28.29.
[39] A.a.O., S. 20.
[40] Der Landesbischof der evangelisch-lutherischen Kirche in Bayern, ... a.a.O., S. 3.10.
[41] Johannes Warns, Die Taufe, 2. Aufl., Cassel 1922, S. 266.
[42] A.a.O., S. 266.
[43] kondemniert, von: Kondemnation (lat.) = Verurteilung, Verdammung
[44] Warns, a.a.O., S. 267.
[45] Sorg, a.a.O., S. 105.
[46] A.a.O., S. 104-106; vgl. auch das gesamte Kapitel: „Kindertaufe und Gemeindeaufbau", S. 84-106.
[47] Buchtitel von Remarque, dazu gleichnamiger Film. Buch und Film haben nichts mit der Taufe, sondern mit dem 1. Weltkrieg zu tun. Der Titel ist zum Slogan geworden für schwebende Probleme, die von der Etappe her nicht einsehbar sind.

5. Protestantische Ikonographie

[1] Herbert von Hintzenstern, Lucas Cranach d. Ä., Altarbilder der Reformationszeit, 3. Aufl., Berlin 1972, S. 14.
[2] Staatsarchiv Weimar, Reg. Bd. 4361, Bl. 44a. So der Text einer Rechnung.
[3] Ernst Ullmann, Lucas Cranach der Ältere – Bürger und Hofmaler; in: E. Ullmann (Hrsg.), Kunst und Reformation, Leipzig 1982, S. 47.

4 Allroundman (engl.) = ein vielseitig begabter und tätiger Mensch
5 Horst Behrend, Lucas Cranach, Maler der Reformationszeit, Berlin o.J., S. 24. Text der Verleihungsurkunde: „Unseres Dieners und lieben, getreuen Lucas von Cranachs Ehrbarkeit, Kunst und Redlichkeit, auch der angenehmen und geselligen Dienste, so er uns oftmals willig getan." – Verleihung des Wappens im Jahr 1508. Das Wappen – es stellt eine gekrönte Schlange oder einen gekrönten Lindwurm mit Fledermausflügeln dar – erscheint fortan auf seinen Bildern als Markenzeichen. Im gleichen Jahr malte er in Gent den damals achtjährigen Prinzen und späteren Kaiser Karl V., Enkel Maximilians I.
6 d.Ä. = der Ältere.
7 Haute Couture (fr.) = französische Schneiderkunst, die elegante europäische Kleidermode maßgeblich bestimmend.
8 Herbert Zschelletzschky, Vorgefecht des reformatorischen Bildkampfes. Zu Cranachs Holzschnitt „Himmelwagen und Höllenwagen des Andreas Bodenstein von Karlstadt". In: Ullmann (Hrsg.), Kunst und Reformation, a.a.O., S. 68ff., Bildwiedergabe S. 115 Nr. 27.
9 A.a.O., S. 69. Zschelletzschky zitiert hier Hermann Barge, Artikel „Karlstadt", in: Realencyklopädie für protestantische Theologie und Kirche, Bd. 10, 3. Aufl., Leipzig 1901, S. 74.
10 Antithetik = in der Philosophie die Lehre von den Widersprüchen und ihren Ursachen. Hier die in Wort und Bild dargestellte Gegensätzlichkeit zweier theologischer Systeme einschließlich ihrer Begründung, Ursache und Wirkung.
11 Zschelletzschky in: Ullmann (Hrsg.), a.a.O., S. 71.
12 A.a.O., S. 72.
13 Martin Brecht, Martin Luther, Bd. 1, 2. Aufl., Stuttgart 1983, S. 448.
14 Behrend, a.a.O., S. 13.14.

[15] Zschelletzschky, a.a.O., S. 75.
[16] Vgl. dazu: a.a.O., S. 75.
[17] Brecht, a.a.O., Bd. 2, S. 47.
[18] Hintzenstern, a.a.O., S. 22.
[19] A.a.O., S. 23.
[20] Ullmann, a.a.O., S. 42.
[21] Predella = oberste Altarstufe. Bei Flügelaltären Staffel eines spätgotischen Altares mit gemaltem oder geschnitztem Bildwerk, allgemein lokalisiert zwischen der Altarplatte und dem Hauptteil des meist dreiteiligen Flügelaufsatzes.
[22] Abbildungen verschiedener Gemälde zum Thema „Kindersegnung" sind u.a. zu finden in: Joachim Rogge, Martin Luther – eine Bildbiographie, a.a.O., S. 211, Bild Nr. 250. Das wohl älteste Gemälde Cranachs zu diesem Thema. Es stammt aus dem Jahr 1529 und befindet sich in der Wenzelskirche in Naumburg. Rogges Kommentar zum Bild: „Bei dieser Darstellung wird die Bibelstelle Markus 10,13 ausgelegt." Dasselbe Bild in kleinerer Wiedergabe in: Martin Luther Leben und Werk – Zentrale Ausstellung des Lutherkomitees der Evangelischen Kirche in der DDR – vom 7. Mai bis 31. August 1983, Predigerkloster Erfurt, Katalog, Berlin 1983, S. 35, Bild Nr. 13.5. Hier Angabe der Originalbildgröße: 104 x 140 cm. Tempera auf Holz. – Martin Brecht, Martin Luther, Bd. 2, a.a.O., Bildtafelteil zwischen Seite 80 und 81, Tafel XIII, Christus segnet die Kinder, Gemälde von Lukas Cranach d.Ä., 1538. – Original in der Hamburger Kunsthalle. Brechts Kommentar dazu auf S. 325: „Luther hielt jedoch unter Berufung auf die Kindersegnung gegen alle Einwände an dem Postulat des Glaubens der Kinder fest. Jahre später malte Lukas Cranach mehrfach das bis dahin unbekannte Motiv der Kindersegnung als Beweis für die Rechtmäßigkeit der Kindertaufe." – Herbert von Hintzenstern, Lucas Cranach d.Ä., Altarbilder aus der Reformationszeit, 3. Aufl. 1981, S. 88.89; ein weiteres

Bild zum selben Thema: „Christus als Kinderfreund" (1538). Größe 0,80 x 0,27 m. Original in Dresden, Staatliche Kunstsammlungen, Gemäldegalerie Alter Meister.

[23] Hintzenstern, a.a.O., S. 89.

[24] reihe gottesdienst 15, Im Auftrag der Kirchenleitung der VELKD herausgegeben vom lutherischen Kirchenamt, Taufe – Entwurf der Agende für evangelisch-lutherische Kirchen und Gemeinden, Band III: Taufordnungen, Hannover 1984. S. 13.21.29.

[25] Perikope (gr.) = „Abschnitt". Gemeint ist eine bestimmte Textauswahl aus der Bibel, ein Textabschnitt also, über den nach der Ordnung der Kirche an einem jeweils dafür bestimmten Sonntag gepredigt werden soll. Zur Zeit hat die Evangelische Kirche in Deutschland sechs Perikopenreihen, d.h. die Predigttexte wiederholen sich, sofern sich ein Pfarrer streng an diese Ordnung hält, alle sechs Jahre.

[26] *evangelium infantium* (lat.) = „Kinderevangelium"

[27] Wilhelm Stählin, Predigthilfen, Band I, Kassel 1958, S. 194ff.

[28] Fritz Rienecker, Das Evangelium des Markus, Wuppertal 1955, S. 184.

[29] *terminus technicus* (lat.) = „Fachausdruck", „Fachbezeichnung".

[30] Joachim Gnilka, Das Evangelium nach Markus, in: EKK II,2 (Evangelisch-Katholischer Kommentar zum Neuen Testament), Einsiedeln-Zürich/Köln/Neukirchen-Vluyn 1979, S. 79-83.

[31] Karl Barth, a.a.O., S. 198-200.

[32] Gerhard Barth, Die Taufe in frühchristlicher Zeit, Neukirchen-Vluyn 1981, S. 143.

[33] A.a.O., S. 138-141. G. Barth kommt zu dem Ergebnis: „An der einzigen neutestamentlichen Stelle also, die auf wirkliche historische Angaben Wert legt, zeigt sich, daß bei dem Begriff des ‚Hauses' an Kinder nicht gedacht ist. Von einer sogenannten ‚Oikosformel' her läßt sich daher

eine Übung der Kindertaufe in neutestamentlicher Zeit nicht wahrscheinlich machen." S. 141.
[34] Joachim Jeremias, Hat die Urkirche die Kindertaufe geübt?, 2. Aufl., Göttingen 1949. Derselbe: Die Kindertaufe in den ersten vier Jahrhunderten, Göttingen 1958.
[35] Reinhart Weber, Reformation der Taufe, a.a.O., S. 109.
[36] Kurt Aland, Die Säuglingstaufe im Neuen Testament und in der alten Kirche, a.a.O., S. 44.
[37] RGG VI, 636.
[38] Zum Thema „Konklusion" vgl. Klaus Jakob Hoffmann, Heißes Eisen Taufe!, Theologische Reihe Heft 6, Leer-Loga 1987, S. 31-41. Zum Thema Gemeinde Jesu oder Religion vgl. Klaus Jakob Hoffmann, Evangelium und Kultur unter der kritischen Lupe einer Civil Religion Analyse, Theologische Reihe Heft 5, Leer-Loga 1987. (Da nicht über den Buchhandel erhältlich, zu bestellen über: Missionswerk Christus für Dich, Meierstr. 3, 2950 Leer-Loga. Abgabe unentgeltlich.)
[39] So Dekan Rolf Walker, Nürtingen, beim Jahrestreffen der Ludwig-Hofacker-Vereinigung in Württemberg, vgl. idea-spektrum 6/1988, S. 4.

6. „Verlaß dich nicht auf den Rohrstab!"

[1] patt (fr.) = zugunfähig, erstarrt; das Patt: als unentschieden gewertete Stellung im Schachspiel, bei der eine Partei patt, also zugunfähig ist.
[2] Hansjörg Bräumer, Die eine Taufe. Eine biblische Betrachtung für Angefochtene, Neuhausen-Stuttgart 1987.
[3] Plural von *salto mortale* (lat.-it.). Salto = Sprung, Luftrolle, freier Überschlag; salto mortale = Todessprung, lebensgefährlicher Kunstsprung bei Artisten, auch: Ganzdrehung bei Flugzeugen; im Blick auf unsere Textaussage ist im übertragenen Sinn gemeint: durch eine Ganzdrehung nach rückwärts eine Hinwendung zum religiösen Denken vollziehen und den biblischen Weg verlassen.

4 Über die Folgen der Inkonsequenz bzw. des Rückziehers bei Karl Barth wurde von mir ausführlich berichtet in: Klaus Jakob Hoffmann, Heißes Eisen Taufe!, a.a.O., S. 9-16.
5 Konkludeure = abgeleitete Wortbildung von „Konklusion" (= Schluß, Folgerung, Schlußsatz). Gemeint sind Menschen, die aus theologischen Aussagen Folgerungen ziehen oder Ableitungen vornehmen, die so im biblischen Wort nicht vorfindbar sind. Damit kommen sie zu einem gewünschten Ergebnis, durch das wiederum eine bestimmte Form christlichen Glaubens gebildet wird. – Da das Ziehen von Schlußfolgerungen sowohl in den Wissenschaften als auch im menschlichen Alltag üblich und notwendig ist, alle Konklusionen allerdings auch Überprüfung und Kritik provozieren, ist die neue Wortbildung „Konkludeure" bewußt negativ akzentuiert und mit Vorwurf behaftet.
6 Siehe RGG III, 1432, IV, 1441.
7 Hermann Schuster, Das Problem der Sakramente Taufe und Abendmahl, Tübingen 1960, in: Sammlung gemeinverständlicher Vorträge und Schriften aus dem Gebiet der Theologie und Religionsgeschichte, Nr. 229/230.
8 A.a.O., S. 73. Ferner auf derselben Seite: „... Luthers Taufbüchlein vom Jahr 1526, dessen stockkatholische Gedanken wir vorhin entfaltet haben."
9 A.a.O., S. 30.31.
10 A.a.O., S. 21.
11 A.a.O., S. 26.
12 A.a.O., S. 15.16.
13 A.a.O., S. 29.
14 A.a.O., S. 29.
15 A.a.O., S. 22.
16 Günther Dehn, Die Taufe als Gegenwartsproblem kirchlicher Praxis, gedruckt nach einem Vortrag vom Verlag für Volksmission Rob. Bechauf, unter der Reg. Nr. 4096 (Kontrollrat Gesetz), Bielefeld o.J., S. 12.

[17] Schuster, a.a.O., S. 75.
[18] Markus Barth, Die Taufe – ein Sakrament? Ein exegetischer Beitrag zum Gespräch über die kirchliche Taufe, Zollikon-Zürich 1951.
[19] Karl Barth, a.a.O., S. X.XI. In der Einleitung finden wir die Bemerkungen über die Arbeit seines ihm „an neutestamentlicher Spezialkenntnis längst weit überlegenen ältesten Sohnes."
[20] A.a.O., S. 208.
[21] A.a.O., S. 213.
[22] Teil eines Einschubes aus dem Codex D zwischen V. 4 und 5 in Lukas 6, vgl. Kritischer Apparat des Griechischen Neuen Testamentes, bearbeitet von D. Eberhard Nestle und D. Erwin Nestle, sowie: Dietrich Bonhoeffer, Ethik, München 1949, S. 203. – Da dieses Jesuswort nur in Codex D (6. Jahrhundert n.Chr.) steht, nicht aber in den anderen und besser bezeugten Quellen bzw. Codices, wurde es nicht in den Text des Neuen Testamentes aufgenommen.
[23] S. Anm. 18 in diesem Kapitel.
[24] S. Anm. 34 im 5. Kapitel.
[25] S. Anm. 22 im 1. Kapitel.
[26] S. Anm. 1 im 1. Kapitel.
[27] *nomen est omen* (lat.) = „im Namen liegt eine Vorbedeutung". Fragt sich nur welche?
[28] *ecclesia semper reformanda* (lat.) = eine ständig sich erneuernde (reformierende) Kirche. Oft gebrauchter Slogan in kirchlichen Vorträgen und Veröffentlichungen, der zum Schamtuch einer in Wirklichkeit zur Veränderung nicht bereiten Kirche wurde und lediglich noch eine Wunschvorstellung ausdrückt.
[29] S. Anm. 22 im 1. Kapitel.
[30] Gerhard Barth, Die Tauf ein frühchristlicher Zeit, Neukirchen-Vluyn 1981.
[31] *status quo* (lat.) = gegenwärtiger Zustand
[32] Zitiert bei Uwe Holmer, Der erste Brief des Petrus, in: Wuppertaler Studienbibel, 4. Aufl. 1982, S. 130.

[33] Bravour (fr.) = Tapferkeit, Schneid.
[34] Markus Barth, a.a.O., S. 513.
[35] Jörg Zink, Das Neue Testament übertragen von Jörg Zink, Stuttgart 1965, S. 519.
[36] Norbert Brox, Der erste Petrusbrief, in: EKK XXI (Evangelisch-Katholischer Kommentar zum Neuen Testament), Einsiedeln-Zürich/Köln/Neukirchen-Vluyn 1979, S. 163.164.
[37] Holmer, a.a.O., S. 135.134.
[38] Brox, a.a.O., S. 181.
[39] Karl Barth, a.a.O., S. 233.
[40] Holmer, a.a.O., S. 134.
[41] Martin Luther zu 1. Petrus 3,21, in: WA 29,603, zitiert bei Markus Barth, a.a.O., S. 153.
[42] subsumieren (nlat.) = einen Begriff von engerem Umfang einem Begriff von weiterem Umfang unterordnen.
[43] Pape, Handwörterbuch der griechischen Sprache, 2 Bände, 3. Aufl. 1888.
[44] Kittel, Theologisches Wörterbuch zum Neuen Testament, Bd. 2, Stuttgart 1935, Neuaufl. 1954, S. 685 (Artikel zu *eperotao* und *eperotaema* von Greeven).
[45] So bei Holmer, a.a.O., S. 134; und in: Kittel, a.a.O., S. 685.
[46] So: Hanns Lilje, Die Petrusbriefe und der Judasbrief, Kassel 1954, S. 39; und: Heinrich Rendtorff, Getrostes Wandern. Eine Einführung in den ersten Petrusbrief, 7. Aufl., Hamburg 1951, S. 77.
[47] Adolf Schlatter, Petrus und Paulus nach dem 1. Petrusbrief, S. 143, zitiert bei Holmer, a.a.O., S. 134.
[48] In diesem Sinn sieht auch Professor Rendtorff, einer der Altmeister neutestamentlicher Exegese, das Wort *eperotaema* (a.a.O., S. 77), für das er die Bedeutung „Bitte" oder „Gelübde" angibt. Er entscheidet sich bei der Auslegung von 1. Petrus 3,21 für „Gelübde" und übersetzt: „Angebot eines guten Gewissens, das auf Gott gerichtet ist (Schlatter u.a.)." Dabei geht er von der Taufliturgie

der nachapostolischen und frühkatholischen Kirche aus, in der nach eingehender Befragung der erwachsene bzw. schon gläubige Taufbewerber „mit seinem gläubigen Bekenntnis: Ja" antwortet. – Ich habe Rendtorff deshalb nicht ins Gespräch gebracht, weil auch eine gute Liturgie nicht vor Mißbrauch schützt. Diese Befragung des Taufbewerbers ist ja zum Teil bis in unsere Zeit in vielen Liturgien erhalten geblieben. Trotzdem wurden und werden Kinder oder Säuglinge nach dieser Liturgie getauft, denn die Antwort geben stellvertretend für das Kind die Eltern und die Paten, wie wir auch bei Luther bereits gesehen haben. Dieser Mißbrauch beginnt nachweislich bereits am Anfang des 3. Jahrhunderts n.Chr.

[49] Brox, a.a.O., S. 166.

[50] *Mythus,* von gr. *Mythos* = ursprünglich: Sage und Dichtung von Göttern, Helden und Geistern und die aus diesen Mythen gefolgerte Glaubenshaltung bzw. Legendenbildung. Das Wort wird in diesem Buch in folgender Weise verstanden: Mythen sind „Erzählungen" der Menschen, in die religiöse Aussagen eingepackt werden, die aber nicht der Wirklichkeit entsprechen müssen. Wer die Wahrheit sucht, muß sich von den Mythen und Fabeln abwenden und zur Wirklichkeit durchstoßen. (Vgl. 1. Timotheus 1,4; 4,7; 2. Timotheus 4,4; Titus 1,14; 2. Petrus 1,16.) Dieser Prozeß wird in der theologischen Fachsprache u.a. „entmythologisieren" genannt. In unserem Fall geht es darum, daß biblische Wahrheiten über die Taufe schon früh in der Theologie der Kirche mit dem sakralen Gewand der Religionen überkleidet wurden und auf diese Weise die biblische Wahrheit entstellt, ja sogar verändert wurde. Das Zurück zur biblischen Wahrheit ist das Anliegen dieses ganzen Buches.

[51] Horst Georg Pöhlmann, idea-spektrum, 5/87, S. 13.

7. Die „Heilige Kuh" der Epigonen

1 Pöhlmann, a.a.O.
2 Gegründet am 5. Oktober 1886 in Erfurt.
3 Wilhelm Fahrenhorst, Der evangelische Bund zur Wahrung der deutsch-protestantischen Interessen, in: Gotthilf Schenkel, Der Protestantismus der Gegenwart, Stuttgart 1926, S. 291.
4 Als Beispiel aus dem Jahr 1988 ein Zitat aus der Württembergischen Synode, die vom 3. bis 5. März in Stuttgart tagte. Der Synodalpräsident Oswald Seitter würdigte den scheidenden Bischof Hans von Keler in folgender Weise. Er sagte, in den Worten von Kelers seien „die unverfälschte Heilige Schrift und das Zeugnis der Väter wie ein fester Orgelton vernehmbar." idea-spektrum, 10/88, S. 4. Auch hier begegnen uns wieder: Wort *und* Bekenntnis bzw. Schrift *und* Tradition. Bei den lutherischen Pietisten Württembergs wird diese Tradition „Zeugnis der Väter" genannt.
5 Katechumenat (aus dem Griechischen) = ursprünglich: Taufunterricht für erwachsene Taufbewerber (Katechumenen) in den ersten Jahrhunderten der Kirche. Heute: Gesamtbezeichnung für den kirchlichen Glaubensunterricht. Das Wort „Katechismus", das ein kurzes Lehrbuch des Glaubens bezeichnet, ist ebenfalls von dem griechischen Stammwort Katechese (wörtlich: „Entgegentönen"), das für die christliche Unterweisung gebraucht wird, abgeleitet.
6 Dietrich Bonhoeffer, Nachfolge, 11. Aufl., München 1976 (1. Aufl. 1937!), S. 24.25.
7 A.a.O., S. 199-206.
8 A.a.O., S. 25.
9 Vgl. als Beispiel die Ausführungen von Theo Sorg, a.a.O., S. 17-19; 26-33; 84-106.
10 Kirchliche Sammlung um Bibel und Bekenntnis in Braun-

schweig (Hrsg.), Sieben Punkte – Konsequenzen aus dem Lutherjahr, Braunschweig 1983, S. 2.
[11] Mit „Lutherjahr" ist das Jahr 1983 gemeint, das Jahr des 500. Geburtstags Martin Luthers (1483-1546).
[12] Kirchliche Sammlung um Bibel und Bekenntnis in Braunschweig ... a.a.O.
[13] A.a.O., S. 3.
[14] Vgl. Peter Meinhold, Ökumenische Kirchenkunde, Stuttgart 1962, S. 239; Katholischer Kurz-Katechismus, gemäß dem Directorium Catechisticum Generale, Rom-Vatican 1971, dtsch. 2. Aufl., Limburg 1975, Frage 113-116 sowie Frage 179-180; Glaubensverkündigung für Erwachsene, Deutsche Ausgabe des Holländischen Katechismus, Utrecht 1968, S. 275-290.
[15] Theodor Haarbeck, Die Bibel sagt ... Werkbuch biblischer Glaubenslehre, 14. Aufl. (!), Gießen 1986, S. 186. Vgl. auch S. 182-194.
[16] idea-spektrum, Nr. 30/1988, 28. Juli 1988, S. 28.
[17] Ludwig-Hofacker-Vereinigung (Hrsg.), Lebendige Gemeinde ..., a.a.O.
[18] Gnadauer Materialdienst, 1979, Heft 14, S. 4.5.
[19] Informationsbrief Nr. 79 der Bekenntnisbewegung „Kein anderes Evangelium", April 1980, S. 5. Vgl. auch Informationsbrief Nr. 124, Oktober 1987, S. 11.12.
[20] Kirchliche Sammlung um Bibel und Bekenntnis in Braunschweig, a.a.O., S. 2.
[21] Text nach Fritz Blanke, a.a.O., S. 57.58
[22] Vgl. Werner Jetter, Taufe, in: Theologie, VI x 12 Hauptbegriffe, Stuttgart 1967, S. 335: „So gehören Predigt und Taufe zusammen. Die Taufe stellt fest, daß die Predigt nicht nur stattfinden, sondern ankommen will. Daß sie notwendiges Wort, Aktion mit dem Wort werden will. Daß sich etwas ereignet, wenn das Wort ankommt. Daß man das gehörte Wort zwar wieder vergessen, aber nicht mehr ungehört machen kann. Die Taufe zeigt und vollzieht auch, was sie ereignen will, wenn das Wort bei uns

ankommt." Hier sagt ein Theologe – in typischer Zunftsprache, die so verklausuliert ist, das man sie auch mißverstehen kann – ziemlich genau das, was in der Bibel steht: Daß nämlich die Taufe die Antwort des Menschen auf das verkündigte Wort vom Heil ist.

[23] Apologet (gr.) = Verteidiger. Ursprünglich gebraucht für die im 2. und 3. Jahrhundert auftretenden Verfasser von Schriften, die das Christentum gegen die heidnische Philosophie oder gegen Verleumdungen verteidigen sollten.

[24] Bräumer, a.a.O.

[25] A.a.O., S. 66.68.69.71.73.75.76.

[26] Trias (lat.) = Dreiheit. Triadisch = dreigliedrig. Nicht zu verwechseln mit: Trinität = Dreieinigkeit.

[27] Rudolf Schnackenburg, Der Brief an die Epheser, EKK X (Evangelisch-Katholischer Kommentar zum Neuen Testament), Einsiedeln-Zürich/Köln/Neukirchen-Vluyn 1982, S. 168.

[28] A.a.O., S. 171.

[29] Häretiker = Ketzer.

[30] Vinzenz von Lerin, Commonitorium, Kap. 17.

[31] Gnosis (gr.) = „Erkenntnis". Gemeint ist hier ein hellenistischer Religionstyp, dessen spekulative Lehren auch in manche Formen des Christentums Eingang gefunden haben.

[32] Bräumer, a.a.O., S. 9.

[33] Kurt Aland, Die Säuglingstaufe im Neuen Testament und in der alten Kirche – Eine Antwort an Joachim Jeremias, a.a.O., S. 6.

[34] *ab apostolis* (lat.) = von den Aposteln

[35] *traditio ecclesiae ab apostolis* (lat.) = Überlieferung der Kirche von den Aposteln her, d.h. kirchlicher Brauch seit der apostolischen Zeit.

[36] Aland, a.a.O., S. 22.23.

[37] A.a.O., S. 24.

[38] Epiphanius: Der Festgeankerte, Kap. 54.

[39] Marcion, Sohn eines Bischofs aus Sinope in Pontus,

wurde 144 n.Chr. mit seinen Anhängern, den Marcioniten, wegen Irrlehre exkommuniziert und so aus der römischen Gemeinde, in der er Mitglied war, ausgeschlossen. Er baute eine mächtige Gegenkirche auf, die bis ins 4. Jahrhundert bestand und erst durch die Ketzergesetze der entstehenden konstantinischen Reichskirche aufgelöst werden konnte. In seiner Lehre lehnt er das Alte Testament ab und zieht zwischen Gesetz und Evangelium einen derartigen Gegensatz, daß er sogar von zwei Göttern, einem im Alten und einem anderen im Neuen Testament, sprechen kann. In den Paulusbriefen glaubt er u.a. judenchristliche Fälschungen zu sehen. Indem er diese angeblich judaistischen Teile aus dem Neuen Testament ausscheidet, wird er zum Vorläufer der modernen Textkritik. – Für die Tauffrage ist seine rigorose Ethik interessant, die davon ausgeht, daß das Fleisch als Sitz der Sünde vernichtet werden muß. Er meint, daß solches auf Erden nur durch Ehelosigkeit, Fasten und andere Enthaltungen möglich ist. Im Blick auf die Taufe folgert er, daß nur Ehelose und Geschiedene getauft werden können. – Marcion gilt neben Simon Magus als Urvater aller Ketzerei; seine Haltung wurde später immer wieder allzuschnell andersdenkenden Schrifttheologen, die sich dem Lehrkonsens der offiziellen Reichskirche nicht anpassen konnten, unterschoben. Trotz all seiner Irrlehren darf seine religiöse Kraft in altkirchlicher Zeit durchaus mit Origenes und Augustinus verglichen werden. Immerhin wird von kritischen Kirchengeschichtlern die Frage gestellt, ob er nicht „da und dort sogar die Kirche an echter Orthodoxie übertroffen habe." (Leopold Ziegler: Überlieferung, 1936, S. 409, zitiert bei Walter Nigg, Das Buch der Ketzer, Zürich 1949, S. 63.)

40 Bräumer, a.a.O., S. 72.
41 A.a.O.
42 Karl Barth, a.a.O., S. IX.
43 Bräumer, a.a.O., S. 8.

44 A.a.O., S. 78.
45 Karl Barth, a.a.O., S. 53.
46 Bräumer, a.a.O., S. 73.74.
47 Ordnung des kirchlichen Lebens der Evangelischen Kirche in Hessen und Nassau (Lebensordnung), Darmstadt 1969, S. 12.
48 Aus einem kirchenamtlichen Schreiben zitiert bei: Klaus Jakob Hoffmann, Heißes Eisen Taufe!, a.a.O., S. 42.
49 Bräumer, a.a.O., S. 74.
50 Taufe, Eucharistie und Amt. Konvergenzerklärungen der Kommission für Glauben und Kirchenverfassung des Ökumenischen Rates der Kirchen, 6. Aufl., Frankfurt/Paderborn 1983, S. 14.
51 Bräumer, a.a.O., S. 70.
52 *ex opere operato* (lat.) = „durch das vollzogene Werk". Gemeint ist, daß ein Sakrament unabhängig von subjektiven Voraussetzungen bei denen, die an seinem Vollzug beteiligt sind, wirksam ist.
53 So der Anfang der 4. Strophe des Liedes: „Ein feste Burg ist unser Gott", Evangelisches Kirchengesangbuch, Nr. 201.
54 Vgl. Kleiner Katechismus D. Martin Luthers, IV. Hauptstück, „Zum ersten: Was ist die Taufe? ... nicht allein schlicht Wasser, sondern sie ist das Wasser in Gottes Wort gefaßt und mit Gottes Wort verbunden ... Zum dritten: Wie kann Wasser solch große Dinge tun? Wasser tut's freilich nicht, sondern das Wort Gottes, so mit und bei dem Wasser ist, und der Glaube, so solchem Worte Gottes im Wasser trauet ..."
55 rite (lat.) = „vorschriftsmäßig", „ausreichend"
56 Karl Barth, a.a.O., S. 208.
57 Bräumer, a.a.O., S. 19.
58 Aus: Luther, „Von der babylonischen Gefangenschaft der Kirche" (1520), in: Walch, Bd. XIX, Sp. 69.
59 Walch, Bd. XIX, Sp. 61.
60 Friedrich Kluge – Alfred Götze, Etymologisches Wörter-

buch der deutschen Sprache, Fünfzehnte, völlig neu bearbeitete Auflage, Berlin 1951, S. 789.
[61] Näheres kann heute jeder interessierte Christ in den vielen allgemeinverständlichen Bibelhandbüchern, biblischen Wörterbüchern oder theologischen Begriffslexika nachlesen, weshalb ich bewußt auf spezielle Hinweise verzichte.
[62] Rudolf Knopf, Lehre der Zwölf Apostel, Die zwei Clemensbriefe, in: Handbuch zum Neuen Testament, Ergänzungsband, Die Apostolischen Väter I, Tübingen 1920, S. 22. (Die „Lehre der Zwölf Apostel" wird im weiteren Text nur noch „Didache" genannt.)
[63] A.a.O., S. 10. (Didache 2,1.2.)

8. Taufe als Heiligung des Lebens

[1] Das *Symbolum Nicaenum* (Nizänisches Glaubensbekenntnis) wurde auf dem ökumenischen Konzil im Jahre 325 n.Chr. als Glaubensbekenntnis angenommen. Auf dem Konzil von Konstantinopel im Jahr 381 n.Chr. erhielt es eine Erweiterung. Dieses erweiterte Glaubensbekenntnis wird *Nicaeno-Constantinopolitanum* genannt und bildet das heute in der Kirche gebräuchliche „Nizänische Glaubensbekenntnis".
[2] eschatologisch (gr.) = endzeitlich
[3] Hans Bürki, Der zweite Brief des Paulus an Timotheus, die Briefe an Titus und Philemon, 4. Aufl., Wuppertal 1982, S. 186.
[4] These 1: „Da unser Herr und Meister Jesus Christus spricht: Tut Buße usw. (Matth. 4,17), hat er gewollt, daß das ganze Leben der Gläubigen Buße sein soll." Text aus: Die 95 Thesen Martin Luthers, herausgegeben und übersetzt von Ingetraut Ludolphy, Berlin 1967, S. 18.
[5] J.P. Lange, Theologisch-homiletisches Bibelwerk, NT 11. Teil, Pastoralbriefe, Bielefeld und Leipzig 1894, S. 150.

6 A.a.O., S. 151.
7 Markus Barth, Die Taufe – ein Sakrament? Zollikon-Zürich 1951, S. 466.
8 Jakob Zöpfi, ... auf alles Fleisch. Geschichte und Auftrag der Pfingstbewegung, Kreuzlingen 1985, S. 85.
9 Kittel, a.a.O., Bd. 4, S. 305.
10 Beides, sowohl die Waschung der Wiederherstellung (das Bad der Wiedergeburt) als auch die Erneuerung ist durch den Heiligen Geist bewirkt, der hier im Genitiv als *causa efficiens* dargestellt wird (*causa efficiens* = bewirkende Ursache).
11 Markus Barth, a.a.O., S. 456.
12 Ausführliche Literaturhinweise zum Thema bei Markus Barth, a.a.O., S. 197ff.
13 Äon, *Aion* (gr.) = Weltzeitalter. Gemeint ist hier das Zeitalter des Gesetzes.
14 Markus Barth, a.a.O., S. 468.469.
15 Bräumer, a.a.O., S. 45.
16 A.a.O., S. 45. Auch die „Gute Nachricht" übersetzt hier falsch.
17 A.a.O., S. 47.
18 Gerhard Barth, Die Taufe in frühchristlicher Zeit, Neukirchen-Vluyn 1981, S. 108.
19 Vgl. Alfred Kuen, Der Heilige Geist, Biblische Lehre und menschliche Erfahrung, 2. Aufl., Wuppertal 1987, S. 86: „Wenn eine Taufe (wörtl. hier: Waschung) uns rettet, so kann es nur die Geistestaufe sein." Das ist ein eindeutiges Wort, von einem bekannten evangelikalen Bibellehrer zur Bibelstelle Titus 3,5-7 gesprochen.
20 Vgl. bei: Heinrich Schmid, Die Dogmatik der evangelisch-lutherischen Kirche dargestellt und an Quellen belegt. Neu herausgegeben und durchgesehen von Horst Georg Pöhlmann, 9. Aufl., Gütersloh 1979, S. 293-306 (§ 46 Regeneratio et conversio).
21 Beasly-Murray, in: Theologisches Begriffslexikon zum Neuen Testament, Studienausgabe, Bd. 2, 4. Aufl. 1986, S. 1208.

[22] Markus Barth, a.a.O., S. 455.
[23] Gerhard Maier, Johannes-Evangelium, 1. Teil, Bibel-Kommentar Bd. 6, Neuhausen-Stuttgart 1984, S. 114.
[24] A.a.O.
[25] A.a.O.
[26] Johannes Schneider, Taufe und Gemeinde im Neuen Testament, 2. Aufl., Wuppertal-Kassel 1984, 48 Seiten.
[27] A.a.O., S. 24.
[28] Markus Barth, a.a.O., S. 210ff.
[29] Schneider, a.a.O., S. 26.27.
[30] Maier, a.a.O., S. 115.
[31] Bräumer, a.a.O., S. 47.
[32] Maier, a.a.O., S. 115.
[33] Vgl. dazu den gleichnamigen Buchtitel und die Ausführungen in: Klaus Hoffmann, Die Gabe und die Gaben, Frankfurt 1981, S. 25-34.
[34] exegesieren = auslegen
[35] Markus Barth, a.a.O., S. 443.
[36] A.a.O., S. 445.
[37] A.a.O., S. 443.444.
[38] A.a.O., S. 444.
[39] A.a.O., S. 444: „H.J. Holtzmann (S. 53) und W. Bauer (S. 53) lehren, daß in Joh. 3,5 neben die bloße Wassertaufe Johannes des Täufers die (christliche) Geistestaufe gestellt werde."
[40] Maier, a.a.O., S. 55.
[41] Prämisse (lat.) = wörtl. „Vorausgeschichte", Voraussetzung.
[42] Markus Barth, a.a.O., S. 241.
[43] Emil Brunner, Dogmatik III, Die christliche Lehre von der Kirche, vom Glauben und von der Vollendung, Zürich – Stuttgart 1960, S. 60.
[44] RGG VI, 638: „Bis um 400 herrscht Erwachsenen-Taufe vor, bis in die 2. Hälfte des 2. Jh.s muß sie so gut wie ausschließlich geherrscht haben. ...Tertullian faßt (paen. 6) die Taufe als obsignatio fidei (dh hier: Besiegelung des

persönlich angenommenen Glaubens) auf. ... Tertullian faßt sie (bes. T. bekenntnis und Abrennuntiatio) als ‚Fahneneid' auf ." – Reinhart Weber, Alarm um die Taufe, a.a.O., S. 24: „Das Wort ‚Sakrament' führte um 200 der nordafrikanische Jurist und Theologe Tertullian in den Sprachgebrauch der Kirche ein, zunächst noch in einem durchaus evangelischen Sinn, nämlich als ‚Fahneneid'. In den römischen Legionen hieß der Fahneneid Sakrament. Tertullian schrieb das erste uns bekannte Taufbuch." – Texte der Kirchenväter, Fünfter Band, Kirchenväterlexikon und Register von Heinrich Kraft, München 1966, S. 468: „Quintus Septimus Florus Tertullianus ist der bedeutendste und selbständige christliche Schriftsteller unter den Lateinern vor Augustin. Die von ihm geprägten Formeln für die Trinitätslehre und Christologie sind zur Grundlage der abendländischen Rechtgläubigkeit geworden." S. 472: „In der Schrift ‚Über die Taufe', einer katechetischen Erklärung des Sakramentes, findet sich die trotz ihrer Eindeutigkeit so schwer zu erklärende Stelle ‚Was drängt die kindliche Unschuld zur Sündenvergebung?' Daß Tertullian kein Freund der Kindertaufe war, ist sicher. Der Christ wird in seinen Augen nicht geboren, sondern er muß durch seine Entscheidung einer werden." In diesem fünfbändigen katholischen Werk, wo Texte der Kirchenväter als „Auswahl nach Themen" geordnet sind, finden wir allerdings im vierten Band bei den Tauftexten (S. 245-274) keinen Text von Tertullian! Dieser „bedeutendste ... christliche Schriftsteller unter den Lateinern vor Augustin" wird in seinen Taufaussagen verschwiegen. Kein Wunder, ein Kirchenvater, der Gegner der Kindertaufe ist, ist der römischen Kirche sichtlich peinlich!

[45] Hans-Peter Grabe, Streitfragen...?, 2. Aufl., Leer, S. 17.
[46] Karl Barth, a.a.O., S. IX.
[47] Vgl. Anm. 44 in diesem Kapitel.